The Routledge Modern German Reader

The Routledge Modern German Reader is designed for intermediate and advanced learners of German. It provides a clear and engaging introduction to reading authentic German language texts for learners who wish to move beyond elementary course material to more rewarding works of fiction and non-fiction.

Features include:

- Twenty-eight readings, graded according to difficulty, beginning with shorter, simpler texts and progressing to longer, more complex texts
- Fourteen literary texts, written by well-known writers from German-speaking countries, on universal themes and fourteen non-literary texts from magazines, newspapers and the internet, featuring a range of engaging topics relating to culture, society and history
- Varied, contextualized pre- and post-reading exercises designed to stimulate discussion, develop comprehension strategies, expand and refine vocabulary, and foster awareness of grammatical structures as they occur in authentic contexts
- A German–English glossary with separate vocabulary lists for each chapter and a complete answer key available on www.routledge.com/books/details/9781138898035.

Suitable for both classroom use and independent study, *The Routledge Modern German Reader* provides insights into the culture of German-speaking countries while also acting as a stimulus to further independent reading. It is an essential tool for developing vocabulary and increasing reading proficiency.

Maryann Overstreet is Professor and Chair of German at the University of Hawai'i at Mānoa.

Routledge Modern Language Readers

Series Editor: Itesh Sachdev,
School of Oriental & African Studies, University of London

Routledge Modern Language Readers provide the intermediate language learner with a selection of readings which give a broad representation of modern writing in the target language.

Each reader contains approximately 20 readings graded in order of difficulty to allow the learner to grow with the book and to acquire the necessary skills to continue reading independently.

Suitable for both class use and independent study, Routledge Modern Language Readers are an essential tool for increasing language proficiency and reading comprehension skills.

Titles in the series

Available:

Chinese
Brazilian Portuguese
Dutch
Hindi
Greek
Japanese
Korean
Polish
Russian
Turkish
Welsh

Forthcoming:

Arabic
Yiddish

The Routledge
Modern German Reader

Maryann Overstreet

Routledge
Taylor & Francis Group

LONDON AND NEW YORK

First published 2016
by Routledge
4 Park Square, Milton Park, Abingdon, Oxon OX14 4RN

and by Routledge
605 Third Avenue, New York, NY 10017

Routledge is an imprint of the Taylor & Francis Group, an informa business

British Library Cataloguing in Publication Data
A catalogue record for this book is available from the British Library

Library of Congress Cataloging-in-Publication Data
Names: Overstreet, Maryann, 1962- author.
Title: Routledge modern German reader : klassische und moderne Kurzgeschichten fèur den Unterricht / Maryann Overstreet.
Description: Abingdon, Oxon; New York, NY: Routledge, [2015] | Includes index.
Identifiers: LCCN 2015021352| Subjects: LCSH: German language—Readers. | German language—Textbooks for foreign speakers—English.
Classification: LCC PF3117 .O94 2015 | DDC 438.6/421—dc23LC record available at http://lccn.loc.gov/2015021352

ISBN: 978-1-138-89802-8 (hbk)
ISBN: 978-1-138-89803-5 (pbk)
ISBN: 978-1-315-70882-9 (ebk)

Contents

Acknowledgements

I'd like to extend a warm thanks to my colleagues in the German program at the University of Hawai'i at Mānoa for their encouragement and support, especially my mentor, Professor Niklaus Schweizer. I'm indebted to Jennie Tran for a careful proofreading of earlier drafts, and to Anna Hawajska-Waters and Katinka Hammerich for feedback on earlier versions piloted in their classrooms. Professor Christina Gerhardt also provided enthusiastic support for this project over several years.

I'm especially grateful to Dr. Hanns-Dieter Jacobsen and Gisela Jacobsen of Studienforum Berlin for their help in finding materials and their generous hospitality when I visited Berlin on numerous occasions to conduct research for this project.

Sincere thanks to Andrea Hartill, the Senior Commissioning Editor for Language Learning at Routledge, for her faith in the project and excellent management from start to finish.

Thanks to all of the authors and publishers who allowed me to include the various readings in this volume, especially those who granted their permissions for free, helping to keep production costs down.

I'm most indebted to my parents, Frederick and Jean Overstreet, for more things than I can possibly list, and especially for encouraging me to study German in the first place.

Finally, I'd like to thank my husband George Yule, for his patience and encouragement throughout the development of this project.

Every effort has been made to contact copyright holders. If any have been inadvertently overlooked, the publishers will be pleased to make the necessary arrangements at the first opportunity.

'Hauptsache weit' from *Das unerfreuliche zuerst: Herrengeschichten* by Sibylle Berg (2001), published with permission by the author.

'Typischer Tagesbeginn eines werktätigen Menschen, der abends immer besonders spät zu Bett geht' by Tobias Herre from *Frische Goldjungs: Storys* (2001), published with permission from Tobias Herre.

'Es war ein reizender Abend' by Erich Kästner from *Sie werden schmunzeln* (1966), published with permission from Atrium Verlag, Zürich and Thomas Kästner.

'Die ganze Nacht' from *In fremden Gärten* by Peter Stamm (2003), published with permission from S. Fischer Verlag GmbH, Frankfurt am Main.

'Marita' from *Trinkgeld vom Schicksal* by Selim Özdoğan (2003), published with permission from Aufbau Verlag, Berlin.

'Die Katze' from *Die Satellitenstadt* by Thomas Hürlimann (1992), published with permission from S. Fischer Verlag GmbH, Frankfurt am Main.

'Mißtrauischer Monolog' from *Mein Ich und sein Leben* by Frank Goosen, first published by Eichborn AG, Frankfurt (2004). Published with permission from Eichborn Verlag, a division of Bastei Luebbe Publishing Group, Ó2011 by Bastei Lübbe AG, Köln.

'Die Nacht im Hotel' (written in 1949) from *Jäger des Spotts: Geschichten aus dieser Zeit* by Siegfried Lenz (1958), published with permission from Hoffmann und Campe Verlag, Hamburg.

'Der Milchmann und der Pechvogel', an excerpt from *Mein Name sei Gantenbein* by Max Frisch (1964), published with permission from Suhrkamp Verlag, Berlin.

'Donny hat ein neues Auto und fährt etwas zu schnell' from *Donny hat ein neues Auto und fährt etwas zu schnell* by Arne Nielsen (2003), published with permission from the author.

'Mauer mit Banane' from *Meine freie deutsche Jugend* by Claudia Rusch (2003), published with permission from S. Fischer Verlag, Frankfurt am Main.

'Die russische Braut' from *Russendisko* by Wladimir Kaminer (2000), published with permission from Verlagsgruppe Random House GmbH, München.

'So groß ist der Unterschied nicht' (written in 1952) from *Wein auf Lebenszeit: Die schönsten Geschichten* by Kurt Kusenberg (2004), published with permission from Rowohlt Verlag, Reinbek bei Hamburg.

'Auflösung', from *Unter der Sonne: Erzählungen* by Daniel Kehlmann (2008), published with permission from the author and Deuticke im Paul Zsolnay Verlag, Wien.

'Da steht ein Pferd auf dem Flur' by Mia Miranda (2005), published with permission from the *Süddeutsche Zeitung*, München.

'Licht aus, Geschmack an', by Monique Berends (2006), published with permission from stern.de GmbH, Hamburg.

'Das Modell Sonntagsbraten' by Magdalena Hamm (2010), published with permission from *Die Zeit*, Hamburg.

'"Multikulti" ist Interpretationssache' by Helen Hoffmann from Kölnische Rundschau (2010), which has also appeared with the title '"Multikulti" wird unterschiedlich interpretiert', published with permission from dpa, Deutsche Presse-Agentur, Hamburg.

'Multikulti ist in Deutschland Realität' by Sandra Trauner from n-tv (2014), which has also appeared with the title 'Ausländer aus 190 Staaten in Deutschland – nur 4 Inselstaaten fehlen', published with permission from dpa, Deutsche Presse-Agentur, Hamburg.

'12 Sachen, die nicht glücklich machen' from *Freundin* (2005), published with permission from Freundin Verlag GmbH, München.

'So entstand die Eisbach-Welle' by Corinna Erhard from merkur.de (2013), published with permission from the author.

'Die Geschichte des Oktoberfests' (2015), published with permission from Andreas Blüml, www.oktoberfest.de

'Oktoberfest 2012 endet mit Bierleichen-Rekord' from focus.de (2012), published with permission from dpa, Deutsche Presse-Agentur, Hamburg.

'250 Flöhe fürs Oktoberfest gesucht' from krone.at (2006), published with permission from dpa, Deutsche Presse-Agentur, Hamburg.

'Hunderte wollen nackt nach Usedom' from welt.de (2008), published with permission from Axel Springer Syndication, Berlin.

Introduction

The aim of this book is to provide an introduction to reading authentic German language texts for learners who have reached an intermediate level in the language and wish to move beyond course books to reading original works of fiction and non-fiction. It is intended primarily as a language-learning tool, but will also provide insights into the culture of German-speaking countries while acting as a stimulus to further, independent reading.

This collection includes a total of 28 readings chosen to give a good representation of modern writing in the German language today, and is divided into two parts:

Part I has 14 literary texts chosen for their readability and universal themes, which are captured in the titles of each chapter. This set of readings contains short stories written by well-known writers in various German-speaking countries. Two chapters in this section (5 and 12) have two stories related to the chapter theme, with discussion questions designed to encourage comparison of the two texts.

Part II includes 14 non-literary texts from magazines, newspapers and the internet featuring a range of engaging topics relating to culture, society and history.

Within each of the two parts, the readings are graded according to difficulty, moving from shorter, simpler texts to longer and more complex readings.

Chapter structure

In addition to the texts, each chapter includes varied and contextualized exercises designed to stimulate discussion, develop comprehension strategies, expand and refine vocabulary, and foster awareness of grammatical structures as they occur in authentic contexts.

Before each reading there is a *Vor dem Lesen* section, which provides information about the author and/or publication, and introduces the reading's theme. This section is designed to activate relevant background knowledge and familiarize students with new vocabulary that will be encountered in the reading. Vocabulary in **bold** can be found in the glossary.

Immediately after the reading, the *Nach dem Lesen* section is designed to test and reinforce comprehension via true or false sentences and to stimulate discussion of the content via open-ended questions.

The *Wortschatzübungen* section contains a variety of vocabulary exercises, asking students to perform tasks such as identifying category labels, matching synonyms or antonyms, matching nouns with appropriate verbs, identifying a word that doesn't belong in a set or matching German definitions to nouns or idiomatic phrases. Special attention is devoted to forms such as idiomatic expressions that may cause confusion for learners.

The *Grammatik im Kontext* section offers contextualized grammar review via matching and fill-in-the-blank exercises. These exercises cover problematic areas for learners (e.g. coordinating vs. subordinating conjunctions), and help to clarify more complex structures (e.g. extended adjectival constructions) that occur in the readings but receive little attention in traditional teaching materials.

The *Zum Schreiben* section contains a writing topic or a suggested classroom activity of some kind (e.g. role play or discussion topic) related to the chapter theme.

Most of the directions for activities and exercises are written in the formal 'Sie' form, with the exception of those that are designed primarily for interaction among students, where the informal 'du' form is used.

German–English glossary

At the back of the book there is a German–English glossary, with separate vocabulary lists for each chapter. Aside from the glossary, the text is entirely in German.

Note regarding Rechtschreibung

In the exercises, the use of 'ss' vs. 'ß' conforms to current *Rechtschreibung* conventions. However, readings are represented exactly as they appeared in their original form—in some cases, at the explicit request of the copyright holders. While students may notice that spellings of the same words may vary throughout this text, it is believed this will help prepare them for the variation they will encounter in other authentic materials.

Part I

Literary texts

Kapitel 1   Fernweh und Flucht

Man weiß nicht, was man an der Heimat hat,
bis man in die Ferne kommt.

Hauptsache weit
von Sibylle Berg

Kurzbiographie: Sibylle Berg

Ergänzen Sie die folgenden Sätze mit Hilfe des Internets.

Sibylle Berg wurde 1962 in **W**_____ geboren. Sie verließ 1984 die **D**_____ und übersiedelte in die BRD. Sie jobbte in verschiedenen Berufen, bis sie das Gefühl hatte, sie sei alt genug, Schriftstellerin zu werden. Ihr erster **R**_____, "Ein paar Leute suchen das Glück und lachen sich tot", erschien 1997 und verkaufte über 100.000 Kopien. Heute lebt sie in **Z**_____. Die Geschichte "Hauptsache weit" erschien 2001 in "Das Unerfreuliche zuerst. Herrengeschichten". Kiepenheuer & Witsch, Köln.

Vor dem Lesen

A. Assoziationen

Was assoziieren Sie mit dem folgenden Begriff? Machen Sie ein Assoziogramm und vergleichen Sie Ihre Assoziationen im Kurs.

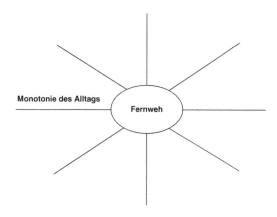

B. Fragen zum Thema

Besprechen Sie die folgenden Fragen mit einem Partner/einer Partnerin.

1. **Leidest** du unter **Fernweh**?

2. Gehst du oft auf Reisen? (*Ja*: Wohin? *Nein*: Warum nicht?)

3. Hast du **Angst** vorm Fliegen? (*Ja*: Wie **überwindest** du dieses **Gefühl**?)

4. Besuchst du lieber Großstädte oder Naturparks? Warum?

5. Hast du schon mal eine Reise ins **Ausland** gemacht? (*Ja*: Wohin?)

6. Beschreibe deine **Traum**reise: Wohin würdest du reisen? Wie lange wärest du **unterwegs**? Mit wem würdest du am liebsten reisen?

7. Würdest du gern eine Schiffsreise machen? (*Ja*: Wohin? *Nein*: Warum nicht?)

8. Würdest du gern eine Safari machen? (*Nein*: Warum nicht?)

C. Fragen zur Vorbereitung

- Fragen Sie einen Partner/eine Partnerin, *oder*:
- Veranstalten Sie in der Klasse eine "Cocktailparty", das heißt: Jede Person bekommt eine von den unten aufgeführten Fragen, dann stehen alle auf und sprechen paarweise miteinander (Sie stellen einander Fragen, dann tauschen Sie die Partner, usw.).

1. Findest du es etwas **eng** und langweilig zu Hause?

2. Hast du manchmal das **Gefühl**, das Leben wäre interessanter **irgendwo anders**?

3. Möchtest du andere **Länder** besuchen, in denen du die Sprache nicht verstehst?

4. Hättest du **Lust**, ganz **alleine** und mit wenig Geld nach Asien zu reisen?

5. Hättest du **Angst** vor großen **ausländischen Insekten**?

6. Hast du mal in einem heißen Hotelzimmer ohne **Ventilator** übernachtet?

7. Hast du mal Tom Yan* oder Thai Curry probiert?

8. Bekommst du manchmal **Magenschmerzen**, wenn du **fremde Gerichte** isst?

9. Fühlst du dich manchmal **einsam**, wenn du auf Urlaub bist?

10. Hast du mal auf Urlaub unter **Heimweh** gelitten?

11. **Wonach sehnst** du **dich**, wenn du Heimweh hast?

12. Liest du gern **Klatschgeschichten** über **einheimische Prominente**?

13. Kennst du Stefan Raab, Harald Schmidt und Echt? Wer sind diese Leute?

14. **Verbringst** du Zeit in Internet-Cafés, wenn du **unterwegs** bist?

15. Kannst du mit deinem Handy im Ausland **E-Mails versenden** und im Internet surfen?

16. Versendest du viele SMS, wenn du auf Urlaub bist?

***Tom Yan** [Tom Yang, Tom Yam, Tom Yum] ist eine sauer-scharfe Thai Suppe mit Garnelen.

D. Lesestrategie

1. Überfliegen Sie schnell den Text und notieren Sie:
   * *Wo* findet die Geschichte statt? _____
   * *Wer* ist die Hauptfigur? _____
   * *Was* passiert in der Geschichte? _____

2. Lesen Sie die Geschichte jetzt genau.

Hauptsache weit

von Sibylle Berg

1 Und weg, hatte er gedacht. Die Schule war zu Ende, das Leben noch nicht, hatte noch nicht begonnen, das Leben. Er hatte nicht viel Angst davor, weil er noch keine Enttäuschungen kannte. Er war ein schöner Junge mit langen dunklen Haaren, er spielte Gitarre, komponierte am Computer und dachte, irgendwie werde ich wohl später nach London gehen, was Kreatives machen. Aber das war später.
5 Und nun?
Warum kommt der Spaß nicht? Der Junge hockt in einem Zimmer, das Zimmer ist grün, wegen der Neonleuchte, es hat kein Fenster und der Ventilator ist sehr laut. Schatten huschen über den Betonboden, das Glück ist das nicht, eine Wolldecke auf dem Bett, auf der schon einige Kriege ausgetragen wurden. Magen gegen Tom Yan, Darm gegen Curry. Immer verloren, die Eingeweide. Der
10 Junge ist 18, und jetzt aber Asien hatte er sich gedacht. Mit 1000 Dollar durch Thailand, Indien, Kambodscha, drei Monate unterwegs und dann wieder heim, nach Deutschland. Das ist so eng, so langweilig, jetzt was erleben und vielleicht nie zurück. Hast du keine Angst, hatten die blassen Leute zu Hause gefragt, so ganz alleine? Nein, hatte er geantwortet, man lernt ja so viele Leute kennen unterwegs. Bis jetzt hatte er hauptsächlich Mädchen kennen gelernt, nett waren die schon, wenn man

15   Leute mag, die einen bei jedem Satz anfassen. Mädchen, die aussahen wie dreißig und doch so alt
      waren wie er, seit Monaten unterwegs, die Mädchen, da werden sie komisch. Übermorgen würde er in
      Laos sein, da mag er jetzt gar nicht dran denken, in seinem hässlichen Pensionszimmer, muss Obacht
      geben, dass er sich nicht aufs Bett wirft und weint, auf die Decke, wo schon die anderen Dinge drauf
      sind. In dem kleinen Fernseher kommen nur Leute vor, die ihm völlig fremd sind, das ist das Zeichen,
20   dass man einsam ist, wenn man die Fernsehstars eines Landes nicht kennt und die eigenen keine
      Bedeutung haben. Der Junge sehnt sich nach Stefan Raab, nach Harald Schmidt und Echt. Er merkt
      weiter, dass er gar nicht existiert, wenn es nichts hat, was er kennt. Wenn er keine Zeitung in seiner
      Sprache kaufen kann, keine Klatschgeschichten über einheimische Prominente lesen, wenn keiner
      anruft und fragt, wie es ihm geht. Dann gibt es ihn nicht. Denkt er. Und ist unterdessen aus seinem
25   heißen Zimmer in die heiße Nacht gegangen, hat fremdes Essen vor sich, von einer fremdsprachigen
      Serviererin gebracht, die sich nicht für ihn interessiert, wie niemand hier. Das ist wie tot sein, denkt
      der Junge. Weit weg von zu Hause, um anderen beim Leben zuzusehen, könnte man umfallen und
      sterben in der tropischen Nacht und niemand würde weinen darum. Jetzt weint er doch, denkt an die
      lange Zeit, die er noch rumbekommen muss, alleine in heißen Ländern mit seinem Rucksack, und das
30   stimmt so gar nicht mit den Bildern überein, die er zu Hause von sich hatte. Wie er entspannt mit
      Wasserbüffeln spielen wollte, in Straßencafés sitzen und cool sein. Was ist, ist einer mit
      Sonnenbrand und Heimweh nach den Stars zu Hause, die sind wie ein Geländer zum Festhalten. Er
      geht durch die Nacht, selbst die Tiere reden ausländisch, und dann sieht er etwas, sein Herz schlägt
      schneller. Ein Computer, ein Internet-Café. Und er setzt sich, schaltet den Computer an, liest seine
35   E-mails. Kleine Sätze von seinen Freunden, und denen antwortet er, dass es ihm gut gehe und alles
      großartig ist, und er schreibt und schreibt und es ist auf einmal völlig egal, dass zu seinen Füßen
      ausländische Insekten so groß wie Meerkatzen herumlaufen, dass das fremde Essen im Magen drückt.
      Er schreibt seinen Freunden über die kleinen Katastrophen und die fremde Welt um ihn verschwimmt,
      er ist nicht mehr allein, taucht in den Bildschirm ein, der ist wie ein weiches Bett, er denkt an Bill
40   Gates und Fred Apple, er schickt ein Mail an Sat 1, und für ein paar Stunden ist er wieder am Leben,
      in der heißen Nacht weit weg von zu Hause.

Nach dem Lesen

E. Richtig (R) oder Falsch (F)?

1. _____ Der Junge macht eine dreimonatige Reise mit dem Rucksack durch Asien.

2. _____ Er reist ganz alleine, denn er möchte Buddhismus studieren.

3. _____ Das Hotelzimmer ist hässlich aber trotzdem bequem.

4. _____ Sein Erlebnis in Asien ist genau so, wie der Junge es sich vorgestellt hat.

5. _____ In Thailand hat der Junge mit Wasserbüffeln gespielt.

6. _____ Der Junge kann das fremde Essen nicht so gut vertragen.

7. _____ Er sehnt sich nach deutschsprachigen Zeitungen und Klatschgeschichten über einheimische Prominente.

8. _____ Die Mädchen, die er unterwegs in Asien kennen gelernt hat, waren etwas komisch.

9. _____ Der Junge hat das Gefühl, er existiert nicht.

10. _____ Das Internet hilft dem Jungen, sein Heimweh zu überwinden.

F. Fragen zum Text

1. Was wissen wir über die Hauptfigur? Warum wollte er verreisen?

2. Wie stellte er sich die Reise vor?

3. Wie viel Geld hat er mitgenommen?

4. Hatte er vorhin Angst, ganz alleine zu verreisen? Warum (nicht)?

5. Stimmt seine Erfahrung in Asien mit den Bildern überein, die er zu Hause hatte?

6. Was für ein Hotelzimmer hat er gerade? Ist es bequem? Warum (nicht)?

7. Was für "Kriege" wurden auf dem Bett ausgetragen?

8. Wie findet der Junge das Wetter?

9. Was für Leute hat der Junge unterwegs kennen gelernt?

10. Was fehlt ihm besonders im Ausland?

11. Woher kommt das Gefühl, er existiert gar nicht mehr?

12. Wie konnte er sein Heimweh überwinden?

G. Fragen zur Diskussion

1. Was meinen Sie: Ist die Erfahrung des Jungen seltsam, oder kommt so was häufig vor?

2. Haben Sie mal eine ähnliche Erfahrung wie der Junge gemacht?

3. Haben Sie mal ein Land besucht, in dem Sie die Sprache überhaupt nicht verstehen? (*Ja*: War das schwierig für Sie? *Nein*: Würden Sie das gern machen?)

4. Haben Sie mal das Internet benutzt, um die Einsamkeit zu überwinden?

Wortschatzübungen

H. Wortgruppen

Zu welcher Kategorie oder zu welchem Konzept gehören diese Sachen und Personen?

Asien   Eingeweide   Zimmer   Prominente   Tiere   Geräte

1.   Magen, Darm, Leber = _____

2.   Stefan Raab, Harald Schmidt, Echt = _____

3.   Wasserbüffel, Meerkatzen, Insekten = _____

4.   Thailand, Indien, Kambodscha = _____

5.   Fernseher, Computer, Ventilator = _____

6.   Fenster, Boden, Wand = _____

I. Gegensätze

Was ist das Gegenteil? Verbinden Sie.

1. ____ blass	a. anregend
2. ____ cool	b. gestresst
3. ____ einheimisch	c. gebräunt
4. ____ einsam	d. lebendig
5. ____ eng	e. uncool
6. ____ entspannt	f. grenzenlos
7. ____ großartig	g. ausländisch
8. ____ langweilig	h. geborgen
9. ____ tot	i. jämmerlich
10. ____ weich	j. hart

J. Redewendungen

Finden Sie die richtigen Definitionen unten für diese Ausdrücke.

1. ___ am Leben sein	a. vorsichtig sein, aufpassen
2. ___ ausländisch reden	b. auf Reisen sein
3. ___ jemandem egal sein	c. eine Fremdsprache sprechen
4. ___ etwas drückt im Magen	d. lebendig sein; nicht tot sein
5. ___ Obacht geben	e. etwas verursacht eine Verdauungsstörung
6. ___ unterwegs sein	f. für jemanden keine Bedeutung haben

Grammatik im Kontext

K. Was ist alles passiert?

Ergänzen Sie im Präteritum und verbinden Sie die Satzteile!

> interessieren schlagen herumlaufen huschen fragen
> reden drücken ~~hocken~~ anfassen vorkommen

1. Der Junge __a__ .

2. Schatten ____

3. Die fremdsprachige Serviererin ____

4. Die blassen Leute zu Hause ____

5. Selbst die Tiere ____

6. In dem kleinen Fernseher ____

7. Das fremde Essen ____

8. Mädchen, die wie dreißig aussahen ____

9. Ausländische Insekten so groß wie Meerkatzen ____

10. Das Herz des Jungen ___

a. _____hockte_____ in einem grünen Zimmer ohne Fenster.

b. _____ ausländisch.

c. _____ schneller, als er das Internet-Café sah.

d. _____ : Hast du keine Angst?

e. _____ sich nicht für ihn.

f. _____ nur fremde Menschen _____.

g. _____ zu seinen Füßen _____.

h. _____ über den Betonboden.

i. _____ ihn bei jedem Satz _____.

j. _____ im Magen.

L. Textsuche: Akkusativpräpositionen

| bis durch für gegen ohne um |

1. Finden Sie die Akkusativpräpositionen in der Geschichte und notieren Sie die Phrasen, in denen sie erscheinen.

a. Magen **gegen** Tom Yan, Darm **gegen** Curry. _____

b. _____ .

c. _____ .

d. _____ .

e. _____ .

f. _____ .

g. _____ .

Achtung: **um** . . . **zu**zuschauen (hier ist "**um**" keine Präposition, sondern eine Konjunktion).

2. Welche Akkusativpräposition erscheint *nicht* in diesem Text? _____

M. Modalpartikeln

Unterstreichen Sie die Modalpartikeln in den Sätzen und identifizieren Sie ihre Bedeutungen.

z.B. __**b**__ Er muss Obacht geben, dass er sich nicht aufs Bett wirft und weint . . . Jetzt weint er __**doch**__, denkt an die lange Zeit, die er noch rumbekommen muss . . .

1. ____ Der Junge ist 18, und jetzt aber Asien hatte er sich gedacht.

2. ____ Nein, hatte er geantwortet, man lernt ja so viele Leute kennen unterwegs.

3. ____ Bis jetzt hatte er hauptsächlich Mädchen kennen gelernt, nett waren die schon, wenn man Leute mag, die einen bei jedem Satz anfassen.

4. ____ Mädchen, die aussahen wie dreißig und doch so alt waren wie er.

In diesem Kontext wird die Modalpartikel verwendet, um auszudrücken oder zu betonen, dass:

a. eine Aussage stimmt, aber auch die Aussage zu relativieren

b. etwas trotz des vorher erwähnten Umstandes ist oder passiert

c. man ungeduldig wird

d. etwas bekannt ist

N. Grammatikgenie

Was für eine Form oder Struktur ist das?

1. _____ Er war ein schöner Junge __mit__ langen dunklen Haaren . . .

2. _____ Er hatte nicht viel Angst __davor__ , weil er noch keine Enttäuschungen kannte.

3. _____ . . . das Zimmer ist grün, __wegen__ der Neonleuchte . . .

4. _____ Übermorgen __würde__ er in Laos sein . . .

5. _____ Das ist so eng, so langweilig, jetzt was erleben __und__ vielleicht nie zurück.

6. _____ . . . das ist das Zeichen, __dass__ man einsam ist . . .

7. _____ Er geht __durch__ die Nacht . . .

8. _____ Der Junge __sehnt sich__ nach Stefan Raab, nach Harald Schmidt und Echt.

9. _____ Jetzt weint er doch, denkt an die lange Zeit, __die__ er noch rumbekommen muss . . .

10. _____ Und er setzt sich, __schaltet__ den Computer __an__ , liest seine E-Mails.

11. _____ . . . er ist nicht mehr allein, taucht in den Bildschirm ein, __der__ ist wie ein weiches Bett . . .

12. _____ Er schreibt __seinen Freunden__ über die kleinen Katastrophen . . .

a. Demonstrativpronomen

b. Relativpronomen

c. Konjunktiv II

d. trennbares Verb

e. reflexives Verb

f. Pronominaladverb

g. koordinierende Konjunktion

h. subordinierende Konjunktion

i. Akkusativpräposition

j. Genitivpräposition

k. Dativpräposition

l. Dativ: indirektes Objekt

Zum Schreiben

O. Fluchtfantasien

Finden Sie Ihr Leben manchmal ein bisschen langweilig oder zu eng? Haben Sie das Gefühl, Sie würden gern aus einer Beziehung oder aus dem Alltag ausbrechen? Warum? Was wäre für Sie der Fluchtpunkt aller Fantasien?

P. Heimweh und Einsamkeit

> das **Heimweh**, – (nur *Sg.*): der starke Wunsch, wieder nach Hause
> zu fahren, wenn man weit weg von zu Hause ist. *Heimweh haben, bekommen*

Haben Sie mal unter Heimweh gelitten? Beschreiben Sie die Umstände. Wo waren Sie? Was hat
Ihnen besonders gefehlt? Wie haben Sie das Gefühl überwunden?

oder:

Haben Sie sich mal ganz alleine und einsam gefühlt, als ob Sie gar nicht existieren?
Beschreiben Sie die Umstände, und wie Sie das Gefühl überwunden haben.

Kapitel 2   Alltag und Traum

Lieber träumen unter Bäumen als schaffen unter Affen.

Typischer Tagesbeginn eines werktätigen Menschen, der abends immer besonders spät zu Bett geht
von Tobias Herre (alias Tube)

Kurzbiographie: Tobias Herre

Ergänzen Sie die folgenden Sätze.

Berlin	Welt	Text	1968	Lied	Disko

Tobias Herre, alias "Tube", wurde am 12. August _____ in Ost-Berlin geboren. Er ist Mitbegründer der Lesebühne LSD und ist der harte Kern der Surfpoeten in _____. Die Surfpoeten machen "Surfliteratur" und _____. Das heißt, es ist eine Lesebühne/ Disko – ein _____ wird vorgelesen, dann wird ein _____ von einem DJ aufgelegt. Aber sie machen nicht nur Literatur und Disko – sie kämpfen auch für eine bessere _____! Die Geschichte "Typischer Tagesbeginn eines werktätigen Menschen, der abends immer besonders spät zu Bett geht" erschien 2001 in Wladimir Kaminer (Hrsg.), "Frische Goldjungs: Storys". Wilhelm Goldmann Verlag, München.

Für mehr Infos über die Surfpoeten, googeln Sie "Surfpoeten".

Vor dem Lesen

A. Assoziationen

Was assoziieren Sie mit den folgenden Begriffen? Machen Sie Assoziogramme und vergleichen Sie Ihre Assoziationen im Kurs.

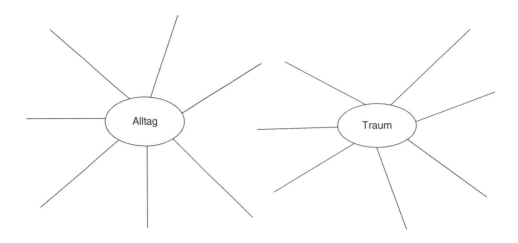

B. Fragen zum Thema

Fragen Sie einen Partner/eine Partnerin.

1.   Wie ist dein **Alltag**? (z. B. **spannend**, langweilig, **abwechslungslos**, **abwechslungsreich**)

2.   Hast du einen Job? (*Ja*: Wie viele Stunden pro Woche arbeitest du?)

3.   Bist du meistens gut **ausgeschlafen**, etwas müde oder total **erschöpft**?

4.   Wann gehst du abends ins Bett?

5.   **Träumst** du viel? Hast du **Alpträume**?*

6.   Musst du sehr früh aufstehen?

7.   Findest du es schwer, morgens aufzustehen?

8.   Trinkst du morgens viel Kaffee oder Tee?

*der **Albtraum/Alptraum**; *Pl.* die Albträume/Alpträume = ein Traum, der von Emotionen wie Angst und Panik begleitet wird.

C. Fragen zur Vorbereitung

- Besprechen Sie die folgenden Fragen mit einem Partner oder einer Partnerin, *oder*:
- Veranstalten Sie in der Klasse eine "Cocktailparty", das heißt: Jede Person bekommt eine von den unten aufgeführten Fragen, dann stehen alle auf und sprechen paarweise miteinander (Sie stellen einander Fragen, dann tauschen Sie die Partner, usw.).

1. Gehst du abends immer besonders spät zu Bett?

2. Hast du einen Lieblingstraum? (*Ja*: Was passiert in dem **Traum**?)

3. Musst du morgens ganz besonders **doll** früh aufstehen?

4. **Verschläfst** du oft?

5. Hast du einen **Radiowecker**? (*Ja*: Um wieviel Uhr **springt** er **an**?)

6. Hörst du morgens die **Nachrichten** im Radio?

7. Wer hat die **Weltherrschaft** heutzutage?

8. Hättest du gerne die Weltherrschaft?

9. Musst du **dich** morgens immer **sputen**? (*Ja*: Warum?)

10. Brauchst du morgens eine "Droge" wie Kaffee zum **Wachwerden**?

11. Gehst du manchmal zum Bäcker oder ins Café auf dem Weg zur Arbeit?

12. Wo bekommt man schlechten Kaffee, oder "**Plörre**"?

13. Welches Getränk schmeckt dir besonders **widerlich**? **Wird** es dir **speiübel**, wenn du es trinkst?

14. Trinkst du oft aus einem **Plastebecher**? (*Ja*: Was?)

15. Fährst du mit der **S-Bahn** zur Arbeit? (*Nein*: Wie kommst du dahin?)

16. **Worauf** musst du aus finanziellen Gründen **verzichten**?

D. Lesestrategie

1. Was erwarten Sie von dieser Geschichte, wenn Sie den Titel lesen? Diskutieren Sie im Kurs darüber.

2. Lesen Sie die Geschichte jetzt genau.

Typischer Tagesbeginn eines werktätigen Menschen, der abends immer besonders spät zu Bett geht

von Tobias Herre (alias Tube)

1   Früh ist es – total früh. Es ist noch ganz besonders doll früh, so richtig
superfrüh. Anders ausgedrückt: Es ist extrafrüh – mehr megafrüh, gar gigafrüh, urst
ultrafrüh – wie soll ich sagen – hyperfrüh oder eben: Es ist absolut antispät – so
etwa neun Uhr vormittags – noch vor dem Aufstehen.
5   Ich liege friedlich ins warme Bettchen gekuschelt und träume meinen
Lieblingstraum: Darin stehe ich immer auf einer grünen, sonnigen Wiese in duftiger
Sommerluft, ein weißer Schmetterling kommt herbeigeflogen, setzt sich in mein Haar
und flüstert mir ins Ohr: >>Komm, lass uns zusammen die Weltherrschaft erobern, nur
wir zwei, du und ich.<<
10   Seine Fühler kitzeln zärtlich meine Kopfhaut, der Lufthauch seiner
Flügelschläge streicht sanft durch mein Haar, bis ich den Schmetterling mit flacher
Hand platt klatsche.
Der Traum wäre eigentlich noch weitergegangen, doch an dieser Stelle wird er
durch das elektronische Damoklesschwert,* das über so vielen Träumen schwebt,
15   beendet.
Der Radiowecker springt an und bringt die Nachrichten: Putin will
Weltherrschaft, Clinton auch, Bill Gates hat sie bereits, und zwischen den Zeilen gehört,
bedeutet es für mich: Du kriegst sie nie. Steh auf und geh arbeiten!
Oh, nein, das ist noch superfrühzeitig, bin ich müde, ich brauche dringend
20   Drogen zum Wachwerden, arbeiten gehen muss ich jetzt, ich muss mich sputen.
Schnell aufgestanden und losgegangen zum Bäcker, dahin, wo's Kaffee gibt.
Pott Kaffee kostet hier 99 Pfennige – steht draußen dran.
>>Einen Kaffee, bitte!<<, sage ich zur Bäckersfrau. Sie gießt ihn ein, und während
sie das Getränk zu mir herüberreicht, bemerkt sie: >>Mensch, junger Mann, Sie haben
25   ja 'n platt geklatschten Schmetterling auf der Stirn.
<<Mist, ich träume immer noch. Bin noch gar nicht aufgestanden. Jetzt aber
wirklich wach werden! Eins, zwei, hau ruck! . . . Und auf . . .
Mann, bin ich müde, ich brauch Drogen.
Schnell aufgestanden und losgegangen zum Bäcker, dahin, wo's Kaffee gibt.
30   Pott Kaffee kostet hier 99 Pfennige – steht draußen dran.
>>Einen Kaffee, bitte!<<, sage ich zur Bäckersfrau. Sie gießt ihn ein, und während
sie das Getränk zu mir herüberreicht, sagt sie: >>Junger Mann, das macht dann 99
Pfennig.<<
Ha, ha, sie wollen Geld von mir, alles in Ordnung. Ich bin in der realen Welt, ich
35   bin wirklich wach! Aus den Augenwinkeln werfe ich einen Blick auf die Uhr. Es ist schon
viel zu spät – eigentlich immer noch terafrüh, aber auf der anderen Seite zu spät, um

den Kaffee in Ruhe auszutrinken. Ich werde ihn mitnehmen müssen.
>>Gießen Sie den Kaffee bitte um in einen Plastebecher<<, bitte ich die Frau
hinterm Brötchentresen.

40 >>Dann kostet er aber 2,50<<, warnt sie mich.
>>Wieso denn das? Hier steht doch dran, dass er 99 Pfennige kosten soll.<<
>>Ja, ein Pott Kaffee kostet 99 Pfennig. Ein Pott, junger Mann. Ein Pott aus
Porzellan. Da steht nichts von Plastikbechern.<<
Na gut, ich verzichte aus finanziellen Gründen auf den Plastebecher und

45 verlasse die Konditorei mit einem Porzellanpott in der Hand, gefüllt mit Kaffee, der
Droge zum Wachwerden.
>>Halt, bringen Sie den Porzellanpott zurück!<<, ruft die Bäckersfrau mir
hinterher.
>>Mach ich nachher, wenn ich von der Arbeit wiederkomme.<<

50 >>Na, dann is gut. Bis nachher.<<
Ich nehme den ersten Schluck.
Igitt, schmeckt das widerlich, das Zeug. Schmeckt ja wie tote Oma,** diese
Plörre. Na ja, ist ja nur zum Wachwerden. Mir droht, speiübel zu werden. Ich muss mich
überwinden, den Dreck weiter zu trinken. Ich muss ihn trinken, ich will ja wach

55 werden. Also zwinge ich mich.
Einen Schluck für Mama – halt nein, das kann ich ihr nicht antun, nein, nein. Nicht
diesen Kaffee. Also noch mal: ein Schluck für Putin, ein Schluck für Clinton, und den Rest
des Abwassers schütte ich mir für Bill Gates in den Kopf, der ist schließlich an allem
schuld.

60 Inzwischen bin ich am S-Bahnhof angelangt. Muss eine Fahrkarte kaufen. Die
Verkäuferin sagt zu mir:
>>Mensch, junger Mann, Sie haben ja 'nen platt geklatschten Schmetterling auf
der Stirn.<<
>>Was, echt? So was Blödes, ich schlafe immer noch!<<

65 >>Nee, nee war nur 'n Scherz von mir<<, beruhigt sie mich.
>>Puh, und ich dacht schon.<< Erleichtert kaufe ich eine Porzellanfahrkarte, weil
die nur 99 Pfennige statt 3,90 Mark wie die Pappfahrkarte kostet, fahre damit zwei
Stunden S-Bahn, bis ich zufällig in eine Fensterscheibe schaue, worin sich mein
Gesicht spiegelt, und ich feststellen muss, dass ich doch 'nen platt geklatschten

70 Schmetterling auf der Stirn kleben habe.
Verdammt! Ich hätte es eigentlich schon bei der Porzellanfahrkarte merken
müssen. Die Frau am Schalter hat mich belogen. Habe doch 'nen Schmetterling auf der
Stirn. Ich träume also immer noch. Jetzt hab ich wohl echt mal wieder ultradoll
verschlafen. Gute Nacht!

---

*Damoklesschwert** = ein Gegenstand einer griechischen Sage, das benutzt wird,
um eine drohende Gefahr zu beschreiben.

tote Oma = eine Speise aus gebratener Blutwurst oder Grützwurst.

Nach dem Lesen

E. Richtig (R) oder Falsch (F)?

1. _____ Die Hauptfigur muss morgens aufstehen und an die Arbeit gehen.
2. _____ Die Hauptfigur arbeitet sehr früh am Morgen beim Bäcker.
3. _____ Kaffee und Zigaretten braucht die Hauptfigur zum Wachwerden.
4. _____ Den Kaffee wollte die Hauptfigur in einem Plastebecher bekommen.
5. _____ Der Kaffee schmeckt der Hauptfigur ganz widerlich.
6. _____ Die Bäckersfrau hat einen platt geklatschen Schmetterling auf der Stirn.
7. _____ Die Bäckersfrau erzählt gern Witze.
8. _____ Die Hauptfigur glaubt, dass Bill Gates gerade die Weltherrschaft hat.
9. _____ Der weiße Schmetterling flüstert der Hauptfigur ins Ohr, dass Bill Gates an allem schuld ist.
10. _____ Die Hauptfigur würde gern die Weltherrschaft erobern.

F. Fragen zum Text

1. Wer ist die Hauptfigur in dieser Geschichte? Was wissen wir über ihn?
2. Wann findet die Geschichte statt?
3. Wo findet die Geschichte statt?
4. Was passiert in dem Lieblingstraum der Hauptfigur?
5. Was ist "das elektronische Damoklesschwert", das die Hauptfigur erwähnt?
6. Was hört die Hauptfigur im Radio, wenn der Wecker anspringt?
7. Wohin soll die Hauptfigur gehen, nachdem er aufsteht?
8. Was passiert eigentlich, nachdem der Wecker anspringt?
9. Mit wem unterhält sich die Hauptfigur in dem Traum?
10. Wie beschreibt die Hauptfigur den Kaffee, den er bekommt?
11. Welche Gegenstände in der Geschichte sind aus Porzellan? Kosten diese Gegenstände mehr oder weniger als die aus Plastik und Papier?
12. Woran erkennt die Hauptfigur, dass er träumt?

G. Fragen zur Diskussion

1. Wie stellen Sie sich das alltägliche Leben der Hauptfigur vor?
2. Wie finden Sie die Träume der Hauptfigur?
3. Träumen Sie manchmal, wie die Hauptfigur, dass Sie schon aufgestanden sind?
4. Was machen Sie, wenn Sie hundemüde sind, um sich aufzumuntern?

Wortschatzübungen

H. Definitionen

Finden Sie die richtigen Definitionen unten für diese Nomen.

1. ___ das Abwasser
2. ___ der Albtraum *oder* Alptraum
3. ___ der Dreck
4. ___ der Plastebecher

5. ___ der Schluck
6. ___ der Schmetterling
7. ___ der Tresen
8. ___ die Weltherrschaft

a. ein Trinkgefäß, das aus Plastik ist

b. die Theke; eine Art Tisch, an dem Kunden in einem Laden bedient werden

c. ein Traum von schrecklichen Erlebnissen, der von Emotionen wie Panik und Angst begleitet wird

d. ein Insekt mit großen, oft schönen farbigen Flügeln

e. die absolute kontrolle der Welt

f. Wasser, das dreckig ist, denn es wurde in technischen Anlagen oder Haushalten benutzt

g. eine Menge Flüssigkeit (z. B. Wasser, Bier, Kaffee), die man auf einmal trinkt

h. Sachen, die nicht sauber sind; Abfall oder Schmutz

I. Synonyme

Welche Verben haben die gleiche (oder ähnliche) Bedeutung? Verbinden Sie.

1. ____ flüstern
2. ____ kriegen
3. ____ eingießen
4. ____ sich sputen
5. ____ austrinken
6. ____ losgehen
7. ____ ausdrücken
8. ____ klatschen

a. schlagen
b. einschütten
c. wispern
d. sich beeilen
e. artikulieren
f. bekommen
g. weggehen
h. herunterschütten

J. Redewendungen

Formulieren Sie die unterstrichenen Ausdrücke anders.

zwischen den Zeilen	in Ordnung	Scherz
speiübel	Schuld	

1. Igitt! Das war ekelig. Mir wird **schlecht** = Mir wird _____ .

2. Wir treffen uns um 7 Uhr. Finden Sie das **akzeptabel**? = Ist das _____ ?

3. Die Aussage wurde nicht direkt gesagt aber man konnte sie **trotzdem erkennen** = Die Aussage konnte man _____ lesen.

4. Das war nicht ernst gemeint. Es war nur ein **Witz** = Es war nur ein _____ .

5. Es war mein **Fehler** = Es war meine _____ .

Grammatik im Kontext

K. Adverbien und Präfixe als Betonungselemente

Adverbien und Präfixe werden manchmal verwendet, um Adjektive zu intensivieren oder verstärken. Notieren Sie, ob die folgenden Betonungselemente Adverbien (A) oder Präfixe (P) sind.

1. **total** früh (A)

2. noch **ganz besonders doll*** früh (___, ___, ___)

3. so **richtig super**früh (___, P)

4. **extra**früh (___)

5. mehr **mega**früh (___)

6. **gar giga**früh (___, ___)

7. **urst**** ultra**früh (___, ___)

8. **hyper**früh (___)

9. **absolut anti**spät (___, P)

*****doll** (gespr.) = toll.

******urst** wurde meist in der DDR unter Jugendlichen gebraucht aber findet seit der Wiedervereinigung unter Jugendlichen im Westen Anklang.

L. Interjektionen

Finden Sie die Definitionen für die Interjektionen unten.

1. **Oh**, nein, das ist noch superfrühzeitig, bin ich müde, . . . (___)

2. "**Mensch**, junger Mann, Sie haben 'nen platt geklatschten Schmetterling auf der Stirn." (___)

3. **Mist**, ich träume immer noch. (___)

4. **Ha, ha**, sie wollen Geld von mir, alles in Ordnung. (___)

5. **Na gut**, ich verzichte aus finanziellen Gründen auf den Plastebecher . . . (___)

6. "**Halt**, bringen Sie den Porzellanpott zurück!" (___)

7. "**Na**, dann ist gut. Bis nachher." (___)

8. **Igitt**, schmeckt das widerlich, das Zeug. (___)

9. "**Puh**, und ich dacht schon." (___)

10. **Verdammt**! Ich hätte es eigentlich schon bei der Porzellanfahrkarte merken müssen. (___)

In diesem Kontext wird die Interjektion verwendet, um Folgendes auszudrücken:

a. Überraschung oder Verwunderung

b. etwas Verärgerung

c. großen Ärger oder Wut

d. Erleichterung

e. dass jemand nicht weitergehen soll, oder eine Tätigkeit beenden soll (eine Aufforderung)

f. dass man etwas unangenehm oder ekelig findet

g. dass man etwas nicht lustig findet (ironisch verwendet)

h. dass man etwas akzeptiert, obwohl man das nicht gut oder ideal findet

M. Grammatikgenie

Was für eine Form oder Struktur ist das?

1. ____ "Wieso **denn** das?"

2. ____ **Komm**, **lass uns** zusammen die Weltherrschaft erobern!

3. ____ . . . der Lufthauch **seiner Flügelschläge** streicht sanft durch mein Haar

4. ____ Der Radiowecker **springt an** und bringt die Nachrichten

5. ____ Der Traum **wäre** eigentlich noch weitergegangen

6. ____ Ich liege friedlich ins warme Bettchen gekuschelt **und** träume meinen Lieblingstraum

7. ____ **Darin** stehe ich immer auf einer grünen, sonnigen Wiese in duftiger Sommerluft, . . .

8. ____ Ich muss **mich überwinden**, den Dreck weiter zu trinken

9. ____ Ich hätte es eigentlich schon bei der Porzellanfahrkarte **merken müssen**

10. ____ "Hier steht doch dran, **dass** er 99 Pfennige kosten soll."

11. ____ Habe doch 'nen Schmetterling **auf** der Stirn

12. ____ **Mist**, ich träume immer noch

a.   Wechselpräposition + Dativ

b.   Konjunktiv II

c.   Interjektion

d.   Imperativ

e.   reflexives Verb

f.   Pronominaladverb

g.   koordinierende Konjunktion

h.   subordinierende Konjunktion

i.   Modalpartikel

j.   Doppelinfinitivkonstruktion

k.   Genitiv

l.   trennbares Verb

Zum Schreiben

N. Einen Traum beschreiben

Erinnern Sie sich an ihre Träume? Was für Träume haben Sie (Alpträume, gute Träume)? Beschreiben Sie einen Traum, den Sie immer wieder haben (= einen wiederholten Traum);

oder:

Beschreiben Sie den letzten Traum, an den Sie sich erinnern. Was meinen Sie: Haben Träume tiefe symbolische Bedeutungen oder benötigt unser Gehirn sie nur, um Ideen und Erlebnisse zu verarbeiten?

O. Rollenspiel

Schreiben Sie mit einem Partner/einer Partnerin ein Rollenspiel zu der folgenden Szene und spielen Sie es der Klasse vor:

Die Hauptfigur träumt, das er/sie aufsteht und zum Bäcker geht, um Kaffee zu holen.
Die Hauptfigur und der Bäcker/die Bäckersfrau sprechen miteinander.

Tipp: Sie können den Dialog zum Teil direkt vom Text nehmen. Auf jeden Fall sollen Sie mehrere Interjektionen benutzen!

Kapitel 3   Gesellschaft und Einsamkeit

Kühe und Schafe gehen miteinander,
aber der Adler steigt allein.

Es war ein reizender Abend
von *Erich Kästner*

Kurzbiographie: Erich Kästner

Ergänzen Sie die folgenden Sätze mit Hilfe des Internets.

Erich Kästner war ein deutscher Schriftsteller, Drehbuchautor und Kabarettist. Er wurde **18**____
in **D**_____ geboren und ist 1974 in München **g**_____. 1917 war er Soldat im
ersten **W**_____. 1933 haben die Nationalsozialisten seine Arbeiten verboten und
v_____. Erich Kästner ist besonders wegen seiner humorvollen, scharfsinnigen
K_____**bücher** und seiner humoristischen und zeitkritischen **G**_____
noch sehr bekannt. Die Geschichte "Es war ein reizender Abend" erschien 1966 in Gerhard
Wolter (Hrsg.) "Sie werden schmunzeln". Atrium Verlag AG, Zürich.

Vor dem Lesen

A. Assoziationen

Was assoziieren Sie mit dem folgenden Begriff? Machen Sie ein Assoziogramm und vergleichen
Sie Ihre Assoziationen im Kurs.

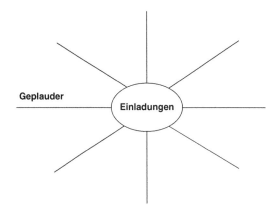

B. Fragen zum Thema

Besprechen Sie die folgenden Fragen mit einem Partner/einer Partnerin.

1. Bekommst du gern **Einladungen**? Warum (nicht)?

2. Wie oft wirst du auf Partys eingeladen?

3. Kochst du gern? (*Ja*: Was, zum Beispiel?)

4. Wie oft hast du Gäste bei dir zu Hause?

5. Spielst du gern Karten oder **Brettspiele**?

6. **Plauderst** du gern über andere Menschen?

7. Sprichst du gern über Politik?

8. Erzählst du gern **Witze**? Hörst du gern Witze?

C. Fragen zur Vorbereitung

• Fragen Sie einen Partner/eine Partnerin, *oder*:

• Veranstalten Sie in der Klasse eine "Cocktailparty", das heißt: Jede Person bekommt eine von den unten aufgeführten Fragen, dann stehen alle auf und sprechen paarweise miteinander (Sie stellen einander Fragen, dann tauschen Sie die Partner, usw.).

1. Hast du als Kind am **Daumen** gelutscht?

2. Hast du dir mal den **Fußknöchel verstaucht**?

3. Musst du morgens immer aus dem Haus **eilen**?

4. Isst du gern **Blumenkohl**?

5. Isst du gern **Kalbskoteletts**?

6. Kennst du jemanden, der gern **Schweinshaxe verzehrt**?

7. Mit wem **zankst** du oft?

8. **Plauderst** du gern mit fremden Menschen?

9. Hast du Angst vor großen Hunden?

10. Würdest du lieber einen Hund oder eine Katze **streicheln**?

11. **Schlenderst** du gern durch Geschäftsstraßen?

12. Bist du sportlich? Was für **Bewegung** machst du normalerweise?

13. Hast du einen **Scheitel**? (*Ja*: auf der *linken* oder *rechten* Seite?)

14. Wen findest du ganz **entzückend**?

15. Hast du mal ein **Schloss** in Europa besucht?

16. Hast du die Berliner **Mauer** schon gesehen?

D. Lesestrategie

1. Überfliegen Sie den Text und unterstreichen Sie die passenden Ergänzungen:

    *   Der Erzähler hat Einladungen: gern/nicht gern.
    *   Die Einladung war bei: Thorns/Burmeesters/Doktor Riemer.
    *   Der Erzähler hat Angst vor: Doktor Riemer/Frau Thorn/Cäsar.
    *   Die Frau des Erzählers heißt: Lottchen/Cäsar/Frau Thorn.

2. Lesen Sie die Geschichte jetzt genau.

Es war ein reizender Abend

von Erich Kästner

1   Ach, wie schön ist es, von niemandem eingeladen, durch die abendlichen
Geschäftsstraßen zu schlendern, irgendwo eine Schweinshaxe zu verzehren und,
allenfalls, mit einem fremden Menschen über den Kaffeepreis zu plaudern! Aber
Einladungen? Nein. Dafür ist das Leben zu kurz.
5   Nehmen wir beispielsweise die Einladung bei Burmeesters. Vor drei Wochen.
Entzückende Leute. Gebildet, weltoffen, hausmusikalisch, nichts gegen Burmeesters.
Und wir wußten, wer außer uns käme. Thorn, der Verleger, mit seiner Frau, also alte
Bekannte. Wir waren pünktlich. Der Martini war so trocken, wie ein Getränk nur sein
kann. Thorn erzählte ein paar Witze, weder zu alt noch zu neu, hübsch abgehangen.
10 Lottchen sah mich an, als wollte sie sagen: >>Was hast du eigentlich gegen
Einladungen?<< Ja. Und dann flog die Tür auf.
Ein Hund trat ein. Er mußte sich bücken. So groß war er. Eine dänische Dogge,
wie wir erfuhren. Lottchen dachte: >>Die Freunde meiner Freunde sind auch meine
Freunde<<, und wollte das Tier streicheln. Es schnappte zu. Wie ein Vorhängeschloß.
15 Zum Glück ein wenig ungenau. >>Vorsicht!<< sagte der Hausherr. >>Ja nicht streicheln!
Doktor Riemer hätte es neulich ums Haar einen Daumen gekostet. Der Hund ist auf
den Mann dressiert.<<
Frau Thorn, die auf dem Sofa saß, meinte zwinkernd: >>Aber doch nicht auf
die Frau.<<
20 Sie schien hierbei etwas vorlaut eine Handbewegung gemacht zu haben, denn
schon sprang die Dogge, elegant wie ein Hannoveraner Dressurpferd, mit einem
einzigen Satz quer durchs Zimmer und landete auf Frau Thorn und dem Sofa, daß
beide in allen Nähten krachten. Herr und Frau Burmeester eilten zu Hilfe, zerrten
ihren Liebling ächzend in die Zimmermitte und zankten zärtlich mit ihm. Anschließend

25 legte der Gastgeber das liebe Tier an eine kurze aus Stahlringen gefügte Kette. Wir
atmeten vorsichtig auf.
Dann hieß es, es sei serviert. Wir schritten, in gemessenem Abstand, hinter dem
Hund, den Herr Burmeester an der Kette hatte, ins Nebenzimmer.
Die Suppe verlief ungetrübt. Denn der Hausherr aß keine. Als die Koteletts mit
30 dem Blumenkohl in holländischer Soße auf den Tisch kamen, wurde das anders. Man
kann kein Kalbskotelett essen, während man eine dänische Dogge hält. >>Keine Angst<<,
sagte Herr Burmeester. >>Das Tier ist schläfrig und wird sich gleich zusammenrollen.
Nur eins, bitte – keine heftigen Bewegungen!<<
Wir aßen wie die Mäuschen. Mit angelegten Ohren. Wagten kaum zu kauen.
35 Hielten die Ellbogen eng an den Körper gewinkelt. Doch das Tier war noch gar nicht müde.
Es beschnüffelte uns hinterrücks. Sehr langsam. Sehr gründlich. Dann blieb es
neben mir stehen und legte seine feuchtfröhliche Schnauze in meinen Blumenkohl.
Burmeesters lachten herzlich, riefen nach einem frischen Teller, und ich fragte,
wo man sich die Hände waschen könne.
40 Als ich, ein paar Minuten später, aus dem Waschraum ins Speisezimmer
zurückwollte, knurrte es im Korridor. Es knurrte sehr. Mit einem solchen Knurren
pflegen sich sonst größere Erdbeben anzukündigen. Ich blieb also im Waschraum und
betrachtete Burmeesters Toilettenartikel. Als ich nach weiteren zehn Minuten die Tür
von neuem aufklinken wollte, knurrte es wieder. Noch bedrohlicher als das erstemal.
45 Nun schön. Ich blieb. Kämmte mich. Probierte, wie ich mit Linksscheitel aussähe.
Mit Rechtsscheitel. Bürstete mir einen Hauch Brillantine ins Haar. Nach einer halben
Stunde klopfte Herr Burmeester an die Tür und fragte, ob mir nicht gut sei.
>>Doch, doch, aber Ihr Hündchen läßt mich nicht raus!<<, rief ich leise. Herr
Burmeester lachte sein frisches, offenes Männerlachen. Dann sagte er: >>Auf diese
50 Tür ist das Tier besonders scharf. Wegen der Einbrecher. Einbrecher bevorzugen
bekanntlich die Waschräume zum Einsteigen. Warum, weiß kein Mensch, aber es ist so.
Komm Cäsar!<< Cäsar kam nicht. Nicht ums Verrecken. Statt dessen kam Frau
Burmeester. Und Lottchen. Und das Ehepaar Thorn. >>Sie Armer!<< rief Frau Thorn.
Zwischendurch teilte mir Herr Burmeester mit, er wolle den Hundedresseur
55 anrufen. Irgendwann klopfte er und sagte, der Mann sei leider im Krankenhaus. Ob er
später noch einmal geklopft hat, weiß ich nicht. Ich kletterte durch das leider etwas
schmale und hochgelegene Fenster, sprang in den Garten, verstauchte mir den linken
Fuß und humpelte heimwärts. Bis ich ein Taxi fand. Geld hatte ich bei mir. Hätte ich
vorher gewußt, was käme, hätt' ich, als ich in den Waschraum ging, den Mantel
60 angezogen. So saß ich schließlich, restlos verbittert, auf unserer Gartenmauer und
holte mir einen Schnupfen. Als Lottchen mit meinem Hut, Schirm, und Mantel
angefahren kam, musterte sie mich ein wenig besorgt und erstaunt. >>Nanu<<, meinte
sie, >>seit wann hast du denn einen Scheitel?<<
Wie gesagt, Einladungen sind eine schreckliche Sache. Ich humple heute noch.

Nach dem Lesen

E. Richtig (R) oder Falsch (F)?

1. _____ Der Erzähler wollte die Einladung bei Burmeesters lieber nicht annehmen.

2. _____ Herr und Frau Thorn sind alte Bekannte des Erzählers.

3. _____ Cäsar ist ein Dachshund.

4. _____ Cäsar lief durch das Zimmer und landete auf dem Erzähler.

5. _____ Die Gäste bei Burmeesters aßen Hähnchen, Pommes Frites und Apfelstrudel.

6. _____ Die Suppe verlief ungetrübt, denn der Hausherr aß keine.

7. _____ Burmeesters fanden es lustig, dass Cäsar die Schnauze in den Blumenkohl legte.

8. _____ Der Erzähler ging zum Waschraum, um sich die Haare zu kämmen.

9. _____ Der Hundedresseur war zu Hause, als Herr Burmeester ihn anrief.

10. _____ Der Erzähler zog seinen Mantel an, bevor er zum Waschraum ging.

F. Fragen zum Text

1. Wofür findet der Erzähler das Leben zu kurz?

2. Was würde er lieber machen?

3. Was für Leute sind die Burmeesters?

4. Was für ein Hund ist Cäsar?

5. Wie aßen die Gäste?

6. Was machte Cäsar während des Essens? Wie reagierte Herr Burmeester darauf?

7. Warum ging der Erzähler in den Waschraum?

8. Wie lange blieb er im Waschraum und was machte er da?

9. Wo war der Hundedresseur, als Herr Burmeester ihn anrief?

10. Wie ist der Erzähler aus dem Waschraum gekommen? Was ist ihm passiert?

11. Wie ist der Erzähler nach Hause gegangen?

12. Warum holte er sich einen Schnupfen?

G. Fragen zur Diskussion

1. Welche Stellen in dem Text finden Sie lustig? Warum?

2. Was halten Sie von Haustieren? Mögen Sie lieber Katzen oder Hunde?

3. Kennen Sie Leute, deren Haustiere so undiszipliniert wie Cäsar sind?

4. Hätten Sie, wie der Erzähler, Angst vor dem großen Hund gehabt?

Wortschatzübungen

H. Zuordnungen

Was passt zusammen? Verbinden Sie.

1. Ein Haus hat ___	a.	Kunden
2. Ein Taxi hat ___	b.	Patienten
3. Ein Einbrecher hat ___	c.	Gäste
4. Ein Hausherr hat ___	d.	Bewohner
5. Ein Laden hat ___	e.	Komplizen
6. Ein Arzt hat ___	f.	Fahrgäste

I. Zusammensetzungen

Welches Wort gehört nicht in die Reihe? Streichen Sie durch.

1. Hund, Dogge, Mäuschen, Vorhängeschloss

2. Zahnpasta, Kamm, Martini, Brillantine

3. Ellbogen, Scheitel, Ohren, Daumen

4. Gartenmauer, Korridor, Waschraum, Nebenzimmer

5. Gastgeber, Gäste, Einbrecher, Bekannte

6. Wurst, Blumenkohl, Kalbskotelett, Schweinshaxe

J. Synonyme

Welche Wörter haben die gleiche (oder ähnliche) Bedeutung?

1. ____ genau

2. ____ heftig

3. ____ hübsch

4. ____ entzückend

5. ____ pünktlich

6. ____ schläfrig

7. ____ schmal

8. ____ trocken

a. schön

b. müde

c. rechtzeitig

d. gewaltig, stark

e. exakt

f. charmant

g. herb, ungesüßt

h. eng, dünn

K. Redewendungen

Formulieren Sie die unterstrichenen Ausdrücke anders.

fast nicht   bekam eine Erkältung   von hinten   übel sorgenfrei   stöhnend

1. Cäsar beschnüffelte die Gäste **hinterrücks** = _____

2. Das Essen verlief **ungetrübt** = _____

3. Sie zerrten ihren Liebling **ächzend** in die Zimmermitte = _____

4. Die Gäste wagten **kaum** zu kauen = _____

5. Der Erzähler **holte sich einen Schnupfen** = _____

6. Es ist mir **nicht gut** = _____

Grammatik im Kontext

L. Konjunktiv II

Der Konjunktiv II wird benutzt, um: (1) irreale oder unmögliche Bedingungen zu benennen, (2) Zweifel zu zeigen, (3) Wünsche auszudrücken und (4) höfliche Bitten zu machen.

- Der Konjunktiv II wird vom **Präteritum** (Imperfekt) gebildet.

- Es gibt **3 verschiedende** Konjunktiv II Verbformen in dieser Geschichte. Schreiben Sie die Konjunktiv II Formen und auch die Zeitformen jedes Verbs nach dem Beispiel:

1. <u>**käme**</u>   (**kommen – kam – gekommen**)

2. _____   (_____ – _____ – _____)

3. _____   (_____ – _____ – _____)

M. Konjunktiv I

- Der Konjunktiv I wird meistens in der Schriftsprache verwendet, um die Äußerung einer anderen Person indirekt zu vermitteln (= indirekte Rede) und auch bekannt zu geben, dass die Meinung/Wunsch/Frage, usw. nicht die eigene ist.

- Der Konjunktiv I wird von der **Infinitivform** gebildet.

- Es gibt **3 verschiedende** Konjunktiv I Verbformen in der Geschichte. Schreiben Sie die Konjunktiv I Formen und auch die Zeitformen jedes Verbs nach dem Beispiel:

1. <u>**sei**</u>   (**sein – war – gewesen**)

2. _____   (_____ – _____ – _____)

3. _____   (_____ – _____ – _____)

N. Grammatikgenie

Was für eine Form oder Struktur ist das?

1. ____ Nehmen wir beispielsweise die Einladung **bei** Burmeesters.

2. ____ Er musste **sich bücken**.

3. ____ Wir **atmeten** vorsichtig **auf**.

4. ____ Ich blieb also **im** Waschraum und betrachtete Burmeesters Toilettenartikel.

5. ____ Noch **bedrohlicher** als das erstemal.

6. ____ Probierte, wie ich mit Linksscheitel **aussähe**.

7. ____ **Wegen** der Einbrecher.

8. ____ Irgendwann klopfte er an die Tür und sagte, der Mann **sei** leider im Krankenhaus.

9. ____ **Ob** er später noch einmal geklopft hat, weiß ich nicht.

10. ____ "Sie **Armer**!" rief Frau Thorn.

a.   Konjunktiv I

b.   Konjunktiv II

c.   substantiviertes Adjektiv

d.   Komparativadjektiv

e.   subordinierende Konjunktion

f.   reflexives Verb

g.   trennbares Verb

h.   Wechselpräposition + Dativ

i.   Dativpräposition

j.   Genitivpräposition

Zum Schreiben und zur Diskussion

O. Thema zum Schreiben

Erzählen Sie von einer interessanten Einladung, die Sie angenommen haben. Von wem wurden Sie eingeladen? Was ist alles passiert?

P. Eine Einladung annehmen oder ablehnen

Fragen Sie einen Partner/eine Partnerin: *Hast du Lust, . . .*

1. heute abend bei _____ zu essen?
    (z. B. McDonald's)

2. am Wochenende den Film _____ zu sehen?
    (z. B. *Good Bye Lenin!*/*Im Juli*)

3. nächsten Monat ins _____ Konzert zu gehen?
    (z. B. Beethoven/Rammstein)

4. am Samstag ein romantisches Picknick _____ zu machen?
    (z. B. am Strand/im Park)

5. am Sonntag eine Wanderung _____ zu machen?
    (z. B. am Strand/im Park/in den Bergen)

6. am Donnerstag in die Kneipe zu gehen?

7. am Freitag abend zu meiner _____party zu kommen?
    (z. B. Geburtstags-/Dinner-/Garten-/Cocktail-)

Weitere Fragen:

Um wieviel Uhr? Wer kommt noch? Was kosten die Karten? Wo ist die Party?

Welche Kneipe? Wo läuft der Film? Ist die Wanderung anstrengend?

Laden Sie mich ein?

Antworten:

(+) Ja, (sehr) gern! Was soll ich mitbringen?

***

(−) Nein. (Es) tut mir leid. Das würde ich (sehr) gern machen, *aber*:

Ich bin schon verabredet.	Ich mache Diät.
Ich mag (Rammstein) gar nicht.	Ich muss babysitten.
Ich bin überhaupt nicht sportlich.	Mein Auto ist kaputt.
Ich habe zu viele Hausaufgaben.	Ich bin pleite.
Meine Mutter hat Geburtstag.	Ich habe eine Yoga Klasse.
Ich fliege morgen früh nach (Hawaii).	Ich möchte lieber (schlafen).
Ich muss E-Mails schreiben.	Ich vertrage keinen Alkohol.

Kapitel 4 Verliebtheit und Sehnsucht

Liebe ohne Gegenliebe ist eine Frage ohne Antwort.

Die ganze Nacht
von Peter Stamm

Kurzbiographie: Peter Stamm

Ergänzen Sie die folgenden Sätze mit Hilfe des Internets.

Peter Stamm ist ein **S**_____ Schriftsteller. Er wurde am 18. Januar 1963 in Scherzingen, Thurgau, geboren. Nach einer kaufmännischen Lehre studierte er einige Semester **A**_____, Psychologie und Psychopathologie an der Universität **Z**_____. Nach längeren Aufenthalten in New York, Paris und Skandinavien ließ er sich 1990 in Winterthur nieder, wo er als freier Autor und **J**_____ arbeitete. Die Erzählung "Die ganze Nacht" erschien 2003 in "In fremden Gärten", Arche-Verlag AG, Zürich und Hamburg.

Vor dem Lesen

A. Assoziationen

Was assoziieren Sie mit dem folgenden Begriff? Machen Sie ein Assoziogramm und vergleichen Sie Ihre Assoziationen im Kurs.

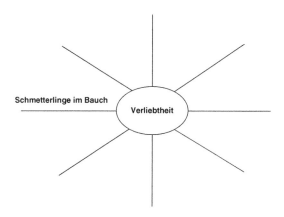

B. Fragen zum Thema

Besprechen Sie die folgenden Fragen mit einem Partner/einer Partnerin.

1. Hast du **dich** mal in jemanden **verliebt**?

2. Wie würdest du das Gefühl von "**Verliebtheit**" beschreiben?

3. Was meinst du: Kann man in mehrere Menschen **gleichzeitig** verliebt sein?

4. Gibt es einen **Unterschied** zwischen Verliebtheit und Liebe? (*Ja*: Wie **fühlt sich** der Unterschied **an**?)

5. Kann die Verliebtheit **ewig halten**?

6. Hast du Angst vor Verliebtheit?

C. Fragen zur Vorbereitung

Fragen Sie einen Partner/eine Partnerin.

1. Um wieviel Uhr ist heute abend **Dämmerung** in deinem **Wohngebiet**?

2. Wohnst du in einem Wohnhaus, in dem es einen **Hausmeister** gibt?

3. Hat dein Wohnhaus einen **Aufzug**?

4. Musst du manchmal den **Gehweg** vor deinem Haus kehren?

5. Musst du manchmal im **Schritttempo** fahren? (*Ja*: Wann?)

6. Was ist die **Entfernung** von deinem Wohngebiet zum nächsten Flughafen?

7. Welche **Fluggesellschaft** findest du gut? Welche findest du schlecht?

8. Findest du es romantisch, einen Urlaub im Schnee zu machen?

9. Bist du mal wegen Schnee irgendwo **steckengeblieben**?

10. Hast du neulich eine interessante **Meldung** gelesen oder gehört?

11. Welche Fernseh-**Moderatoren** findest du besonders gut?

12. Wie findest du die **Leuchtreklamen** in Städten wie New York und Las Vegas?

13. Trägst du manchmal **Gummistiefel**? (*Ja*: Wann?)

14. Hast du ein **Gefrierfach**? (*Ja*: Stehen leckere Sachen drin?)

15. An welchem Getränk **nippst** du gern beim Sonnenuntergang?

16. Bestellst du deine Getränke mit **Eiswürfeln**?

D. Lesestrategie

1. Überfliegen Sie den Text und notieren Sie:
   - *wo* die Geschichte stattfindet: _____
   - *wer* die Hauptfiguren sind: _____
   - *wie* das Wetter ist: _____

2. Lesen Sie die Geschichte jetzt genau.

Die ganze Nacht

von Peter Stamm

1   Am späten Nachmittag hatte es angefangen zu schneien. Er war froh, daß er
sich den Tag freigenommen hatte, denn der Schnee fiel sofort so dicht, daß er nach
einer halben Stunde schon die Straßen bedeckte. Vor dem Haus sah er den
Hausmeister den Gehweg kehren. Er trug eine Kapuze und führte auf einer kleinen
5   dunklen Insel einen vergeblichen Kampf gegen den stetig fallenden Schnee.
Es war gut, daß er diesmal nicht zum Flughafen gefahren war, um sie abzuholen.
Das letzte Mal hatte er ihr Blumen aus dem Automaten gekauft und sie dazu
überredet, die lange Fahrt nach Manhattan mit der U-Bahn zu machen. Als sie dann
vor einigen Tagen telefoniert hatten, meinte sie, es sei nicht nötig, daß er sie abhole,
10   sie werde ein Taxi nehmen.
Er stand am Fenster und schaute hinaus. Selbst wenn der Flug pünktlich war,
würde sie frühestens in einer halben Stunde hier sein. Aber er war jetzt schon
unruhig. Er verwarf Sätze, die er sich in den vergangenen Wochen zurechtgelegt und
sich immer wieder vorgesagt hatte. Er wußte, daß sie eine Erklärung verlangen würde,
15   und wußte, daß er keine hatte. Er hatte nie Erklärungen gehabt, aber er war sich
immer sicher gewesen.
Eine Stunde später stand er wieder am Fenster. Es schneite noch immer,
heftiger als zuvor, es war ein richtiger Schneesturm. Der Hausmeister hatte seinen
Kampf aufgegeben. Alles war jetzt weiß, selbst die Luft schien weiß zu sein oder vom
20   hellen Grau der einsetzenden Dämmerung, das kaum zu unterscheiden war vom Weiß
des fallenden Schnees. Die Autos fuhren langsam und mit großer Behutsamkeit. Die
wenigen Fußgänger, die noch draußen waren, stemmten sich gegen den Wind.
Er schaltete den Fernseher ein. Auf allen lokalen Kanälen war vom Sturm die
Rede, und es war seltsam, daß man ihm schon einen Namen gegeben hatte, den alle
25   Stationen kannten. In den Außenbezirken, hieß es, sei das Chaos noch größer als in der
Innenstadt, und von der Küste kamen Meldungen über Hochwasser. Aber die
Moderatoren, die man hinausgeschickt hatte und die, dick angezogen, in Mikrophone
mit groteskem Windschutz sprachen, waren guter Laune und warfen Schneebälle in die
Luft und wurden nur ernst, wenn sie von Sach- oder Personenschäden zu berichten

30   hatten.
     Er rief die Fluggesellschaft an. Der Flug, sagte man ihm, sei wegen des
     Schneesturms nach Boston umgeleitet worden. Kaum hatte er aufgelegt, klingelte das
     Telefon. Sie rief aus Boston an, sagte, sie müsse gleich weiter. Es gebe Gerüchte, daß
     der Kennedy Airport wieder offen sei. Vielleicht müßten sie aber auch in Boston
35   übernachten. Sie sagte, sie freue sich auf ihn, und er sagte, sie solle auf sich
     aufpassen. Sie sagte, bis später, und legte sofort auf.
     Draußen war es dunkel geworden. Der Schnee fiel unaufhörlich, er fiel und fiel,
     und außer einigen Taxis, die im Schrittempo fuhren, waren keine Autos mehr zu sehen.
     Er hatte mit ihr essen gehen wollen, jetzt hatte er Hunger. Und es würde noch
40   Stunden dauern, bis sie hier war. Im Kühlschrank gab es nur ein paar Dosen Bier, im
     Gefrierfach eine Flasche Wodka und Eiswürfel. Er dachte, daß er etwas einkaufen
     sollte. Sie würde bestimmt hungrig sein nach der langen Reise. Er zog seinen warmen
     Mantel an und Gummistiefel. Er hatte keine anderen hohen Schuhe, die Stiefel hatte
     er kaum je getragen. Er nahm einen Schirm und ging nach draußen.
45   Der Schnee lag hoch, aber er war nicht schwer und ließ sich mit den Beinen
     leicht beiseite pflügen. Alle Geschäfte waren geschlossen, nur in wenigen hatte sich
     das Personal die Mühe gemacht, auf einem improvisierten Schild den Grund für den
     frühen Ladenschluß zu nennen.
     Er ging quer durch die Stadt. Die Lexington Avenue war schneebedeckt, auf der
50   Park Avenue sah er in einiger Entfernung die orangefarbenen Blinklichter der
     Schneepflüge, die in einem Konvoi die Straße heraufkamen. Die Madison und die Fifth
     Avenue waren irgendwann geräumt worden, aber sie waren schon wieder weiß. Hier
     mußte er über hohe Schneewälle steigen. Er sank ein, und Schnee drang in seine
     Stiefel.
55   Über den Times Square lief ein Langläufer. Die Leuchtreklamen blinkten, als sei
     nichts geschehen. Die farbigen Bewegungen hatten etwas Gespenstisches in der
     großen Stille. Er ging weiter, den Broadway hinauf. Kurz vor dem Columbus Circle sah
     er die erleuchteten Fenster eines Coffee Shops. Er war schon früher dort eingekehrt,
     der Geschäftsführer und die Kellner waren Griechen, und das Essen war gut.
60   Im Lokal waren nur wenige Gäste. Die meisten saßen allein an einem Tisch an der
     Glasfront, die bis zum Boden reichte, tranken Kaffee oder Bier und schauten hinaus.
     Die Stimmung war festlich, niemand sprach, es war, als seien sie alle Zeugen eines
     Wunders.
     Er setzte sich an einen Tisch und bestellte ein Bier und ein Club Sandwich.
65   Der Schnee in seinen Stiefeln begann zu schmelzen. Als der Kellner das Bier brachte,
     fragte er ihn, weshalb das Lokal noch offen sei. Sie hätten nicht mit so viel Schnee
     gerechnet, sagte der Kellner, jetzt sei es zu spät. Die meisten von ihnen wohnten in
     Queens, und dort hinauszukommen sei im Moment unmöglich. Da könnten sie das Lokal
     ebensogut offenlassen.
70   >>Vielleicht die ganze Nacht<<, sagte der Kellner und lachte.
     Der Weg zurück schien leichter zu sein, obwohl es immer noch schneite. Er
     hatte sich ein Sandwich für sie einpacken lassen und gemerkt, daß er nicht wußte, was

sie mochte. Er hatte eins mit Schinken und Käse genommen. Keine Mayonnaise, keine
Pickles, das wußte er noch.

75 Sie hatte ihm eine Nachricht hinterlassen, auf dem Anrufbeantworter. Einen
Flug habe es nicht gegeben, jetzt sei auch Boston zu. Man bringe sie zum Bahnhof, von
dort solle es einen Zug geben. Sie werde, wenn alles gutgehe, in vier Stunden in
Manhattan sein. Der Anruf war vor einer Stunde gekommen.
Er schaltete wieder den Fernseher ein. Ein Mann stand vor einer Karte und

80 erklärte, daß der Sturm entlang der Küste nach Norden ziehe, er habe inzwischen
Boston erreicht. In New York sei das Schlimmste vorüber, sagte der Mann und
lächelte, aber es werde wohl noch die ganze Nacht schneien.
Er schaltete den Fernseher aus und trat wieder ans Fenster. Er dachte nicht
mehr an seine Sätze, schaute nur hinaus auf die Straße. Er löschte das Deckenlicht

85 und machte die Schreibtischlampe an. Dann kochte er Tee, setzte sich aufs Sofa und
las. Um Mitternacht ging er zu Bett.
Als es klingelte, war es drei Uhr. Bevor er an der Tür war, klingelte es wieder.
Er drückte auf den Türöffner und wartete einen Augenblick. Dann trat er, obwohl er
nur in Shorts und T-Shirt war, hinaus auf den Flur und ging zum Aufzug. Es schien eine

90 Ewigkeit zu dauern.
Natürlich wußte er, daß sie es war, aber er war doch erstaunt, als die Tür des
Aufzugs öffnete und er sie vor sich stehen sah. Sie stand einfach nur da, neben ihrem
großen roten Koffer, und wartete. Er trat auf sie zu. Als er sie küssen wollte, umarmte
sie ihn. Die Tür des Aufzugs schloß sich in seinem Rücken. Sie sagte: >>Ich bin so

95 unglaublich müde.<< Er drückte auf den Knopf und die Tür öffnete sich wieder.
Sie teilten sich das Sandwich, und sie erzählte, wie der Zug auf halber Strecke
im Schnee steckengeblieben sei, wie er Stunden so gestanden habe, bis endlich ein
Pflug das Gleis frei räumte.
>>Natürlich hat niemand etwas gewußt<<, sagte sie. >>Ich hatte Angst, daß wir die

100 ganze Nacht stehen würden. Wenigstens habe ich warme Kleider dabei.<< Er fragte,
ob es immer noch schneie, schaute dann hinaus in die Nacht und sah, daß es fast
aufgehört hatte.
>>Das Taxi hat mich an der Lexington ausgeladen<<, sagte sie. >>Es konnte nicht
in die Straße rein. Ich habe dem Fahrer zwanzig Dollar gegeben und gesagt, bringen

105 Sie mich hin, egal wie. Er hat den Koffer zu Fuß hierhergeschleppt. Ein kleiner
Pakistani. Ein netter Mann.<<
Sie lachte. Sie hatten Wodka getrunken, und er schenkte noch einmal ein.
>>Und?<< sagte sie. >>Was ist denn so Dringendes, worüber du mit mir sprechen
willst?<<

110 >>Ich liebe den Schnee<<, sagte er.
Er stand auf und trat ans Fenster. Der Schnee fiel nur noch in kleinen Flocken,
die vom Himmel schwebten, manchmal aufstiegen, als seien sie leichter als Luft, und
wieder sanken und im Weiß der Straße untergingen. >>Ist es nicht wunderschön?<<
Er drehte sich um und schaute sie lange an, wie sie dasaß und an ihrem Wodka nippte.

115 Er sagte: >>Ich bin froh, daß du da bist.<<

Nach dem Lesen

E. Richtig (R) oder Falsch (F)?

1. ____ Der Mann wohnt zur Zeit in Manhattan aber die Frau wohnt weit weg.

2. ____ Die Frau hat den Mann schon mal in New York besucht.

3. ____ Der Mann wurde unruhig, als er auf die Frau wartete, denn er wollte Schluss mit ihr machen.

4. ____ Die Moderatoren waren schlechter Laune und klagten über den Schneesturm.

5. ____ Einige Autos fuhren im Schritttempo aber es waren keine Taxis zu sehen.

6. ____ Der Mann ging in die Stadt, denn im Kühlschrank gab es nichts zu essen.

7. ____ Die Stimmung im Coffee Shop war deprimierend.

8. ____ Der Sturm hatte schnell einen Namen, den alle Fernsehstationen kannten.

9. ____ Der Mann hat der Frau gesagt, er wollte dringend etwas mit ihr besprechen.

10. ____ Der Mann war erstaunt, als die Frau endlich vor ihm stand.

F. Fragen zum Text

1. Warum wollte die Frau nach New York fliegen?

2. Hatte der Mann vor, die Frau vom Flughafen abzuholen? Warum (nicht)?

3. Warum ist ihr Flug nach Boston umgeleitet worden?

4. Was hatte der Mann mit der Frau am ersten Abend machen wollen?

5. Warum ist der Mann in die Stadt gegangen?

6. Wie war die Stimmung in der Stadt während des Sturms?

7. Wie ist die Frau von Boston nach Manhattan gereist? Welches Problem gab es auf dem Weg?

8. Wovor hatte die Frau Angst?

9. Wie ist die Frau von Lexington Station zu dem Wohnhaus des Mannes gekommen?

10. Wer hat das Gepäck der Frau bis zu dem Wohnhaus getragen?

11. Was hat der Mann getragen, als er die Frau vor dem Aufzug begrüßte?

12. Was hat das Paar gemacht, als sie endlich bei ihm ankam?

G. Fragen zur Diskussion

1. Was ist die Beziehung zwischen dem Mann und der Frau?

2. Was meinen Sie: Ist das Paar verliebt?

3. Welche Stellen im Text schaffen das Gefühl der Sehnsucht?

4. Finden Sie die Atmosphäre, die der Autor beschreibt, romantisch?

Wortschatzübungen

H. Definitionen

Finden Sie die richtigen Definitionen unten für diese Nomen.

1. ___ der Aufzug

2. ___ die Behutsamkeit

3. ___ die Dämmerung

4. ___ das Gefrierfach

5. ___ der Hausmeister

6. ___ die Leuchtreklame

7. ___ die Meldung

8. ___ das Schrittempo

a. die Zeit am Abend, wenn es dunkel wird, oder am Morgen, wenn es hell wird.

b. eine Nachricht, die man im Fernsehen, Radio oder in der Zeitung mitteilt.

c. die Vorsicht, Sorgsamkeit oder Zartheit.

d. eine Werbung, die durch Neonlampen und Glühbirnen strahlt.

e. ein Gerät, in dem jemand in einem Gebäude nach oben oder nach unten transportiert wird; der Fahrstuhl oder Lift.

f. so langsam, wie man zu Fuß geht.

g. ein Gerät, in dem man durch Gefrieren Lebensmittel konserviert.

h. jemand, der in einem Mietshaus oder Firma für Ordnung, kleinere Reparaturen und das Putzen sorgt.

I. Zusammensetzungen

Welches Wort gehört nicht in die Reihe? Streichen Sie durch.

1. Deckenlicht, Leuchtreklamen, Luft, Schreibtischlampe

2. Augenblick, Behutsamkeit, Ewigkeit, Wartezeit

3. Eiswürfel, Gefrierfach, Hochwasser, Schnee

4. Fußgänger, Geschäftsführer, Hausmeister, Moderator

5. Dämmerung, Erklärung, Mitternacht, Morgenrot

6. Gummistiefel, Kapuze, Schneepflug, Schal

J. Zuordnungen

Was passt zusammen? Verbinden Sie.

1. Das Eis _____   a. leuchtet

2. Die Moderatorin _____   b. fährt

3. Das Telefon _____   c. leitet

4. Die Schreibtischlampe _____ d. öffnet sich

5. Die Schneeflocken _____ e. berichtet

6. Die Aufzugtür _____   f. klingelt

7. Der Geschäftsführer _____ g. schmilzt

8. Der Konvoi _____   h. schweben

K. Redewendungen

Formulieren Sie die unterstrichenen Ausdrücke anders.

| hinter ihm | schon vorbei | trank in minimalen Schlucken von |
| fröhlicher Stimmung | besonders lange | Vorsicht |

1. Die Autos fuhren mit großer **Behutsamkeit** = _____

2. Das Schlimmste ist **vorüber** = _____

3. Es schien **eine Ewigkeit** zu dauern = _____

4. Die Moderatoren waren **guter Laune** = _____

5. Die Tür des Aufzuges schloss sich **in seinem Rücken** = _____

6. Sie **nippte an** dem Wodka = _____

Grammatik im Kontext

L. Wechselpräpositionen

Unterstreichen Sie die Wechselpräpositionen, und notieren Sie, ob sie mit dem Dativ (D) oder Akkusativ (A) stehen.

Dativ = mit einem statischen, *nicht* zielgerichteten Zustand verbunden. Frage: ***Wo?***

Akkusativ = mit einem dynamischen, zielgerichteten Zustand verbunden. Frage: ***Wohin?***

1. **Vor** dem Haus sah er den Hausmeister den Gehweg kehren. **(D)**

2. Er trug eine Kapuze und führte auf einer kleinen dunklen Insel einen vergeblichen Kampf gegen den stetig fallenden Schnee. (___)

3. Er stand am Fenster und schaute hinaus. (___)

4. Die Moderatoren waren guter Laune und warfen Schneebälle in die Luft. (___)

5. Im Kühlschrank gab es nur ein paar Dosen Bier. (___)

6. Er sank ein, und Schnee drang in seine Stiefel. (___)

7. Über den Times Square lief ein Langläufer. (___)

8. Ein Mann stand vor einer Karte und erklärte, dass der Sturm entlang der Küste nach Norden ziehe. (___)

9. Die meisten saßen allein an einem Tisch an der Glasfront. (___), (___)

10. Sie stand einfach nur da, neben ihrem großen roten Koffer, und wartete. (___)

M. Indirekte Rede

Unterstreichen Sie die Verben im Konjunktiv I (oder Konjunktiv II) und formulieren Sie die Mitteilungen als Direkte Rede!

z. B. Der Flug, sagte man ihm, **sei** wegen des Schneesturms nach Boston umgeleitet worden.

Jemand sagte: "Der Flug ist wegen des Schneesturms nach Boston umgeleitet worden."

1. Als sie dann vor einigen Tagen telefoniert hatten, meinte sie, es sei nicht nötig, dass er sie abhole, sie werde ein Taxi nehmen.

    Sie sagte: "_____

    _____."

2. Sie rief aus Boston an, sagte, sie müsse gleich weiter.

    Sie sagte: "_____."

3. Sie sagte, sie freue sich auf ihn.

    Sie sagte: "_____."

4. Sie hatte ihm eine Nachricht hinterlassen, auf dem Anrufbeantworter. Einen Flug habe es nicht gegeben, jetzt sei auch Boston zu. Man bringe sie zum Bahnhof, von dort solle es einen Zug geben. Sie werde, wenn alles gutgehe, in vier Stunden in Manhattan sein.

    Sie sagte: "_____

    _____

    _____

    _____."

5. Sie hätten nicht mit so viel Schnee gerechnet, sagte der Kellner, jetzt sei es zu spät. Die meisten von ihnen wohnten in Queens, und dort hinauszukommen sei im Moment unmöglich.

    Der Kellner sagte: "_____

    _____

    _____."

6. Ein Mann stand vor einer Karte und erklärte, dass der Sturm entlang der Küste nach Norden ziehe, er habe inzwischen Boston erreicht. In New York sei das Schlimmste vorüber, sagte der Mann und lächelte, aber es werde wohl noch die ganze Nacht schneien.

Der Mann sagte: "_____

_____

_____

_____."

N. Grammatikgenie

Was für eine Form oder Struktur ist das?

1. _____ Es war gut, dass er diesmal nicht zum Flughafen **gefahren war**, um sie abzuholen.

2. _____ Er wusste, dass sie eine Erklärung verlangen **würde**, und wusste, dass er keine hatte.

3. _____ **Außer** einigen Taxis, die im Schrittempo fuhren, waren keine Autos mehr zu sehen.

4. _____ Sie rief aus Boston an, sagte, sie **müsse** gleich weiter.

5. _____ Die wenigen Fußgänger, **die** noch draußen waren, stemmten sich gegen den Wind.

6. _____ Die farbigen Bewegungen hatten etwas **Gespenstisches** in der großen Stille.

7. _____ Er setzte sich **an einen Tisch** und bestellte ein Bier und ein Club Sandwich.

8. _____ Der Weg zurück schien **leichter** zu sein, obwohl es immer noch schneite.

9. _____ Die wenigen Fußgänger, die noch draußen waren, **stemmten sich** gegen den Wind.

10. _____ **Als** er sie küssen wollte, umarmte sie ihn.

11. _____ Ich habe dem Fahrer zwanzig Dollar gegeben und gesagt, **bringen Sie mich hin** . . .

12. _____ Was ist denn so Dringendes, **worüber** du mit mir sprechen willst?

a. Konjunktiv I

b. Konjunktiv II

c. Wechselpräposition + Akkusativ

d. Relativpronomen

e. reflexives Verb

f. Pronominaladverb

g. substantiviertes Adjektiv

h. subordinierende Konjunktion

i. Imperativ

j. Plusquamperfekt

k. Komparativadjektiv

l. Dativpräposition

Zum Schreiben

O. Thema zum Schreiben

Beschreiben Sie eine Reise, auf der Sie irgendwie steckengeblieben sind (z. B. wegen des schlechten Wetters, wegen eines Vulkanausbruches, usw.). War es eine gute oder schlechte Erfahrung?

oder:

Machen Sie 3–5 Eintragungen in einem Tagebuch – entweder von der Perspektive der Frau *oder* des Mannes – gleich vor diesem Rendezvous in New York. Freuen Sie sich auf das Treffen oder machen Sie sich Sorgen darüber? Was meinen Sie: Was wird passieren?

P. Rollenspiel: Das Paar ist endlich zusammen

Die Frau fragte: "Was ist denn so Dringendes, worüber du mit mir sprechen willst?"

Er antwortete: "Ich liebe den Schnee. Ist es nicht wunderschön? Ich bin froh, dass du da bist."

Schreiben Sie die Szene weiter.

Kapitel 5 Liebeskummer und Melancholie

Geteiltes Leid ist halbes Leid.

Marita
von Selim Özdoğan

Kurzbiographie: Selim Özdoğan

Ergänzen Sie die folgenden Sätze mit Hilfe des Internets.

Selim Özdoğan wurde **19**_____ in **K**_____ geboren. Er ist ein deutscher Schriftsteller türkischer **H**_____ und wuchs zweisprachig auf. Nach dem Abitur studierte er **V**_____, **A**_____ und **P**_____, aber brach sein Studium ab. Seit 19_____ arbeitet er als Autor. Heute lebt er in **K**_____. Seinen Roman "Im Juli" (2000) schrieb er, nachdem der Film "Im Juli" fertig war. Er basiert auf dem Drehbuch von Fatih Akin. Seine Geschichte "Marita" erschien 2003 in "Trinkgeld vom Schicksal. Geschichten". Aufbau Taschenbuch Verlag, Berlin.

Vor dem Lesen

A. Assoziationen

Was assoziieren Sie mit dem folgenden Begriff? Machen Sie ein Assoziogramm und vergleichen Sie Ihre Assoziationen im Kurs.

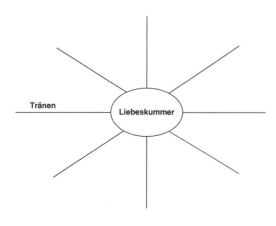

B. Fragen zum Thema

Besprechen Sie die folgenden Fragen mit einem Partner/einer Partnerin.

1. Wen findest du attraktiv?

2. Glaubst du an **Liebe auf den ersten Blick**?

3. Welche **Eigenschaften** hat dein Traumpartner bzw.* deine Traumpartnerin?

4. Möchtest du in einer **festen Beziehung** leben, oder lieber allein leben?

5. Bist du verheiratet? (*Nein*: Möchtest du vielleicht eines Tages heiraten?)

6. Wo würdest du lieber heiraten: im **Standesamt**, in der Kirche oder in der Natur?

7. Was meinst du: Ist es eine gute Idee mit dem Partner bzw. der Partnerin zusammen zu leben, bevor man heiratet? Warum (nicht)?

8. Was machst du, wenn du unter **Liebeskummer** leidest?

*bzw. = Abkürzung für *beziehungsweise*: drückt aus, dass es zwei mögliche Aussagen im Kontext gibt, z. B. *Die Studenten kommen aus* **Deutschland** *bzw.* **Österreich**.

C. Fragen zur Vorbereitung

Fragen Sie einen Partner/eine Partnerin.

1. Was machst du abends zur **Ablenkung**?

2. Siehst du gern fern? (*Ja*: Was ist deine Lieblings**sendung**? *Nein*: Warum nicht?)

3. Mit wem **unterhältst** du **dich** sehr gern?

4. Was oder wen findest du **albern**? Warum?

5. Worüber **klagst** du am meisten?

6. Wer **lächelt** dich oft **an**? Findest du das schön?

7. Kennst du jemanden, der gerade unter **Liebeskummer** leidet?

8. Was meinst du: Was hilft gegen Liebeskummer?

9. Wirst du oft **sauer**? (*Ja*: Was macht dich sauer?)

10. Mit wem würdest du gern eine Zeitlang das Leben **tauschen**? Warum?

11. Glaubst du an **Schicksal**?

12. **Zuckst** du manchmal **zusammen**, wenn das Telefon (oder dein Handy) klingelt? (*Ja*: Warum?)

13. Hast du einen **Anrufbeantworter** zu Hause? (*Ja*: Wie oft klingelt das Telefon, bevor er **anspringt**?)

14. Hast du einen **Wasserkocher** zu Hause? (*Ja*: **Piept** er ganz laut und **durchdringend**?)

15. Hast du einen Staubsauger? Wie oft **saugst du Staub**?

16. Ohne welches Haushalts**gerät** könntest du nicht leben?

Marita

von Selim Özdoğan

1   Andreas hat mir einen kleinen Fernseher vorbeigebracht, damit ich ein wenig
Ablenkung habe. Ich habe ihn auf einen Stuhl gestellt und schalte ihn auch wirklich
ein. Doch er lenkt mich nicht ab, ich sehe nicht mal hin. Ich schalte ihn ein und stelle
den Ton laut, damit die Nachbarn nicht hören, wie ich weine.
5   Ich komme von der Arbeit, setze mich auf den Boden und starre an die Wand.
Manchmal klingelt das Telefon, und ich zucke zusammen. Doch ich gehe selten dran,
ich warte bis der Anrufbeantworter anspringt, ich habe ihn auf dreimal Klingeln
gestellt, weniger geht nicht. Ich sitze auf dem Boden, bis ich merke, wie die Tränen
kommen, das dauert manchmal Stunden. Dann schalte ich den Fernseher ein und bleibe
10   vor dem Stuhl auf den Holzdielen liegen.
Es ist nicht so, dass ich niemanden hätte. Andreas wohnt zwei Stockwerke unter
mir, und wenn es an die Tür klopft, gehe ich ins Bad, und danach mache ich auf. Wir
sitzen zusammen in der Küche, und wenn ich lange genug nichts sage, geht Andreas
wieder. Wenn ich ihn nicht so gut kennen würde, würde ich glauben, dass es ihn
15   langsam nervt. Ich weiß nicht mehr, wie lange es jetzt her ist. Vier Wochen, fünf,
sechs?
Ich kann keine Musik mehr hören. Es geht einfach nicht. Tagelang habe ich
darüber nachgedacht, warum das so ist. Musik sei eine Art, mit Gott zu reden, habe
ich mal gehört, vielleicht liegt es ja daran. Ich will mich nicht unterhalten, mit
20   niemandem.
Eigentlich will ich auch nicht leiden, ich will nicht sauer sein, verletzt, ich will
nicht aufbegehren gegen das Schicksal, klagen und jammern und mich allein fühlen.
Meistens gelingt es mir sogar. Ich sitze einfach da, und das ist schon ziemlich viel,
finde ich. Obwohl alle sagen, ich solle doch lieber etwas unternehmen. Doch ich sitze
25   nicht nur da.
Seit du weg bist, habe ich versucht, alles genauso wie sonst immer zu machen.
Ich putze mir die Zähne, ich frühstücke, ich kaufe samstags eine Zeitung und
Brötchen. Ich gehe in den Supermarkt und packe den Wagen voll, aber ich kann die
Kassiererin nicht anlächeln. Ich trinke selten, wie wir es immer getan haben, alle paar
30   Wochen waren wir beschwipst, und wenn wir allein waren, sind wir albern geworden.
Freitags sauge ich Staub, aber ich mag mich nicht mit anderen Menschen treffen.
Ich tue die Dinge, die wir getan haben, ich mache jeden Tag Tee und zünde die Kerzen
an, wenn es dunkel wird. Außerdem sitze ich jeden Abend auf dem Boden und starre
die Wand an.

35   Manchmal stelle ich mir vor, du seist tot. Ich weiß nicht, ob das einfacher
     wäre. Wenn du die ganze Welt verlassen hättest. Wenn da kein Glück mehr wäre für
     dich, wäre es dann einfacher für mich? Ich glaube nicht.
     Andreas hat gesagt, es wäre sicherlich besser, wenn ich alles anders machte.
     Die Wände neu streiche oder mir Turnschuhe kaufe, weil ich das seit fünfzehn Jahren
40   nicht mehr getan habe. Er hat gesagt, wir können auch einfach mal die Wohnung
     tauschen, ich könnte ein paar Wochen in seiner wohnen. So viel hat er vorgeschlagen
     am Anfang, er hat Flaschen mitgebracht und mein Lieblingsessen vom Thailänder, er
     wollte wegfahren mit mir, und er hat mir einen neuen Wasserkocher gebracht, den ich
     noch nicht ausgepackt habe.
45   Wir waren beide immer so genervt von unserem Gerät, das wir kurz vor
     Ladenschluss gekauft hatten, und das mit einem lauten durchdringenden Piepen
     ankündigte, dass das Wasser nun kochte.
     Ich wollte erst mal weiterleben, mir abgerissene Knöpfe an die Hemden nähen,
     die Pflanzen gießen, die Krümel aus dem Brotkorb schütteln, ich wollte leben, so wie
50   wir gelebt haben. Es war schön. Das würdest du doch auch sagen.
     Ich habe mich immer gefreut, wenn ich vor dir nach Hause kam und die
     Wohnung für mich allein hatte. Und ich habe mich immer gefreut, wenn ich dann deine
     Schritte im Treppenhaus erkannte. Manchmal glaube ich, ich hätte es geahnt. Aber
     das kann man hinterher immer sagen. Ich kenne diesen Blick, diesen kurzen Blick in die
55   Augen fremder Menschen, als könnte man dort etwas finden. Ich kenne diesen Blick,
     ich sehe ihn oft, aber bei dir habe ich ihn nie bemerkt. Und trotzdem ist es so, als
     hätte ich es die ganze Zeit über gewusst.
     Wie sonst kann man sich erklären, dass ich mich sofort damit abfand. Es hätte
     überall passieren können, auf einer Party, auf einem Bahnhof, in einem Supermarkt,
60   beim Thailänder, es hätte überall passieren können, und es hätte überall eine Romantik
     gehabt, an einer Tankstelle, in einem Baumarkt zwischen Säcken von Kalk und Putz, vor
     einer öffentlichen Toilette. Es hätte überall passieren können, das gelbe Haus
     in der Bismarckstraße war nicht besser oder schlechter als ein anderer Ort.
     Davor habt ihr euch zum ersten Mal gesehen, und ich war dabei. Ihr habt euch in
65   die Augen gesehen, und, zugegeben, da wusste ich es vielleicht noch nicht.
     Als wir kurz darauf im Buchladen standen, ich in der Musikabteilung und du bei
     den Neuerscheinungen, und er wieder auftauchte, weil er uns gefolgt war, wusste ich
     es. Ich stand da mit diesem Buch über Chet Baker* in der Hand, und du kamst auf
     mich zu. Es dauerte so lange, ich hatte noch Zeit, mir zu überlegen, ob meine Knie
70   nachgeben würden, ob ich das Buch kaufen würde, ob ich mich vielleicht nicht doch
     täuschte, Zeit, mir darüber klar zu werden, dass du seit dem gelben Haus irgendwie
     abwesend warst, Zeit, mich zu fragen, was ich ohne dich tun würde.
     So etwas ist mir noch nie passiert, waren deine ersten Worte, und ich wusste,
     dass es die Wahrheit war und dass du versuchen würdest, herauszubekommen, was
75   denn genau geschehen war.
     So etwas ist mir noch nie passiert. An den Rest kann ich mich nicht erinnern, ich
     konnte nur an Feuer denken, Feuer, das mich wärmen konnte, oder Flammen, die alles
     auslöschten. Ich wusste nicht, wo es herkam, Flammen, Feuer, aber ich sah nicht rot,
     ich sah nur die Asche.
80   Wenn ich hier sitze und warte, dann frage ich mich oft, ob du mit ihm glücklich
     wirst. Und ob es einen Unterschied macht. Ich glaube nicht. Ich glaube beides nicht.
     Ich glaube nicht, dass Romantik etwas bedeutet.

Sie ist irgendwann aufgebraucht, und du wirst dann nicht zurückkommen. Ich
glaube nicht, dass sich etwas von heute auf morgen ändert. Glaubst du, ab jetzt wird
85 alles einfacher für dich? Glaubst du, es wird dir immer besser gehen? Glaubst du,
dieser Blick wird ewig währen?
Aber ich weiß nicht, was ich getan hätte an deiner Stelle. Es ist leicht für mich
zu schreiben.
Eine Weile noch, eine Weile noch werde ich so leben, bis ich eines Tages den
90 Fernseher wieder runterbringe. Eine Weile noch, zwei Wochen, drei, vier, fünf.
Natürlich wünsche ich mir manchmal, es wäre nie passiert. Natürlich wünsche
ich, ich könnte aufhören. Mit allem. Ich könnte aufhören, zu träumen und zu
wünschen, zu denken, zu weinen, zu lieben, zu grübeln, zu essen und aufhören, die
Pflanzen zu gießen. Manchmal wünsche ich, ich könnte meine Tränen in meinem Mund
95 sammeln und dann ausspucken, wie ein Wesen, das noch nie die nassen Spuren auf
seinen Wangen gespürt hat.
Marita, in diesen Tagen fühle ich mich manchmal sehr jung, als hätte ich noch
nichts erlebt und nichts gelernt. Und manchmal fühle ich mich sehr alt, als hätte ich
alles schon gesehen, und es wäre alles dasselbe. Aber ich fühle mich fast immer klein.
100 Ich weiß nicht, ob mich jemand finden kann.

---

*Chet Baker** (1929–1988) war amerikanischer Trompeter und Sänger. Mitte der 50er Jahre war
er eine Ikone der Coolness und wurde für seine melancholische Jazzmusik sehr bekannt.

Nach dem Lesen

D. Richtig (R) oder Falsch (F)?

1. _____ Der Erzähler ist ganz traurig und weint abends manchmal stundenlang.

2. _____ Andreas ist ein Freund von dem Erzähler und wohnt im gleichen Gebäude.

3. _____ Andreas ist geduldig und großzügig und möchte dem Erzähler helfen.

4. _____ Der Erzähler trinkt jetzt mehr Alkohol und ist oft beschwipst.

5. _____ Vorher hat der Erzähler jeden Abend mit Marita auf dem Boden gesessen.

6. _____ Der Erzähler fand sein Leben mit Marita ganz schön und gemütlich.

7. _____ Der Erzähler glaubt, dass Marita eines Tages zu ihm zurückkommen wird.

8. _____ Der Mann vor dem gelben Haus in der Bismarckstraße war Andreas.

9. _____ Der Erzähler glaubt an die Romantik und Liebe auf den ersten Blick.

10. _____ Der Erzähler glaubt, er wird noch einige Wochen um das Ende der Beziehung
trauern.

E. Fragen zum Text

1. Sieht der Erzähler gern fern? Wozu benutzt er den Fernseher?

2. Was macht der Erzähler abends, wenn er von der Arbeit nach Hause kommt?

3. Wer ist Andreas? Was wissen wir alles über ihn?

4. Was will der Erzähler nicht mehr hören? Warum nicht?

5. Mit wem "spricht" der Erzähler in diesem Text, d. h.,* wenn er "du" sagt?

6. Was ist vor ungefähr einem Monat passiert?

7. Wer hat sich zum ersten Mal vor dem gelben Haus in der Bismarckstraße gesehen?

8. Was "hätte überall passieren können"?

9. Was wurde dem Erzähler in dem Buchladen klar?

10. Was hätte der Erzähler an Maritas Stelle getan?

11. Was hält der Erzähler von "Romantik"?

12. Wie fühlt sich der Erzähler am Ende?

F. Fragen zur Diskussion

1. Wer ist "Marita"? Was war die Beziehung zwischen Marita und dem Erzähler? Was wissen wir alles über ihr Leben? Wie lange waren sie zusammen?

2. Glauben Sie an "Liebe auf den ersten Blick"? Glauben Sie, dass sich etwas von heute auf morgen ändern kann?

3. Was hätten Sie an Maritas Stelle getan?

4. Haben Sie Mitleid mit dem Erzähler? Finden Sie ihn sympathisch? Warum (nicht)?

*d. h. = das heißt.

Wortschatzübungen

G. Definitionen

Finden Sie die richtigen Definitionen unten für diese Nomen.

1. ___ die Abteilung, -en

5. ___ der Ladenschluss

2. ___ die Art (*mst.* die Art und Weise)

6. ___ der Liebeskummer

3. ___ das Gerät, -e

7. ___ der Schritt, -e

4. ___ der Kassierer, –

8. ___ der Ton, die Töne

a. etwas, das man hören kann

b. die Bewegung, mit der man beim Gehen einen Fuß hebt und vor den anderen setzt

c. der Zeitpunkt, ab dem in Geschäften nichts mehr verkauft werden darf

d. ein ziemlich selbständiger Teil innerhalb einer Firma (z. B. eines Kaufhauses)

e. die Methode; der Stil; wie etwas gemacht wird

f. die Schmerzen, die man hat, wenn man jemanden liebt, der/die einen nicht liebt

g. ein Apparat, der mit elektrischem Strom betrieben wird (z. B. ein Fernseher)

h. jemand, bei dem man Geld zahlen oder bekommen kann

H. Antonyme

Was ist das Gegenteil? Verbinden Sie.

1. ____ abwesend

a. glücklich

2. ____ albern

b. anwesend

3. ____ beschwipst

c. vorläufig

4. ____ deprimiert

d. nüchtern

5. ____ einfach

e. trocken

6. ____ ewig

f. klug

7. ____ nass

g. gesund, fit

8. ____ verletzt

h. kompliziert

I. Redewendungen

Formulieren Sie die unterstrichenen Ausdrücke anders.

von jetzt an	anwesend	wenn ich du wäre
es geht einfach nicht	ein bisschen später	akzeptieren

1. Der Erzähler war **dabei**, als Marita den neuen Mann zum ersten Mal sah = _____

2. **Kurz darauf** stand das Paar in der Musikabteilung = _____

3. Der Erzähler muss **sich damit abfinden**, dass Marita weg ist = _____

4. Der Erzähler kann keine Musik mehr hören. **Es ist unmöglich** = _____

5. Marita dachte, **ab jetzt** wird alles einfacher = _____

6. **An deiner Stelle** weiß ich nicht, was ich getan hätte = _____

Grammatik im Kontext

J. Reflexivverben

1. Es gibt mehr als 10 verschiedene Reflexivverben in diesem Text. Identifizieren Sie mindestens 6!

    z. B. s. setzen

    _____,_____,_____,_____

    _____,_____,_____,_____

2. Wie fühlt sich der Erzähler? Will er sich mit jemandem treffen oder unterhalten?

K. Zusammenfassung von "Marita"

Ergänzen Sie im Präsens. Vergessen Sie nicht, die Verben zu konjugieren, wo es nötig ist!

(sich) fühlen	anspringen	einschalten	glauben
starren	klingeln	~~leiden~~	runterbringen
(sich) setzen	vorbeischauen	(sich) unterhalten	weinen

Der Erzähler (1) **leidet** unter Liebeskummer, und (2) _____ stundenlang, denn seine Freundin Marita hat ihn vor ungefähr einem Monat verlassen. Er kommt von der Arbeit, (3) _____ sich auf den Boden und (4) _____ einfach an die Wand. Er hat einen Fernseher und (5) _____ ihn wirklich (6) _____, aber er sieht nicht mal hin.

Der Erzähler (7) _____ sich allein, aber er ist nicht ganz allein. Andreas wohnt zwei Stockwerke unter ihm und (8) _____ manchmal (9) _____. Aber der Erzähler will sich gar nicht mit Andreas (10) _____. Eigentlich will er mit niemandem sprechen. Wenn das Telefon (11) _____, wartet der Erzähler normalerweise bis der Anrufbeantworter (12) _____.

Obwohl er jetzt allein wohnt, versucht der Erzähler, alles genauso wie früher zu machen. Er (13) _____, er wird noch eine Weile so leben, bis er eines Tages den Fernseher wieder (14) _____.

L. Grammatikgenie

Was für eine Form oder Struktur ist das?

1. _____ Ich glaube nicht, **dass** Romantik etwas bedeutet.

2. _____ Doch er **lenkt** mich nicht **ab**, ich sehe nicht mal hin.

3. _____ Glaubst du, ab jetzt wird alles **einfacher** für dich?

4. _____ Ich tue die Dinge, **die** wir getan haben . . .

5. _____ **Davor** habt ihr euch zum ersten Mal gesehen, und ich war dabei.

6. _____ Manchmal stelle ich mir vor, du **seist** tot.

7. _____ Ich wusste nicht, wo es herkam, Flammen, Feuer, **aber** ich sah nicht rot, ich sah nur die Asche.

8. _____ Obwohl alle sagen, ich solle **doch** lieber etwas unternehmen.

9. _____ Wenn da kein Glück mehr **wäre** für dich, **wäre** es dann einfacher für mich?

10. _____ Es hätte überall **passieren können**, das gelbe Haus in der Bismarckstraße war nicht besser oder schlechter als ein anderer Ort.

a. Konjunktiv I

b. Konjunktiv II

c. Komparativadjektiv

d. Relativpronomen

e. trennbares Verb

f. Pronominaladverb

g. koordinierende Konjunktion

h. subordinierende Konjunktion

i. Modalpartikel

j. Doppelinfinitivkonstruktion

Zum Schreiben

M. Einen Brief Schreiben

Stellen Sie sich vor, dass Sie Marita sind. Sie leben jetzt mit dem neuen Mann zusammen. Sie wollen dem Erzähler erklären, was in den letzten Wochen mit dem neuen Mann alles passiert ist. Sind Sie jetzt ganz glücklich? Oder sind Sie enttäuscht und unglücklich? Schreiben Sie dem Erzähler einen Brief, und geben Sie Details über Ihr neues Leben.

Tipps zum Briefeschreiben

---

1. **Der Gruß**

   Lieber X, (X = der Name des Erzählers; Sie müssen den Namen erfinden!)

2. **Paragraph A**

   - Wann haben Sie den Erzähler verlassen? (z. B. vor zwei Wochen? vor einem Monat?)
   - Warum haben Sie den Erzähler verlassen?
   - Wo wohnen Sie jetzt? Sind Sie glücklich oder unglücklich?
   - Warum schreiben Sie dem Erzähler gerade?

3. **Paragraph B**

   - Beschreiben Sie Ihre neue Lebenssituation.
   - Wie ist Ihre neue Situation anders als vorher?
   - Was finden Sie jetzt besser oder schlechter? Geben Sie Beispiele!

4. **Paragraph C**

   - Sind Sie jetzt glücklich, dass Sie den Erzähler verlassen haben, oder bedauern Sie diese Entscheidung?
   - Möchten Sie den Erzähler wiedersehen oder nicht?

5. **Der Briefschluss** (z. B. Alles Liebe; Mit einem lieben Gruß)

6. **Die Unterschrift**

   Deine Marita

Wortschatzhilfe

1. ___ aufgabeln   a. Casanova, Ladykiller, Verführer

2. ___ d. h.   b. jdn. irgendwo finden und mit sich nehmen

3. ___ eifersüchtig   c. ein schwacher, kraftloser Mensch

4. ___ der Frauenheld   d. idealer Mann

5. ___ der Seitensprung   e. die Liebesaffäre

6. ___ der Traummann   f. misstrauisch, neidisch

7. ___ treu sein   g. keine anderen sexuellen Beziehungen haben

8. ___ das Weichei   h. Abkürzung für "**das heißt**"

N. Rollenspiel: Patient(in) und Psychiater(in)

Schreiben Sie mit einem Partner oder einer Partnerin eine kleine Szene und dann spielen Sie sie im Kurs vor. Der Patient oder die Patientin hat Liebeskummer und der Psychiater oder die Psychiaterin gibt Ratschläge.

Die Katze
von Thomas Hürlimann

Kurzbiographie: Thomas Hürlimann

Ergänzen Sie die folgenden Sätze mit Hilfe des Internets.

Thomas Hürlimann wurde am 21. Dezember **19**___ in **Z**_____, Schweiz, geboren. Er studierte Philosophie an der Universität **Z**_____ und an der Freien Universität in **B**_____. Nach dem Abbruch des Studiums arbeitete er 1978–1980 als Regieassistent am Berliner Schillertheater. Seit 1980 ist er freier **S**_____. Als Autor debütierte Hürlimann **19**_____ mit dem Erzählband "Die Tessinerin". Seit **20**___ lebt er in Berlin. "Die Katze" erschien 1992 in "Die Satellitenstadt. Geschichten". Ammann Verlag AG, Zürich.

Vor dem Lesen

A. Assoziationen

Was assoziieren Sie mit dem folgenden Begriff? Machen Sie ein Assoziogramm und vergleichen Sie Ihre Assoziationen im Kurs.

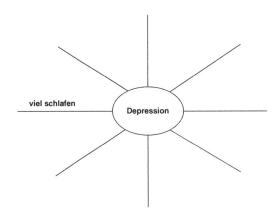

B. Fragen zum Thema

Besprechen Sie die folgenden Fragen mit einem Partner oder einer Partnerin.

1.   Bist du heute **gut gelaunt**?

2.   Lachst du viel? Wenn ja, wann? Wen findest du besonders lustig?

3.   Kennst du jemanden, der scheint, nie deprimiert zu werden?

4.   Was machst du, wenn es dir psychisch nicht besonders gut geht?

5.   Kennst du jemanden, der **unter** starken **Depressionen leidet**?

6.   Was meinst du: Was hilft gegen Depressionen?

C. Fragen zur Vorbereitung

Fragen Sie einen Partner/eine Partnerin.

1. Bist du meistens in guter oder schlechter **Stimmung**?

2. Gehst du gern einkaufen, wenn du dich etwas **matt** oder deprimiert fühlst?

3. Hast du meistens gute oder böse **Träume**?

4. Wie viele Stunden schläfst du pro Nacht? Schläfst du gut, oder **leidest** du **unter Schlaflosigkeit**?

5. Was macht dich **bleich** und matt?

6. Was macht dich zu einem **Nervenbündel**?

7. Was **nimmt dir den Appetit**?

8. Wie oft putzt du deine Wohnung?

9. Wie oft **saugst** du **Staub**?

10. Benutzt du manchmal eine **Möbelpolitur**?

11. Wie viele Stunden pro Tag **hockst** du vor dem Fernseher?

12. Welchen Horrorfilm findest du ganz **gruselig**?

13. Hast du einen Job? (*Ja*: Musst du **dich** zur Arbeit **schleppen**, oder arbeitest du gern?)

14. Liest du immer das **Verfallsdatum**, wenn du etwas im Supermarkt kaufst?

15. Was hältst du von Katzen?

16. Wen findest du **seltsam**? Warum?

D. Lesestrategie

1. Diese Geschichte beschreibt eine Situation im Leben eines Liebespaares. Lesen Sie nur die ersten drei Zeilen in jedem Abschnitt. Dann besprechen Sie mit einer anderen Person in der Klasse Ihre ersten Eindrücke von diesen Figuren und was passiert.

2. Lesen Sie die Geschichte jetzt genau. Stimmen Ihre ersten Eindrücke noch?

Die Katze

von Thomas Hürlimann

1 Von Zeit zu Zeit begibt sich Ka auf eine seltsame Reise. Sie hat, wie es in der
Psychologie heißt, eine Depression. Was in ihrem Innern vorgeht, weiß ich nicht, aber
mit den Jahren habe ich die Route ihrer Reise kennengelernt. Nur die Route. Das Ziel
nicht. Es gibt keines.

5 Wie jede Reise, so beginnt auch diese mit Streß und Hektik. Stundenlang dröhnt
der Staubsauger, dreht sich die Waschtrommel, es riecht nach Möbelpolitur und
Meister Proper.* Mit dieser Lust auf Sauberkeit hat die Fahrt ins Dunkel begonnen.
Ka bekämpft den Staub, die Vergänglichkeit. Ein sinnloser Kampf. Sie muß ihn verlieren,
und sie verlor ihn jedesmal. Vom Putzen ermüdet, kann sie nicht einschlafen, und das

10 lange Liegen und Wachen – es macht sie schon in der zweiten Nacht zu einem
Nervenbündel, das in der Finsternis liegt wie ein Stück Fleisch im Raubtierkäfig.
Die bösen Träume fürchtend zieht sie Tabletten ein, aber die helfen nicht, im
Gegenteil, sie nehmen ihr den Appetit. So verliert sie an Kraft, sie wird bleich, matt,
alt. Schließlich rutscht sie auf den Knien durch die Zimmer, da ein Haar aus dem

15 Teppich zupfend, dort einen Wachsfleck von der Schwelle kratzend. Aber der
Schmutz ist überall, der Staub ist überall, ihr Waschen, Wischen, Wünschen hilft
nichts, weder Meister Proper noch der Weiße Riese* können die Mächte der
Finsternis aufhalten.

Und ich? Was tat ich? Jahrelang das Falsche. Ich versuchte, Ka wieder auf die

20 Füße und in eine bessere Stimmung zu bringen; ich wollte sie, im doppelten Sinn des
Wortes, aufstellen. Es war schrecklich. Sie war den Tränen nahe; ich machte Witze.
Sie konnte kaum noch kriechen; ich schlug einen Ausflug vor. Ich haßte sie, und ihr
wars egal. Sie hockte vor dem Fernseher und hatte vergessen, ihn einzuschalten.
Vergessen? Nein, auf das flache Dunkel der Mattscheibe will sie glotzen, ins Leere.

25 Dann, kurz vor dem Kollaps, bäumt sie sich noch einmal auf. Sie geht aus dem
Haus. Zum Einkaufen, sagt sie. Stunden später kehrt sie zurück, ohne Milch, ohne
Brot, das sind *Lebens*mittel, und leben, nein, das will sie nicht mehr, wozu auch, jede
Minute eines jeden Menschen ist eine Sterbeminute, jede Milchtüte trägt das Datum
ihres Verfalls. Mit leerer Tasche schleppt sie sich nach Hause. Und hat an dieser

30 Leere so schwer geschleppt, daß sie sich übergeben muß. Vielleicht noch ein letzter,
hilfloser Versuch, den Kopf zu heben, loszukommen vom Boden, von der Tiefe, vom
Dreck, aus dem wir gemacht sind; dann kriecht sie ins Bett, unter die Dekken.** Sie
saugt am Zipfel eines Nastuches, das sie aus ihrer Kinderzeit behalten hat, und
wiewohl sie lange und tief zu schlafen scheint, vermögen die Lider ihre Augen nur halb

35 zu decken. Ihr Blick geht ins Leere, auch im Schlaf.

Diesmal lief es anders ab. Sie kauerte am Boden und rupfte am Teppich, gerade
so, als pflücke sie eine unsichtbare Blume aus dem Land der Melancholie. Es geht
wieder los, dachte ich. Da blickte sie auf, sah hinaus, und wahrhaftig! – aus dem Nebel
kam ein Schatten angetigert, eine Katze, huschte weg, verschwand, und schon,

40 helahopp, hockte sie groß, stolz und fremd vor dem Fenster. Es nachtete ein. Katzen
   sind die Göttinnen der Melancholie. Deshalb fanden sie in der Bibel keinen Platz, weder
   im Alten Testament, noch im Neuen. Katzen haben sieben Leben, kennen keine
   Erlösung, keine Schuld, sie kommen, sie gehen, allein oder im Rudel, wichtig ist ihnen
   nur eines: ihre Sauberkeit. Katzen lieben es, sich wieder und wieder zu waschen, zu
45 putzen, zu lecken. Ka lächelte der Katze zu. Ich zog mich zurück – die beiden, dachte
   ich, wollen nicht gestört werden, von keinem Mann, von keinem Geräusch.
   Stille, tiefe Stille, und fast schien es mir, als sei sie vom Himmel herabgesunken
   und habe die Nacht erhellt. Das war der erste Schnee. Es wuchsen die Hügel, die
   Berge, die Wälder, und sie wuchsen ohne Lärm. Bei Tagesanbruch sprang die Katze
50 über die weiße Wiese davon, und Ka, ohne Angst vor den wilden Träumen, legte sich
   ins Bett.

*__Meister Proper__ ist ein Putzmittel; **der Weiße Riese** ist ein Waschmittel.

**__die Dekken__ = die Decken.

Nach dem Lesen

E. Richtig (R) oder Falsch (F)?

1. _____ Ka wohnt allein und fühlt sich ganz einsam.

2. _____ Wenn Ka deprimiert ist, geht sie gern auf Urlaub.

3. _____ Jahrelang hat der Erzähler versucht, Ka in eine bessere Stimmung zu bringen.

4. _____ Ka nimmt Schlaftabletten, die ihr den Appetit nehmen.

5. _____ Ka verliert an Kraft, denn sie kann nicht schlafen und isst sehr wenig.

6. _____ Ka fühlt sich immer besser, nachdem sie die Wohnung putzt.

7. _____ Abends hockt Ka vor dem Fernseher aber sie schaltet ihn nicht ein.

8. _____ In Kas Wohnung wachsen Blumen aus dem Teppich.

9. _____ Ka möchte ein Haustier haben, aber der Erzähler ist allergisch gegen Katzen.

10. _____ Die Katze, die vor dem Fenster hockte, hat Ka beruhigt.

F. Fragen zum Text

1. Wie heißt die Hauptfigur in dieser Geschichte?

2. Was ist die Beziehung zwischen dem Erzähler und Ka? Wie lange kennen sie sich?

3. Ka fühlt sich nicht gut. Was ist los mit ihr?

4. Was für eine "Reise" macht Ka ab und zu?

5. Was macht Ka jedesmal gleich vor dieser "Reise"?

6. Was nimmt Ka den Appetit?

7. Wie reagiert der Erzähler, wenn Ka sich schlecht fühlt? Hilft das was?

8. Wohin geht Ka kurz vor dem Kollaps? Warum bringt sie nichts mit nach Hause?

9. Kas Reise kam diesmal ganz anders zu Ende. Was ist passiert?

10. Was sagt der Erzähler: Was für eine Rolle spielen Katzen in der Bibel? Warum?

11. Wie reagierte der Erzähler, als die Katze vor dem Fenster hockte?

12. Wie lange blieb die Katze da?

G. Fragen zur Diskussion

1. Warum putzt Ka das Haus? Was möchte sie durch Sauberkeit bekämpfen?

2. Was haben Ka und die Katze gemeinsam?

3. Wie hat der Erzähler mit der Zeit gelernt, Ka zu helfen? Was macht er jetzt anders?

4. Das deutsche Sprichwort lautet, wie der Erzähler sagt: "Katzen haben *sieben* Leben". Die Zahl ist in unterschiedlichen Ländern verschieden. Was ist die Zahl in Ihrem Land/Ihrer Muttersprache?

Wortschatzübungen

H. Definitionen

Finden Sie die richtigen Definitionen unten für diese Nomen.

1. ___ das Nastuch, die Nastücher

2. ___ das Raubtier, -e

3. ___ das Rudel, –

4. ___ die Schwelle, -n

5. ___ die Stimmung, -en

6. ___ die Vergänglichkeit

7. ___ die Waschtrommel, -n

8. ___ der Zipfel, –

a. eine Gruppe von wilden Tieren, die zusammen leben (z. B. Leoparden, Wölfe)

b. die Laune einer Person zu einer bestimmten Zeit

c. ein kleines, viereckiges Stück Stoff, das man zum Naseputzen bei sich trägt

d. das spitzige Ende von etwas

e. ein runder Behälter, der sich bei einer Waschmaschine dreht

f. jedes Tier mit starken Zähnen, das andere Tiere jagt und frisst (z. B. Wölfe, Löwen)

g. das Konzept, dass ein Zustand nur eine relativ kurze Zeit existiert

h. der leicht erhöhte Teil des Fußbodens an einer Türöffnung

I. Antonyme

Was ist das Gegenteil? Verbinden Sie.

1. ____ bleich	a.	bekannt
2. ____ ermüdet	b.	gestärkt, gekräftigt
3. ____ fremd	c.	schön
4. ____ hilflos	d.	nirgendwo
5. ____ matt	e.	sonnengebräunt
6. ____ schrecklich	f.	hoch
7. ____ sinnlos	g.	stark, unabhängig
8. ____ stolz	h.	bescheiden, demütig
9. ____ tief	i.	sinnvoll
10. ____ überall	j.	glänzend, leuchtend

J. Redewendungen

Schreiben Sie die passenden Ausdrücke in die Lücken.

> ins Leere glotzen   den Tränen nah   weder . . . noch
> war es egal   an Kraft   im Gegenteil

1. Die Tabletten helfen Ka nicht, _____, sie nehmen ihr den Appetit.

2. Ka hat keine Energie, denn sie isst nichts. Sie verliert _____.

3. Ka will nur auf das flache Dunkel der Mattscheibe _____.

4. _____ Meister Proper _____ der Weiße Riese können die Mächte der Finsternis aufhalten.

5. Als Ka _____ war, machte der Erzähler Witze.

6. Ka _____, dass der Erzähler sie hasste.

Grammatik im Kontext

K. Was machten diese Figuren?

Ergänzen Sie im Präteritum (Imperfekt).

springen	hocken	legen	hassen	blicken	zurückziehen
schleppen	versuchen	glotzen	einnehmen	lächeln	erzählen

Der Erzähler:

1. _____ Ka, wenn sie deprimiert wurde, aber ihr war es egal.

2. _____ Ka zu helfen, aber es war sehr schwierig.

3. tat jahrelang das Falsche: er _____ Witze oder schlug einen Ausflug vor.

4. _____ sich _____, als er Ka mit der Katze zusammen sah.

Ka:

5. schaltete den Fernseher nicht ein. Sie _____ nur auf das flache Dunkel der Mattscheibe.

6. _____ sich Tabletten _____, weil sie Angst vor Alpträumen hatte.

7. _____ sich mit leerer Tasche vom Supermarkt wieder nach Hause.

8. _____ vom Boden auf und sah aus dem Fenster: Ein Schatten kam näher.

9. freute sich, die Katze zu sehen. Sie _____ der Katze zu.

10. _____ sich bei Tagesanbruch ins Bett.

Die Katze:

11. _____ bei Sonnenuntergang vor Kas Fenster.

12. _____ bei Tagesanbruch über die weiße Wiese davon.

L. Substantivierte Verben

Im Deutschen können die meisten Verben als Substantive (Nomen) benutzt werden. Dann werden sie, wie andere Substantive, groß geschrieben. Substantivierte Verben sind immer neutrum (*das* X) und haben keinen Plural. Oft werden sie mit dem bestimmten Artikel verwendet:

z. B. *Das Putzen* mag ich überhaupt nicht. Helfen Sie mir *beim Putzen*?

Es gibt sechs Verben als Nomen in diesem Text. Schreiben Sie diese Formen:

1. _____**Putzen**_____   4. _____

2. _____   5. _____

3. _____   6. _____

M. Substantivierte Verben: Was ist verboten?

z. B. Man darf die Fenster nicht **öffnen**.

Das Öffnen der Fenster ist verboten.

1. Man darf ohne Badeanzug nicht **schwimmen**.

_____ ist verboten.

2. Man darf nicht nach 22 Uhr **singen** und **lärmen**.

_____ ist verboten.

3. Man darf nicht auf dem Tisch **tanzen**.

_____ ist verboten.

4. Man darf nicht mit dem Busfahrer **sprechen**.

_____ ist verboten.

5. Man darf nicht unter Alkoholeinfluss **fahren**.

_____ ist verboten.

6. Man darf nicht ohne Erlaubnis **fotografieren**.

_____ ist verboten.

7. Man darf nicht in der Bibliothek **essen**.

_____ ist verboten.

8. Man darf SMS während der Autofahrt nicht **schreiben**.

_____ ist verboten.

N. Grammatikgenie

Was für eine Form oder Struktur ist das?

1. ____ Katzen sind die Göttinnen **der Melancholie**.

2. ____ Sie konnte kaum noch kriechen; ich **schlug** einen Ausflug **vor**.

3. ____ ... fast schien es mir, als **sei** sie vom Himmel herabgesunken ...

4. ____ ... die beiden, dachte ich, **wollen** nicht **gestört werden**, von keinem Mann ...

5. ____ **Aber** der Schmutz ist überall ...

6. ____ Deshalb fanden sie **in** der Bibel keinen Platz ...

7. ____ Schließlich rutscht sie auf den Knien **durch** die Zimmer ...

8. ____ Von Zeit zu Zeit **begibt sich** Ka auf eine seltsame Reise.

9. ____ Sie geht **aus** dem Haus.

10. ____ ... es macht sie schon in der zweiten Nacht zu einem Nervenbündel, **das** in der Finsternis liegt wie ein Stück Fleisch im Raubtierkäfig.

a. Konjunktiv I

b. Dativpräposition

c. Wechselpräposition + Dativ

d. Akkusativpräposition

e. reflexives Verb

f. trennbares Verb

g. koordinierende Konjunktion

h. Relativpronomen

i. Passiv

j. Genitiv

Zum Schreiben

O. Interview: Hausarbeit

Interviewen Sie jemanden im Kurs und dann schreiben Sie einen kurzen Aufsatz darüber.

kochen	das Geschirr spülen	das Klo putzen	die Dusche/das Bad putzen
aufräumen	Staub saugen	den Müll rausnehmen	Fenster putzen
die Möbel polieren	die Wäsche waschen/falten/bügeln		
das Bett machen	Lebensmittel einkaufen		

- Welche Arbeiten machen Sie im Haushalt? Wie oft machen Sie diese Sachen?
- Sind Sie meistens in guter oder schlechter Stimmung, wenn Sie Hausarbeit machen?
- Lenken Sie sich mit Hausarbeit ab, wenn es Ihnen nicht so gut geht?
- Hören Sie Musik dabei, wenn Sie Hausarbeit machen? (*Ja*: Was für Musik?)
- Wer macht mehr im Haushalt, Sie oder Ihre Mitbewohner/Familienmitglieder?
- Welche Hausarbeit machen Sie besonders ungern?
- Gibt es oft Ärger bei Ihnen zu Hause, weil jemand behauptet, dass die Verteilung der Hausarbeit unfair sei?

P. Einen Werbespot machen

Finden Sie einen Partner und schreiben Sie einen Werbespot *entweder* für Tabletten oder Medizin, die man in der Apotheke bekommen kann, *oder* für ein Produkt, das einem bei der Hausarbeit hilft, z. B. Putzmittel, Waschmittel.

Vergleich der Geschichten "Marita" und "Die Katze"

1. Was haben der Erzähler in "Marita" und Ka in "Die Katze" gemeinsam? Wie sind die Situationen, in denen sie sich befinden, unterschiedlich?

2. Was haben Andreas in "Marita" und der Erzähler in "Die Katze" gemeinsam? Wie reagieren sie darauf, dass die anderen Figuren unter Depressionen leiden?

3. Wozu wird der Fernseher in diesen Geschichten benutzt?

Kapitel 6   Misstrauen und Obsession

Alles Reden ist sinnlos, wenn das Vertrauen fehlt.
Franz Kafka

Mißtrauischer Monolog
von Frank Goosen

Kurzbiographie: Frank Goosen

Ergänzen Sie die folgenden Sätze mit Hilfe des Internets.

Frank Goosen wurde am 31. Mai **19**_____ in Bochum geboren und wuchs nach eigener Aussage als "extrovertiertes Einzelkind" in der Ruhrgebietsstadt auf. Nach dem **A**_____ am Gymnasium am Ostring im Jahre 1986 studierte er Geschichte, Germanistik und **P**_____ bis 1992 an der Ruhr-Universität Bochum. Von 1992 bis 2000 trat er zusammen mit Jochen Malmsheimer als Duo **T**_____ mit großem Erfolg auf. Seit 2000 ist Goosen tätig als Schriftsteller und **Solok**_____. "Mißtrauischer Monolog" erscheint in "Mein Ich und sein Leben: Komische Geschichten", 2004, Eichborn Verlag, Frankfurt am Main.

Vor dem Lesen

A. Othello und Desdemona

In diesem Text ruft Frank Goosen ein berühmtes Theaterstück hervor. Es wäre also hilfreich, etwas über die Hauptfiguren und Handlung in diesem Theaterstück zu wissen.

Ergänzen Sie die folgenden Sätze mit Hilfe des Internets.

"Othello, der Mohr von Venedig" ist ein Theaterstück von William **S**_____, das **16**_____ zum ersten Mal in London aufgeführt wurde. Wie die Stücke "Hamlet", "Macbeth" und "König Lear", ist auch dieses Stück eine **T**_____. Das Stück handelt von dem dunkelhäutigen Feldherren Othello, der aus wahnhafter **E**_____ seine Geliebte Desdemona in ihrem **E**_____ erdrosselt. Obwohl die junge, schöne Desdemona ihm ganz treu war, hatten Andere Othello boshaft davon überzeugt, dass Desdemona ihn betrüge. Als Othello seinen Irrtum kurz danach begreift, **e**_____ er sich und folgt Desdemona in den Tod.

B. Fragen zum Thema

Fragen Sie einen Partner oder eine Partnerin.

1. Bist du eher **vertrauensvoll** oder **misstrauisch** im **Umgang** mit Menschen?
2. Kennst du jemanden, der generell misstrauisch ist?
3. Warst du schon mal **eifersüchtig** in einer **Beziehung**? (*Ja*: Mit oder ohne **Grund**?)
4. Hattest du schon mal einen Partner, der krankhaft eifersüchtig war?
5. Was meinst du: Gehören Liebe und **Eifersucht** zusammen?
6. Wie viel Eifersucht ist gesund?
7. Wann wird Eifersucht zur Obsession?
8. Wie kann man Eifersucht **überwinden**?

C. Fragen zur Vorbereitung

Besprechen Sie die folgenden Fragen mit einem Partner oder einer Partnerin.

1. **Schließt** du abends immer die Wohnungstür **ab**?
2. **Träumst** du oft schlecht?
3. Was oder wen würdest du gern **loswerden**?
4. Was oder wen **beobachtest** du gern?
5. Was für **Geräusche** hörst du nicht gern?
6. **Verbringst** du Zeit im Badezimmer um **nachzudenken**?
7. **Führst** du manchmal **heimliche Telefongespräche**?
8. Wen findest du **gerissen**?
9. Wen findest du besonders **bescheiden**?
10. Gibt es Sänger, deren **Stimmen** du besonders gern hörst?
11. Kannst du deine Nachbarn hören, wenn du **die Ohren spitzt**?
12. Welcher Filmstar hat einen klassischen **Schlafzimmerblick**?
13. Hast du neulich einen **ergreifenden** Film gesehen?
14. Wie oft gehst du zur **Reinigung**?
15. Glaubst du an **Schicksal**?
16. Hast du Pläne, die du vorläufig **auf Eis legen** musst?

Mißtrauischer Monolog

von Frank Goosen

1   Sie schließt nachts die Wohnungstür nicht mehr ab. Warum tut sie das? Sie weiß, ich
hasse das. Die Wohnungstür muß nachts abgeschlossen sein, sonst träume ich schlecht.
Schon als Kind. Vielleicht will sie mich loswerden. Vielleicht mischt sie feine Gesplitter
in mein Essen, damit ich irgendwann elend verrecke.

5   Warum schließt sie neuerdings die Badezimmertür? Früher hat sie die Tür immer
aufgelassen, selbst wenn sie auf der Toilette saß. Heute macht sie die Tür zu, manchmal
schließt sie sogar ab. Was treibt sie da? Treibt sie da was? Oder sitzt sie nur auf dem
Wannenrand und denkt nach? Und wenn ja: worüber? Wie sie mich los wird? Manchmal
höre ich weibliche Geräusche durch die Tür: das Knipsen der Kappe, wenn sie den

10 Kajalstift verschließt. Das Auf- und Zuschrauben von Hautölflaschen, Bodymilk-Tuben
oder Nachtcremetiegeln. Wenn ich die Ohren spitze, höre ich den Lippenstift aus der
Hülle gleiten und wie das Mascara-Bürstchen über ihre Wimpern fährt. Wozu der
Aufwand? Für mich braucht sie das nicht zu tun. Sie wird älter, sagt sie. Na und, sage ich.
Für wen will sie jung sein? Ich höre das Herabrinnen einer Träne über ihre Wangenhaut,

15 wenn sie mit dem Eyeliner ausrutscht. Eigentlich nicht hörbar, aber ich hör' es doch, denn
ich bin der Spitz, ich paß' auf.
Die Art, wie sie neuerdings ihren Sherry trinkt . . . Steckt darin nicht die Erinnerung an ein
Sherrytrinken in einer Hotelbar mit einem fremden Mann, dem sie bald danach auf sein
Zimmer folgte? Die Lippen ein kleines bißchen zu sehr gespitzt, die Lider einen Millimeter

20 zu weit über die Augäpfel, ein kleines bißchen zu sehr Schlafzimmerblick, und den hat sie
bei mir schon lange nicht mehr nötig. Wenn wir uns einen Film ansehen, rutscht sie dann
bei Liebesszenen neuerdings nicht immer so merkwürdig auf dem Sessel hin und her?
Standen nicht ihr, die sonst nie weint, Tränen in den Augen, als wir in dieser ergreifenden
Othello-Inszenierung saßen? Das Schicksal der Desdemona, der zu Unrecht des

25 Ehebruchs Verdächtigen, hat sie doch ein bißchen zu sehr mitgenommen. Lebt sie in der
Furcht, ihr Mann, ich, könnte othellosche Leidenschaft entwickeln und eines Abends vor
ihr stehen, den Dolch im Gewande, und sie fragen: >>Hast du zur Nacht gebetet,
Desdemona?<<
Was tut sie, wenn ich zur Arbeit gehe? Geht sie weg? Der Kühlschrank ist immer gut

30 gefüllt, natürlich geht sie einkaufen. Und die Wohnung ist immer sauber, natürlich räumt
sie auf. Aber braucht sie dafür den ganzen Tag? Das bißchen Haushalt! Bleibt da nicht
noch genug Zeit, um . . .

Manchmal rufe ich unerwartet an, gebe vor, ihre Stimme hören zu wollen. Immer ist sie
da. Warum erwische ich nie die Zeit, wo sie zum Einkaufen ist? Bekommt sie Besuch? Ist
35 deshalb die Wohnung so sauber, weil sie die Spuren ihres Tuns verwischen muß? Legt sie
deshalb immer Parfüm auf, um andere Düfte zu verdecken?
Sie sagt, sie schlafe nicht gut in letzter Zeit. Sie fühle sich müde, meine, das sei das
Wetter. Was tut sie, wenn das Licht ausgeht? Was denkt sie, wenn sie mich neben sich
atmen hört? Steht sie auf, in der Nacht, und führt heimliche Telefongespräche? Unsere
40 Telefonrechnung ist rätselhaft niedrig, das könnte ein Ablenkungsmanöver sein. Geht sie
zu einer Telefonzelle und telefoniert sie stundenlang im Stehen? Aber wieso ist sie dann
immer zu Hause zu erreichen? Das ist sehr rätselhaft.
Warum betont sie immer wieder, daß sie an anderen Männern kein Interesse habe? Sie
finde Banderas nicht attraktiv, Brad Pitt sogar häßlich, Hugh Grant einen langweiligen
45 Deppen. Sie wolle mich, und nur mich. So bescheiden kann niemand sein.
Warum trinkt sie seit Wochen ihren Kaffee schwarz? Hat jemand anderes sie auf die
Idee gebracht? Wir haben jetzt eine Espresso-Maschine. Ist er Italiener? Ist sie im
Bett jetzt nicht viel leidenschaftlicher als zu Beginn unseres gemeinsamen Lebens? Müßte
es nicht umgekehrt sein? Hat sie ein schlechtes Gewissen?
50 Sie schließt nachts die Wohnungstür nicht mehr ab. Ich befestige einen schmalen
Streifen Tesafilm am Rahmen und am Türblatt. Am nächsten Morgen ist er unverletzt,
aber das muß nichts heißen. Vielleicht hat sie ihn bemerkt und wieder befestigt, als sie
fertig war. Doch womit? Kommt er nachts in meine Wohnung, und beide betrachten mich im
Schlaf? Ich will wach bleiben, doch es gelingt mir nicht. War da etwas in dem Wein,
55 den wir zum Abendessen hatten?
Am Morgen verlasse ich die Wohnung, gehe aber nicht zur Arbeit, habe Urlaub genommen.
Ich stehe vor dem Haus, auf der anderen Straßenseite, hinter einem Baum. Ich
beobachte die Haustür. Sie kommt heraus, ich folge ihr. Unauffällig. Sie geht in den
Supermarkt. Ich warte draußen. Sie kommt wieder heraus, in der Hand eine volle
60 Einkaufstasche. Sie geht zum Bäcker, in eine Apotheke, zum Metzger.
Drei Wochen lang nichts. Sie bekommt keinen Besuch. Trifft sich nur mit ihrer
Schwester oder ihrer Mutter. Sie ist gerissen. Vielleicht weiß sie, daß ich sie beobachte.
Sie hat die Sache auf Eis gelegt, bis ich es aufgebe. Aber ich gebe nicht auf.
Eines Morgens sieht sie mich, als sie aus der Reinigung kommt. Sie tut überrascht, kommt
65 auf mich zu, fragt mich, was ich hier mache, warum ich nicht auf der Arbeit sei, lächelt.
Ich sage nichts. Aber in meinen Augen sieht sie, daß ich alles weiß.
Sie schließt nachts die Wohnungstür nicht mehr ab. Das hat sie verraten. Ich weiß alles.
Sie streitet es ab.
Aber nicht mehr lange.

Nach dem Lesen

D. Richtig (R) oder Falsch (F)?

1. _____ Der Erzähler träumt schlecht, wenn die Wohnungstür nicht abgeschlossen ist.

2. _____ Der Erzähler glaubt, seine Frau möchte ihn loswerden oder sogar töten.

3. _____ Es ist klar, dass die Frau den Erzähler loswerden will.

4. _____ Es stört den Erzähler, dass seine Frau die Badezimmertür zumacht.

5. _____ Der Erzähler findet seine Frau besonders schön, wenn sie Makeup aufträgt.

6. _____ Abends trinkt das Paar gern Sherry in einem Hotelbar.

7. _____ Als sie in der "Othello"-Inszenierung saßen, hat die Frau geweint.

8. _____ Der Erzähler glaubt, seine Frau macht einen Seitensprung.

9. _____ Tagsüber trifft sich die Frau mit einem Italiener zum Espressotrinken.

10. _____ Der Erzähler findet seine Frau jetzt viel leidenschaftlicher als vorher.

E. Fragen zum Text

1. Welche Tür schließt die Frau jetzt nicht mehr ab? Warum ärgert das den Erzähler?

2. Welche Tür macht die Frau jetzt zu, die sie früher immer offen gelassen hat?

3. Was für "weibliche Geräusche" hört der Erzähler durch diese geschlossene Tür?

4. Warum trägt die Frau Makeup auf? Will der Erzähler, dass sie für ihn Makeup trägt?

5. Was hält der Erzähler von der Art, wie seine Frau neuerdings Sherry trinkt?

6. Was wissen wir alles über den Alltag der Frau?

7. Ist die Frau in einen anderen Mann verknallt?

8. Was gibt dem Erzähler die Idee, dass seine Frau einen italienischen Liebhaber haben könnte?

9. Beschreiben Sie, was der Erzähler mit dem Tesafilm macht. Was hat er dadurch gelernt?

10. Wozu hat der Erzähler Urlaub genommen? Für wie lange?

11. Mit wem trifft sich die Frau?

12. Was "streitet die Frau ab"?

F. Fragen zur Diskussion

1. Hat der Erzähler ein gesundes, leises Misstrauen oder ist es etwas tiefer?
2. Ist das Misstrauen des Erzählers begründet oder unbegründet?
3. Kennen Sie jemanden, der so misstrauisch wie der Erzähler ist?
4. Was soll der letzte Satz ("Aber nicht mehr lange") bedeuten?

Wortschatzübungen

G. Definitionen

Schreiben Sie die fehlenden Wörter in die Lücken.

> Dolch   Gewand   Glassplitter   Inszenierung
> Misstrauen   Rahmen   Schicksal   Unrecht

1. _____ ist das Zweifeln an der Vertrauenswürdigkeit einer Person.
2. Kleine, spitzige Stücke, die von Glas abgebrochen sind, heißen _____.
3. Der Zustand, nicht recht zu sein oder nicht recht zu haben, heißt _____.
4. Die Einfassung eines Fensters oder einer Tür ist der _____.
5. Das _____ ist ein langes, weites, festliches Kleidungsstück.
6. Das _____ ist eine höhere Macht, von der manche glauben, sie könne das Leben einer Person bestimmen.
7. Eine _____ ist ein Theaterstück, das in einer bestimmten Weise in Szene gesetzt ist.
8. Ein _____ ist eine Art spitziges Messer (als Waffe), dessen Klinge auf beiden Seiten scharf ist.

H. Zusammensetzungen

Welches Wort passt nicht in die Reihe? Streichen Sie durch.

1. Eifersucht, Furcht, Gewissen, Leidenschaft
2. Bodymilk, Mascara-Bürstchen, Hautöl, Nachtcreme
3. Aufwand, Toilette, Türblatt, Wannenrand
4. Blödmann, Depp, Düfte, Idiot
5. Dolch, Messer, Schwert, Spitz
6. Augäpfel, Lider, Lippen, Wimpern
7. Flaschen, Tesafilm, Tiegel, Tuben
8. Bäcker, Metzger, Reinigung, Supermarkt

I. Zuordnungen

Was passt zusammen? Verbinden Sie.

1. etwas auf Eis ___

2. die Ohren ___

3. die Wohnungstür ___

4. Parfüm ___

5. ein schlechtes Gewissen ___

6. auf dem Wannenrand ___

7. Geräusche ___

8. eine Kappe ___

a. haben

b. hören

c. legen

d. abschließen

e. aufschrauben

f. auflegen

g. sitzen

h. spitzen

Grammatik im Kontext

J. Wechselpräpositionen

Unterstreichen Sie die Wechselpräpositionen, und notieren Sie, ob sie mit dem Dativ (D) oder Akkusativ (A) stehen.

> **Dativ** = mit einem statischen, *nicht* zielgerichteten Zustand verbunden. Frage: *Wo?*
>
> **Akkusativ** = mit einem dynamischen, zielgerichteten Zustand verbunden. Frage: *Wohin?*

1. War da etwas **in** dem Wein, den wir zum Abendessen hatten? (**D**)

2. Ich höre das Herabrinnen einer Träne über ihre Wangenhaut. (___)

3. Vielleicht mischt sie feine Gesplitter in mein Essen, damit ich irgendwann elend verrecke. (___)

4. Oder sitzt sie nur auf dem Wannenrand und denkt nach? (___)

5. Ich stehe vor dem Haus, auf der anderen Straßenseite, hinter einem Baum. (___), (___), (___)

6. Sie geht in den Supermarkt. (___)

K. Trennbare Verben

Ergänzen Sie im Präsens und verbinden Sie die Satzteile. Vergessen Sie nicht, die Verben zu konjugieren.

ansehen	aufstehen	loswerden	nachdenken	anrufen
ausgehen	~~abschließen~~	zumachen	abstreiten	zuschrauben
	aufräumen	vorgeben		

1. Die Geliebte des Erzählers __schließt__ die Wohnungstür nicht mehr __ab__ . (__h__)

2. Warum _____ sie die Badezimmertür _____? Treibt sie da was, oder (___)

3. Er hört Geräusche durch die Tür, zum Beispiel, (___)

4. Wenn sie zusammen einen Film _____, (___)

5. Die Wohnung ist immer sauber, also (___)

6. Manchmal _____ er unerwartet _____, (___)

7. Er fragt sich: Was macht sie, wenn das Licht _____? Und (___)

8. Er glaubt, seine Geliebte sei untreu, aber (___)

a. sie _____ es _____.

b. wie sie die Hautölflaschen auf- und _____.

c. rutscht sie merkwürdig auf dem Sessel hin und her.

d. _____ _____, ihre Stimme hören zu wollen.

e. sitzt sie nur auf dem Wannenrand und _____ _____?

f. _____ sie in der Nacht _____, um heimliche Telefongespräche zu führen?

g. natürlich _____ sie _____.

h. Sie weiß, er mag das nicht. Er denkt, vielleicht will sie ihn _____.

Zum Schreiben

L. Misstrauen

Sind Sie eher vertrauensvoll oder misstrauisch im Umgang mit Menschen? Beschreiben Sie eine Situation, in der Sie misstrauisch waren. War es mit oder ohne Grund?

M. Einen Monolog schreiben

Ein Monolog wird hauptsächlich in einem Drama verwendet, um die Gedanken und seelische Vorgänge einer Person lesbar oder hörbar zu machen. Ein Monolog wird nicht direkt an einen Zuhörer gerichtet, sondern an eine imaginäre Person. Faktisch ist das Publikum der Adressat. Oft bildet der Monolog einen dramatischen Höhepunkt in dem Drama, wie zum Beispiel der berühmte Hamlet Monolog von Shakespeare: "Sein oder Nichtsein, das ist hier die Frage".

Stellen Sie sich vor, Sie sind die Geliebte des Erzählers. Sie verstehen nicht, warum er sich so seltsam benimmt. Schreiben Sie einen Monolog, indem Sie sich alles überlegen, z. B. Warum folgt er mir? Warum ist er nicht bei der Arbeit? Wie soll alles weitergehen?

Kapitel 7 Ehrlichkeit und Betrug

Ein reines Gewissen ist ein sanftes Ruhekissen.

Die Nacht im Hotel
von Siegfried Lenz

Kurzbiographie: Siegfried Lenz

Ergänzen Sie die folgenden Sätze mit Hilfe des Internets.

Siegfried Lenz wurde **19**____ in der Kleinstadt Lyck geboren und ist am 7. Oktober **20**____ in Hamburg gestorben. Nach dem Abitur wurde er 1943 zur **Kriegsm**_____ eingezogen. Kurz vor Ende des Zweiten Weltkriegs desertierte er in Dänemark und geriet auf seiner Flucht in Schleswig-Holstein in britische **Kriegsg**_____. Dort betätigte er sich als **D**_____ und wurde nach kurzer Zeit wieder entlastet. Nach dem Krieg studierte Siegfried Lenz in Hamburg Literaturwissenschaft, **A**_____ und Philosophie. 1948 begann er als Volontär bei der Zeitung "Die Welt". Als 1951 sein erster Roman erschien, kündigte er bei der Zeitung. Mit dem Honorar finanzierte er eine **Afrikar**_____ auf einem Bananendampfer. Nach seiner Rückkehr wohnte er als freier Schriftsteller in Hamburg. Die Geschichte "Die Nacht im Hotel" wurde 1949 geschrieben und erschien 1958 in "Jäger des Spotts: Geschichten aus dieser Zeit". Hoffmann und Campe Verlag, Hamburg.

Vor dem Lesen

A. Assoziationen

Welche Wörter assoziieren Sie mit den folgenden Begriffen? Machen Sie Assoziogramme und vergleichen Sie ihre Assoziationen im Kurs.

offenherzig – Politiker – ein reines Gewissen – aufrichtig – zuverlässig – kurze Beine

vertrauenswürdig – unverblümt – der Frauenheld – legitim – der Schmeichler – Lügenmärchen

legal – wahrhaftig – aalglatt – die Notlüge – Vertrauen – Quatsch mit Soße – und???

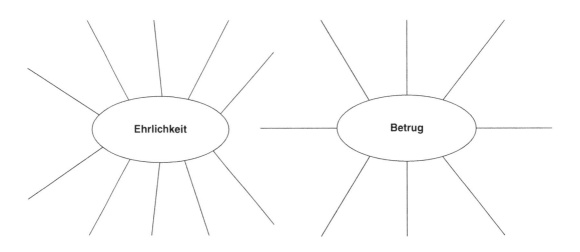

B. Fragen zum Thema

Besprechen Sie die folgenden Fragen mit einem Partner/einer Partnerin.

1.   Wie wichtig ist dir die **Ehrlichkeit**?

2.   Findest du es manchmal akzeptabel zu **lügen**? (*Ja*: Wann?)

3.   Glaubst du, dass es möglich ist, immer ganz **ehrlich** zu sein?

4.   Wer ist die unehrlichste Person, die du kennst?

5.   Wer ist die **aufrichtigste** und **vertrauenswürdigste** Person, die du kennst?

6.   Warst du ein glückliches, gesundes Kind?

C. Fragen zur Vorbereitung

Fragen Sie einen Partner/eine Partnerin.

1. Hast du als Kind **Fremden gewinkt**? **Winkten** dir die Fremden zurück?
2. Hast du als Kind **abgebissene Fingerkuppen** gehabt?
3. Warst du als Kind **äußerst mimosenhaft**?
4. Kennst du jemanden, der mimosenhaft ist?
5. Wer hat dich mal bitter **enttäuscht**?
6. Gibt es jemanden, den du **hasst**? Warum (nicht)?
7. Wen findest du **merkwürdig**? Warum?
8. Welche berühmte Person findest du **lächerlich**? Warum?
9. **Mit wem hast** du **Mitleid**?
10. **Fürchtest** du etwas? (*Ja*: Was?)
11. Bist du **in der Lage**, ein neues Auto zu kaufen?
12. Gibt es viele **Treppen** bei dir zu Hause? (*Ja*: Gibt es auch einen **Fahrstuhl**?)
13. Musst du dein Schlafzimmer mit einem Mitbewohner (oder einer Mitbewohnerin) **teilen**? (*Ja*: Versteht ihr euch gut?)
14. Hast du mal ein Hotelzimmer mit einem **Fremden geteilt**? Würdest du das machen?
15. Hast du mal in der Nähe eines **Bahnhofes** übernachtet? (*Ja*: War es sehr laut? Hat **die Erde gezittert**?)
16. Hast du mal einen Frühzug **verpasst**?

D. Lesestrategie

1. Überfliegen Sie den Text und notieren Sie:

   - *wo* die Geschichte stattfindet: _____

   - *wer* die Hauptfiguren sind: _____

   - *wer* mimosenhaft ist: _____

2. Lesen Sie die Geschichte jetzt genau.

Die Nacht im Hotel

von Siegfried Lenz

1   Der Nachtportier strich mit seinen abgebissenen Fingerkuppen über eine
Kladde, hob bedauernd die Schultern und drehte seinen Körper zur linken Seite,
wobei sich der Stoff seiner Uniform gefährlich unter dem Arm spannte.
>>Das ist die einzige Möglichkeit<<, sagte er. >>Zu so später Stunde werden
5   Sie nirgendwo ein Einzelzimmer bekommen. Es steht Ihnen natürlich frei, in anderen
Hotels nachzufragen. Aber ich kann Ihnen schon jetzt sagen, daß wir, wenn Sie
ergebnislos zurückkommen, nicht mehr in der Lage sein werden, Ihnen zu dienen.
Denn das freie Bett in dem Doppelzimmer, das Sie – ich weiß nicht aus welchen
Gründen – nicht nehmen wollen, wird dann auch einen Müden gefunden haben.<<
10   >>Gut<<, sagte Schwamm, >>ich werde das Bett nehmen. Nur, wie Sie vielleicht
verstehen werden, möchte ich wissen, mit wem ich das Zimmer zu teilen habe; nicht
aus Vorsicht, gewiß nicht, denn ich habe nichts zu fürchten. Ist mein Partner –
Leute, mit denen man eine Nacht verbringt, könnte man doch fast Partner nennen –
schon da?<<
15   >>Ja, er ist da und schläft.<<
>>Er schläft<<, wiederholte Schwamm, ließ sich die Anmeldeformulare geben,
füllte sie aus und reichte sie dem Nachtportier zurück; dann ging er hinauf.
Unwillkürlich verlangsamte Schwamm, als er die Zimmertür mit der ihm
genannten Zahl erblickte, seine Schritte, hielt den Atem an, in der Hoffnung,
20   Geräusche, die der Fremde verursachen könnte, zu hören, und beugte sich dann zum
Schlüsselloch hinab. Das Zimmer war dunkel. In diesem Augenblick hörte er
jemanden die Treppe heraufkommen, und jetzt mußte er handeln. Er konnte
fortgehen, selbstverständlich, und so tun, als ob er sich im Korridor geirrt habe.
Eine andere Möglichkeit bestand darin, in das Zimmer zu treten, in welches er
25   rechtmäßig eingewiesen worden war und in dessen einem Bett bereits ein Mann
schlief.
Schwamm drückte die Klinke herab. Er schloß die Tür wieder und tastete
mit flacher Hand nach dem Lichtschalter. Da hielt er plötzlich inne: neben ihm –
und er schloß sofort, daß da die Betten stehen müßten – sagte jemand mit einer
30   dunklen, aber auch energischen Stimme:
>>Halt! Bitte machen Sie kein Licht. Sie würden mir einen Gefallen tun, wenn
Sie das Zimmer dunkel ließen.<<
>>Haben Sie auf mich gewartet?<< fragte Schwamm erschrocken; doch er
erhielt keine Antwort. Statt dessen sagte der Fremde:
35   >>Stolpern Sie nicht über meine Krücken, und seien Sie vorsichtig, daß Sie
nicht über meinen Koffer fallen, der ungefähr in der Mitte des Zimmers steht. Ich
werde Sie sicher zu ihrem Bett dirigieren: Gehen Sie drei Schritte an der Wand
entlang, und dann wenden Sie sich nach links, und wenn Sie wiederum drei Schritte
getan haben, werden Sie den Bettpfosten berühren können.<<
40   Schwamm gehorchte: er erreichte sein Bett, entkleidete sich und schlüpfte
unter die Decke. Er hörte die Atemzüge des anderen und spürte, daß er vorerst
nicht würde einschlafen können.

>>Übrigens<<, sagte er zögernd nach einer Weile, >>mein Name ist Schwamm.<<

>>So<<, sagte der andere.

45 >>Ja.<<

>>Sind Sie zu einem Kongreß hierhergekommen?<<

>>Nein. Und Sie?<<

>>Nein.<<

>>Geschäftlich?<<

50 >>Nein, das kann man nicht sagen.<<

>>Wahrscheinlich habe ich den merkwürdigsten Grund, den je ein Mensch
hatte, um in die Stadt zu fahren<<, sagte Schwamm. Auf dem nahen Bahnhof
rangierte ein Zug. Die Erde zitterte, und die Betten, in denen die Männer lagen,
vibrierten.

55 >>Wollen Sie in der Stadt Selbstmord begehen?<< fragte der andere.

>>Nein<<, sagte Schwamm, >>sehe ich so aus?<<

>>Ich weiß nicht, wie Sie aussehen<<, sagte der andere, >>es ist dunkel.<<
Schwamm erklärte mit banger Fröhlichkeit in der Stimme:

>>Gott bewahre, nein. Ich habe einen Sohn, Herr . . . (der andere nannte nicht

60 seinen Namen), einen kleinen Lausejungen, und seinetwegen bin ich hierhergefahren.<<

>>Ist er im Krankenhaus?<<

>>Wieso denn? Er ist gesund, ein wenig bleich zwar, das mag sein, aber sonst
sehr gesund. Ich wollte Ihnen sagen, warum ich hier bin, hier bei Ihnen, in diesem
Zimmer. Wie ich schon sagte, hängt das mit meinem Jungen zusammen. Er ist

65 äußerst sensibel, mimosenhaft, er reagiert bereits, wenn ein Schatten auf ihn fällt.<<

>>Also ist er doch im Krankenhaus.<<

>>Nein<<, rief Schwamm, >>ich sagte schon, daß er gesund ist, in jeder
Hinsicht. Aber er ist gefährdet, dieser kleine Bengel hat eine Glasseele, und darum
ist er bedroht.<<

70 >>Warum begeht er nicht Selbstmord?<< fragte der andere.

>>Aber hören Sie, ein Kind wie er, ungereift, in solch einem Alter! Warum
sagen Sie das? Nein, mein Junge ist aus folgendem Grunde gefährdet: Jeden
Morgen, wenn er zur Schule geht – er geht übrigens immer allein – jeden
Morgen muß er vor einer Schranke stehenbleiben und warten, bis der Frühzug

75 vorbei ist. Er steht dann da, der kleine Kerl, und winkt, winkt heftig und freundlich
und verzweifelt.<<

>>Ja und?<<

>>Dann<<, sagte Schwamm, >>dann geht er in die Schule, und wenn er nach
Hause kommt, ist er verstört und benommen, und manchmal heult er auch. Er ist

80 nicht imstande, seine Schularbeiten zu machen, er mag nicht spielen und nicht
sprechen: das geht nun schon seit Monaten so, jeden lieben Tag. Der Junge geht
mir kaputt dabei!"

>>Was veranlaßt ihn denn zu solchem Verhalten?<<

>>Sehen Sie<<, sagte Schwamm, >>das ist merkwürdig: Der Junge winkt, und –

85 wie er traurig sieht – es winkt ihm keiner der Reisenden zurück. Und das nimmt er
sich so zu Herzen, daß wir – meine Frau und ich – die größten Befürchtungen haben.
Er winkt, und keiner winkt zurück; man kann die Reisenden natürlich nicht dazu
zwingen, und es wäre absurd und lächerlich, eine diesbezügliche Vorschrift zu
erlassen, aber . . . <<

90 >>Und Sie, Herr Schwamm, wollen nun das Elend Ihres Jungen aufsaugen,
indem Sie morgen den Frühzug nehmen, um dem Kleinen zu winken?<<

>>Ja<<, sagte Schwamm, >>ja.<<

>>Mich<<, sagte der Fremde, >>gehen Kinder nichts an. Ich hasse sie, und
weiche ihnen aus, denn ihretwegen habe ich – wenn man's genau nimmt – meine
95   Frau verloren. Sie starb bei der ersten Geburt."

>>Das tut mir leid<<, sagte Schwamm und stützte sich im Bett auf. Eine
angenehme Wärme floß durch seinen Körper; er spürte, daß er jetzt würde
einschlafen können.

Der andere fragte: >>Sie fahren nach Kurzbach, nicht wahr?<<
100   >>Ja.<<

>>Und Ihnen kommen keine Bedenken bei Ihrem Vorhaben? Offener gesagt:
Sie schämen sich nicht, Ihren Jungen zu betrügen? Denn, was Sie vorhaben, Sie
müssen es zugeben, ist doch ein glatter Betrug, eine Hintergehung.<<

Schwamm sagte aufgebracht: >>Was erlauben Sie sich, ich bitte Sie, wie
105   kommen Sie dazu!<< Er ließ sich fallen, zog die Decke über den Kopf, lag eine Weile
überlegend da und schlief dann ein.

Als er am nächsten Morgen erwachte, stellte er fest, daß er allein im Zimmer
war. Er blickte auf die Uhr und erschrak: bis zum Morgenzug blieben ihm noch fünf
Minuten, es war ausgeschlossen, daß er ihn noch erreichte.
110   Am Nachmittag – er konnte es sich nicht leisten, noch eine Nacht in der
Stadt zu bleiben – kam er niedergeschlagen und enttäuscht zu Hause an.

Sein Junge öffnete ihm die Tür, glücklich, außer sich vor Freude. Er warf sich
ihm entgegen und hämmerte mit den Fäusten gegen seinen Schenkel und rief:
>>Einer hat gewinkt, einer hat ganz lange gewinkt.<<
115   >>Mit einer Krücke?<< fragte Schwamm.

>>Ja, mit einem Stock. Und zuletzt hat er sein Taschentuch an den Stock
gebunden und es so lange aus dem Fenster gehalten, bis ich es nicht mehr sehen
konnte.<<

Nach dem Lesen

E. Richtig (R) oder Falsch (F)?

1. _____ Das Hotel liegt in der Nähe eines Bahnhofes.

2. _____ Schwamm möchte ein Doppelzimmer mit jemandem teilen, um Geld zu sparen.

3. _____ Der Nachtportier dirigiert Schwamm in der Dunkelheit zu seinem Bett.

4. _____ Schwamm ist in die Stadt gekommen, um Selbstmord zu begehen.

5. _____ Schwamms Sohn ist seit zwei Wochen im Krankenhaus.

6. _____ Der Fremde hasst Kinder, denn ihretwegen hat er seine Frau verloren.

7. _____ Schwamms Sohn ist äußerst mimosenhaft und hat eine Glasseele.

8. _____ Schwamm möchte das Elend seines Sohnes aufsaugen.

9. _____ Schwamm verschläft und kann den Morgenzug nicht erreichen.

10. _____ Schwamm kann es sich nicht leisten, eine zweite Nacht im Hotel zu übernachten.

F. Fragen zum Text

1. Beschreiben Sie den Nachtportier. Wie sieht er aus?

2. Was für ein Hotelzimmer will die Hauptfigur bekommen?

3. Was für ein Zimmer bietet ihm der Nachtportier an?

4. Warum will Schwamm das Zimmer zuerst nicht nehmen? Wieso nimmt er es doch?

5. Warum ist das Zimmer dunkel?

6. Warum macht Schwamm das Licht nicht an?

7. Warum kann Schwamm zuerst nicht einschlafen?

8. Was für merkwürdige Fragen stellt der Fremde?

9. Was für ein Kind hat Schwamm? Was für ein Problem hat das Kind?

10. Warum ist Schwamm in die Stadt gefahren?

11. Was hält der Fremde von Schwamms Plan?

12. Was wissen wir alles über den Fremden? Was wissen wir *nicht*?

13. Wie begrüßt der Sohn seinen Vater, wenn er wieder nach Hause kommt?

14. Wer hat dem Sohn eigentlich vom Zug gewinkt?

G. Fragen zur Diskussion

1. Warum heißt die Hauptfigur "Schwamm"?

2. Warum spricht der Fremde wiederholt von Selbstmord?

3. Ist die Situation des Sohnes seltsam oder eher typisch für ein Kind? Haben Sie als Kind ähnliche Erfahrungen gemacht? Waren Sie auch sehr sensibel?

4. Der Fremde sagt Schwamm: "...was sie vorhaben...ist doch ein glatter Betrug, eine Hintergehung." Was denken Sie darüber?

Wortschatzübungen

H. Zusammensetzungen

Welches Wort gehört nicht in die Reihe? Streichen Sie durch.

1. Gartenstuhl, Rollstuhl, Krücke, Stock

2. Morgenzug, Schnellzug, Atemzug, Frühzug

3. Bahnhof, Bauernhof, Schranke, Gleis

4. Elend, Mitleid, Fröhlichkeit, Möglichkeit

5. Fingerkuppe, Schenkel, Stimme, Schulter

6. Typ, Lausejunge, Frechdachs, Bengel

I. Gegensätze

Was ist das Gegenteil? Verbinden Sie.

1. _____ bleich   a. robust

2. _____ gesund   b. normal

3. _____ glücklich   c. überall

4. _____ links   d. gebräunt

5. _____ merkwürdig   e. bekümmert, traurig

6. _____ mimosenhaft   f. allmählich, schrittweise

7. _____ nirgendwo   g. krank, matt

8. _____ plötzlich   h. rechts

J. Redewendungen

Wie kann man das anders ausdrücken? Ordnen Sie zu.

1. _____ in jeder Hinsicht   a. aufpassen

2. _____ etwas tut jemandem Leid   b. sich das Recht nehmen, etwas zu tun

3. _____ jemandem einen Gefallen tun   c. fähig sein

4. _____ sich etwas zu Herzen nehmen   d. total

5. _____ in der Lage sein   e. etwas betrifft jemanden nicht

6. _____ vorsichtig sein   f. etwas wird von jdm bedauert

7. _____ etwas geht jemanden nichts an g. genau über etwas reflektieren

8. _____ sich etwas erlauben   h. etwas aus Freundschaft für jemanden machen

Grammatik im Kontext

K. Was ist alles passiert?

Ergänzen Sie im Präteritum (Imperfekt) und bringen Sie die Sätze in die richtige Reihenfolge!

dirigieren	stellen	~~sein~~	winken	fragen	schlüpfen
erklären	spüren	machen	ziehen	ankommen	
sagen	erreichen	nehmen	zögern	aufwachen	

1. __e__   6. ____   11. ____

2. ____   7. ____   12. __i__

3. ____   8. __b__   13. ____

4. __n__   9. ____   14. ____

5. ____   10. ____   15. ____

a. Am nächsten Morgen _____ Schwamm zu spät _____, um den Morgenzug zu erreichen.

b. Er hörte die Atemzüge des Fremden und _____, er werde vorerst nicht einschlafen können.

c. Der Sohn war ganz glücklich, als Schwamm zu Hause _____.

d. Schwamm _____ sein Bett, entkleidete sich und _____ unter die Decke.

e. Schwamm _____ den Nachtportier, ob er ein Einzelzimmer frei habe.

f. Der Fremde _____ viele komische Fragen, wie: "Wollen Sie Selbstmord begehen?" und "Ist er im Krankenhaus?"

g. Der Nachtportier _____, er habe leider nur ein freies Bett in einem Doppelzimmer.

h. Der Fremde fuhr mit dem Morgenzug und _____ dem Sohn.

i. Schwamm _____ die Decke über den Kopf und schlief dann ein.

j. Das Zimmer **war** ganz dunkel, aber der Fremde sagte: "Bitte machen Sie kein Licht."

k. Schwamm _____ das Doppelzimmer, denn es war die einzige Möglichkeit.

l. Der Fremde _____ Schwamm Vorwürfe, und sagte: "Das ist ein glatter Betrug!"

m. Der Fremde _____ Schwamm zu seinem Bett.

n. Schwamm _____ zunächst vor der Zimmertür, aber tritt dann doch in das Zimmer.

o. Schwamm _____ dem Fremden, wie er seinen Jungen aufmuntern wollte.

L. Meinetwegen, deinetwegen, usw.

Die Genitivpräposition "wegen" wird mit den Possessivpronomen verbunden, um die folgenden Adverbien zu machen:

meinetwegen	unsretwegen
deinetwegen	euretwegen
seinetwegen	ihretwegen
ihretwegen	Ihretwegen

Meinetwegen heißt "deswegen, weil es gut für mich ist" oder "ich habe nichts dagegen".

Seinetwegen heißt "deswegen, weil es gut für ihn ist" oder "mit seiner Zustimmung", usw.

Finden Sie zwei dieser Formen in der Geschichte:

1. _____

2. _____

M. Die Indefinitpronomen "jemand" und "niemand"

Die Indefinitpronomen "jemand" und "niemand" haben im Akkusativ und Dativ zwei mögliche Formen, d. h. mit oder ohne Endung. Die Genitivform hat die Endung "(e)s", z. B. "jemands" oder "jemandes".

Nominativ:	jemand	niemand
Akkusativ:	jemand(en)	niemand(en)
Dativ:	jemand(em)	niemand(em)
Genitiv:	jemand(e)s	niemand(e)s

Finden Sie die zwei Formen von "jemand" in der Geschichte und identifizieren Sie jeweils den Kasus:

1. Form: _____ Kasus: _____

2. Form: _____ Kasus: _____

N. Grammatikgenie

Was für eine Form oder Struktur ist das?

1. _____ nicht aus Vorsicht, gewiss nicht, **denn** ich habe nichts zu fürchten.

2. _____ als ob er sich im Korridor geirrt **habe**

3. _____ in welches er rechtmäßig **eingewiesen worden war**

4. _____ Sie **schämen sich** nicht, Ihren Jungen zu betrügen?

5. _____ er vorerst nicht würde **einschlafen können**

6. _____ Leute, mit **denen** man eine Nacht verbringt

7. _____ Eine angenehme Wärme floss **durch** seinen Körper

8. _____ Sie würden mir einen Gefallen tun, wenn Sie das Zimmer dunkel **ließen**

9. _____ Und Sie, Herr Schwamm, wollen nun das Elend **Ihres Jungen** aufsaugen?

10. _____ **Stolpern Sie** nicht über meine Krücken

a.   Konjunktiv I

b.   Konjunktiv II

c.   Doppelinfinitivkonstruktion

d.   Imperativ

e.   Passiv

f.   Genitiv

g.   koordinierende Konjunktion

h.   reflexives Verb

i.   Akkusativpräposition

j.   Relativpronomen

Zum Schreiben

O. Ihre Kindheit

Schreiben Sie einen Aufsatz über Ihre eigene Kindheit. Wo haben Sie gewohnt? Was für ein Kind waren Sie? Waren Sie ein mimosenhaftes Kind? Was haben Sie gern gemacht? Wovor hatten Sie Angst? Waren Ihre Eltern streng? Wie war Ihr Familienleben?

P. Lügen

Was halten Sie von diesen Sprichwörtern und Aphorismen? Ist es manchmal eine gute Idee zu lügen oder soll man in jeder Situation ehrlich sein? Stimmt es, dass eine Person, die lügt, auch etwas Schlimmeres macht? Diskutieren Sie im Kurs und/oder schreiben Sie einen Aufsatz darüber.

> "Lügen haben kurze Beine."

> "Wer lügt, der stiehlt."

> "Notlügen gibt es nicht.
>
> Man ist immer in Not, also müsste man immer lügen."
>
> *Konrad Adenauer (1876–1967)*

> "Heucheln, das Wort klingt schlecht,
>
> drum nennt man es Takt."
>
> *Carl Spitteler (1845–1924)*

> "Es fließen ineinander Traum und Wachen,
>
> Wahrheit und Lüge,
>
> Sicherheit ist nirgendwo."
>
> *Arthur Schnitzler (1862–1931)*

Q. Rollenspiel

Schreiben Sie mit einem Partner/einer Partnerin einen Dialog zu der folgenden Szene und spielen Sie den Dialog der Klasse vor:

Sie müssen ein Hotelzimmer mit Ihrem Partner teilen, aber Sie kennen sich nicht.

Eine Person kommt spät in der Nacht an, und die andere Person liegt schon im Bett.

Achtung: Es gibt nur ein Doppelbett in dem Zimmer!

Kapitel 8 Gesellschaftsordnung und Identität

Wer sich verausgabt, verliert seine Identität.
Wer sich nicht einsetzt, erwirbt sie nicht.
Else Pannek

Der Milchmann und der Pechvogel
von Max Frisch

Kurzbiographie: Max Frisch

Ergänzen Sie die folgenden Sätze mit Hilfe des Internets.

Max Frisch wurde am 15. Mai 1911 in **Z**_____ geboren und ist am 4. April 1991 gestorben. 1930 begann er sein **G**_____-Studium an der Universität Zürich. Aber er musste das Studium schon 1933 nach dem Tod seines Vaters aus finanziellen Gründen abbrechen. Danach arbeitete er für die "Neue Zürcher Zeitung", bis er sich entschloss, ein zweites Studium zu machen. 1936–1940 studierte er **A**_____ und kurz darauf eröffnete er ein Architekturbüro in Zürich. Nach dem Erfolg seines Romans "**S**_____" 1954 entschied er sich, sein Architekturbüro zu schließen und sich ganz dem Schreiben zu widmen. In seinen Werken thematisiert Max Frisch oft die Identitätsproblematik sowie die schwierige Akzeptanz des eigenen Ichs. "Der Milchmann und der Pechvogel" ist ein Textauszug aus dem Roman "Mein Name sei Gantenbein". Frankfurt: Suhrkamp Verlag, 1964.

Vor dem Lesen

A. Assoziationen

Was assoziieren Sie mit dem Begriff "Identität"? Machen Sie ein Assoziogramm und vergleichen Sie Ihre Assoziationen im Kurs.

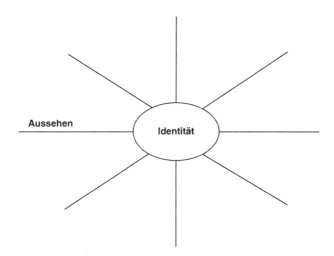

B. Fragen zum Thema

Besprechen Sie die folgenden Fragen mit einem Partner/einer Partnerin.

1. Was für ein Mensch bist du? Beschreibe deine Persönlichkeit.

2. Zu welchen Gruppen gehörst du? (z. B. **Geschlecht**, Nationalität, Religion, usw.)

3. Worin bist du besonders **begabt**?

4. Bist du eher konservativ oder liberal?

5. Welche Art von Musik hörst du gern? Welche Musik hörst du ungern?

6. Wie würdest du deinen **Lebensstil** beschreiben?

7. Wie würdest du deinen **Kleidungsstil** beschreiben?

8. Wer sind deine **Idole** und **Vorbilder**?

C. Fragen zur Vorbereitung

Fragen Sie einen Partner/eine Partnerin.

1. Gehst du gern in die **Kneipe**? (*Ja*: Sprichst du gern mit dem **Barmann** bzw. mit der **Barfrau**?)

2. Kennst du jemanden, der **sich** oft **betrinkt**?

3. **Genießt** du manchmal alkoholische Getränke oder bist du **abstinent**?

4. Rauchst du? **Ärgert** es dich, wenn andere Leute rauchen?

5. Kennst du jemanden, der gern **Pfeife** raucht?

6. Darf man in deiner Heimatstadt noch in den Bars rauchen? Findest du das gut oder schlecht?

7. Worüber **klagst** du am meisten?

8. Bist du eher ein **Glückspilz** oder ein **Pechvogel**?

9. Kennst du jemanden, der **sich einbildet**, ein Pechvogel zu sein?

10. **Hast** du **Mitleid mit jemandem**? (*Ja*: Mit wem? Warum?)

11. Kennst du jemanden, der einen fanatischen **Zug** an sich hat? (*Ja*: Was für einen?)

12. Gibt es jemanden in deiner **Gemeinde**, den alle verrückt finden? (*Ja*: Warum?)

13. Wen findest du besonders **verlässlich**?

14. Wen findest du besonders **tapfer**?

15. Meinst du, dass Geld unbedingt **Glück** bringt?

16. Was würdest du mit einem großen **Lottogewinn** machen?

D. Lesestrategie

1. Was erwarten Sie von dieser Geschichte, wenn Sie den Titel lesen? Diskutieren Sie im Kurs darüber.

2. Lesen Sie die Geschichte jetzt genau.

Der Milchmann und der Pechvogel

von Max Frisch

1 >>Jeder Mensch erfindet sich früher oder später eine Geschichte, die er
   für sein Leben hält<<, sage ich, >>oder eine ganze Reihe von Geschichten<<, sage ich,
   bin aber zu betrunken, um meinen eigenen Gedanken wirklich folgen zu können, und
   das ärgert mich, sodaß ich verstumme.
5 Ich warte auf jemand.
   >>Ich habe einen Mann gekannt<<, sage ich, um von etwas andrem zu reden,
   >>einen Milchmann, der ein schlimmes Ende nahm. Nämlich er kam ins Irrenhaus,
   obschon er sich nicht für Napoleon oder Einstein hielt, im Gegenteil, er hielt sich
   durchaus für einen Milchmann. Und er sah auch aus wie ein Milchmann. Nebenbei
10 sammelte er Briefmarken, aber das war der einzige fanatische Zug an ihm; er war
   Hauptmann bei der Feuerwehr, weil er so verläßlich war. In jungen Jahren, glaube
   ich, war er Turner, jedenfalls ein gesunder und friedlicher Mann, Witwer,
   Abstinent, und niemand in unsrer Gemeinde hätte jemals vermutet, daß dieser
   Mann dereinst ins Irrenhaus eingeliefert werden müßte.<< Ich rauche. >>Er hieß
15 Otto<<, sage ich, >>der Otto.<< Ich rauche. >>Das Ich, das dieser gute Mann sich
   erfunden hatte, blieb unbestritten sein Leben lang, zumal es ja von der Umwelt
   keine Opfer forderte, im Gegenteil<<, sage ich, >>er brachte Milch und Butter in
   jedes Haus. Einundzwanzig Jahre lang. Sogar sonntags. Wir Kinder, da er uns oft
   auf seinen Dreiräderwagen aufhocken ließ, liebten ihn.<< Ich rauche. Ich erzähle:
20 >>Es war ein Abend im Frühling, ein Sonnabend, als der Otto, seine Pfeife rauchend
   wie all die Jahre, auf dem Balkon seines Reiheneigenheims stand, das zwar an der
   Dorfstraße gelegen war, jedoch mit soviel Gärtlein versehen, daß die Scherben
   niemand gefährden konnten. Nämlich aus Gründen, die ihm selbst verschlossen
   blieben, nahm der Otto plötzlich einen Blumentopf, Geranium, wenn ich nicht irre,
25 und schmetterte denselben ziemlich senkrecht in das Gärtlein hinunter, was sofort
   nicht nur Scherben, sondern Aufsehen verursachte. Alle Nachbarn drehten sofort
   ihre Köpfe; sie standen auf ihren Balkonen, hemdärmlig wie er, um den Sonnabend
   zu genießen, oder in ihren Gärtlein, um die Beete zu begießen, und alle drehten
   sofort ihren Kopf. Dieses öffentliche Aufsehen, scheint es, verdroß unseren
30 Milchmann dermaßen, daß er sämtliche Blumentöpfe, siebzehn an der Zahl, in das
   Gärtlein hinunter schmetterte, das ja schließlich, wie die Blumentöpfe selbst, sein
   schlichtes Eigentum war. Trotzdem holte man ihn. Seither galt der Otto als
   verrückt. Und er war es wohl auch<<, sage ich, >>man konnte nicht mehr reden mit
   ihm.<< Ich rauche, während mein Barmann angemessen lächelt, aber unsicher, was

35   ich denn damit sagen wolle. >>Nun ja<<, sage ich und zerquetsche meine Zigarette
     im Aschenbecher auf dem Zink, >>sein Ich hatte sich verbraucht, das kann's geben,
     und ein anderes fiel ihm nicht ein. Es war entsetzlich.<<
     Ich weiß nicht, ob er mich versteht.
     >>Ja<<, sage ich, >>so war das.<<
40   Ich nehme die nächste Zigarette.
     Ich warte auf jemand –
     Mein Barmann gibt Feuer.
     >>Ich habe einen Mann gekannt<<, sage ich, >>einen andern, der nicht ins
     Irrenhaus kam<<, sage ich, >>obschon er ganz und gar in seiner Einbildung lebte.<<
45   Ich rauche. >>Er bildete sich ein, ein Pechvogel zu sein, ein redlicher, aber von
     keinem Glück begünstigter Mann. Wir alle hatten Mitleid mit ihm. Kaum hatte er
     etwas erspart, kam die Abwertung. Und so ging's immer. Kein Ziegel fiel vom Dach,
     wenn er nicht vorbeiging. Die Erfindung, ein Pechvogel zu sein, ist eine der
     beliebtesten, denn sie ist bequem. Kein Monat verging für diesen Mann, ohne daß
50   er Grund hatte zu klagen, keine Woche, kaum ein Tag. Wer ihn einigermaßen
     kannte, hatte Angst zu fragen: Wie geht's? Dabei klagte er nicht eigentlich,
     lächelte bloß über sein sagenhaftes Pech. Und in der Tat, es stieß ihm immer etwas
     zu, was den andern erspart bleibt. Einfach Pech, es war nicht zu leugnen, im großen
     wie im kleinen. Dabei trug er's tapfer<<, sage ich und rauche, >>– bis das Wunder
55   geschah.<< Ich rauche und warte, bis der Barmann, hauptsächlich mit seinen
     Gläsern beschäftigt, sich beiläufig nach der Art des Wunders erkundigt hat. >>Es
     war ein Schlag für ihn<<, sage ich, >>ein richtiger Schlag, als dieser Mann das große
     Los gewann. Es stand in der Zeitung, und so konnte er's nicht leugnen. Als ich ihn
     auf der Straße traf, war er bleich, fassungslos, er zweifelte nicht an seiner
60   Erfindung, ein Pechvogel zu sein, sondern an der Lotterie, ja, an der Welt
     überhaupt. Es war nicht zum Lachen, man mußte ihn geradezu trösten. Vergeblich.
     Er konnte es nicht fassen, daß er kein Pechvogel sei, wollte es nicht fassen und war
     so verwirrt, daß er, als er von der Bank kam, tatsächlich seine Brieftasche verlor.
     Und ich glaube, es war ihm lieber so<<, sage ich, >>andernfalls hätte er sich ja ein
65   anderes Ich erfinden müssen, der Gute, er könnte sich nicht mehr als Pechvogel
     sehen. Ein anderes Ich, das ist kostspieliger als der Verlust einer vollen
     Brieftasche, versteht sich, er müßte die ganze Geschichte seines Lebens
     aufgeben, alle Vorkommnisse noch einmal erleben und zwar anders, da sie nicht
     mehr zu seinem Ich passen –<<
70   Ich trinke.
     >>Kurz darauf betrog ihn auch noch seine Frau<<, sage ich, >>der Mann tat
     mir leid, er war wirklich ein Pechvogel.<<

Nach dem Lesen

E. Richtig (R) oder Falsch (F)?

1. ____ Der Erzähler ist ein Frauenheld und möchte in der Bar eine Blondine aufgabeln.
2. ____ Der Erzähler ärgert sich, denn er kann seinen eigenen Gedanken nicht folgen.
3. ____ Otto sammelte Briefmarken und war Hauptmann bei der Feuerwehr.
4. ____ Otto warf die Blumentöpfe auf die Dorfstraße hinunter und verletzte dabei zwei Personen.
5. ____ Die Leute in der Gemeinde haben alle erwartet, dass Otto eines Tages ins Irrenhaus eingeliefert werden müsste, denn er war ein ganz komischer Typ.
6. ____ Der Otto war schon älter, als sich sein Ich verbraucht hat.
7. ____ Obwohl der Pechvogel früher im Leben kein Glück hatte, klagte er nicht darüber.
8. ____ Der Pechvogel wurde verwirrt, weil er nicht fassen konnte, dass er das große Los gewann.
9. ____ Der Pechvogel wollte lieber die Brieftasche verlieren als ein anderes Ich erfinden müssen.
10. ____ Am Ende wird der Erzähler ins Irrenhaus geholt.

F. Fragen zum Text

1. Wo sitzt der Erzähler gerade? Mit wem spricht er?
2. Was wissen wir über den Erzähler?
3. Was für ein Mensch ist Otto und was machte er beruflich?
4. Was hat Otto an einem Sonnabend im Frühling gemacht?
5. Warum hat er das gemacht?
6. Warum wurde Otto ins Irrenhaus geholt?
7. In welcher Einbildung lebte der Pechvogel, bevor das Wunder geschah?
8. Welches Wunder ist geschehen?
9. Warum war das Wunder ein Schlag für den Pechvogel?
10. Wie hat er auf das Wunder reagiert?
11. Was hat die Frau des Pechvogels gemacht, nachdem er die Brieftasche verloren hat?
12. Was haben Otto und der Pechvogel gemeinsam?

G. Fragen zur Diskussion

1. Haben Sie Mitleid mit Otto? Warum (nicht)?
2. Haben Sie Mitleid mit dem Pechvogel? Warum (nicht)?
3. Wie reagieren diese Figuren auf den Verlust des Ichs?
4. Was ist das Thema oder der Hauptpunkt dieser Geschichte?

Wortschatzübungen

H. Zusammensetzungen

Welches Wort gehört nicht in die Reihe? Streichen Sie durch.

1.   Turner, Witwer, Ringer, Sprinter

2.   Ziegel, Treppe, Balkon, Dach

3.   Gesellschaft, Gemeinde, Geranium, Gruppe

4.   Geschichte, Handlung, Erzähler, Teller

5.   Wohnung, Wohnhaus, Irrenhaus, Eigentum

6.   Zigarette, Aschenbecher, Feuer, Martini

7.   Beziehung, Bedienung, Barmann, Wirtin

8.   Gärtlein, Fräulein, Blumen, Beete

I. Synonyme

Wie kann man das anders ausdrücken? Verbinden Sie.

1. ____ begünstigt		a.	verblüfft
2. ____ bequem		b.	fabelhaft
3. ____ bloß		c.	favorisiert
4. ____ fanatisch		d.	beiläufig
5. ____ fassungslos		e.	nur
6. ____ sagenhaft		f.	vertrauenswürdig
7. ____ sämtlich		g.	schwärmerisch
8. ____ schlicht		h.	alle
9. ____ verlässlich		i.	komfortabel
10. ____ zufällig		j.	einfach

J. Definitionen

1. ___ ein schlimmes Ende nehmen

2. ___ das Mitleid

3. ___ zum Lachen sein

4. ___ etwas tapfer tragen

5. ___ der Pechvogel

6. ___ der Glückspilz

a. das Gefühl, man möchte jemandem helfen oder jemanden trösten, der in Not ist

b. eine Person, die wenig Glück hat, und der oft etwas Schlechtes passiert

c. etwas Schwieriges ertragen, ohne zu klagen

d. auf eine traurige oder negative Weise enden

e. eine Person, die oft günstige Umstände genießt, ohne einen Einfluss darauf zu haben

f. lächerlich sein

K. Sprichwörter: Glück und Pech

Wie geht es weiter? Ergänzen Sie.

1. ___ Auch ein blindes Huhn

2. ___ Auch der Tüchtige

3. ___ Pech in der Liebe,

4. ___ Ein Unglück

5. ___ Aller guten Dinge

6. ___ Glück und Glas,

a. braucht Glück.

b. sind drei.

c. findet mal ein Korn.

d. wie leicht bricht das.

e. kommt selten allein.

f. Glück im Spiel.

Grammatik im Kontext

L. Konjunktionen

Unterstreichen Sie die Konjunktionen und sagen Sie, ob sie koordinierend (K) oder subordinierend (S) sind.

1. Nämlich er kam ins Irrenhaus, **obschon** er sich nicht für Napoleon oder Einstein hielt. (**S**), (__)

2. Und er sah auch aus wie ein Milchmann. (__)

3. Nebenbei sammelte er Briefmarken, aber das war der einzige fanatische Zug an ihm. (__)

4. Er war Hauptmann bei der Feuerwehr, weil er so verlässlich war. (__)

5. Es war ein Abend im Frühling, ein Sonnabend, als der Otto, Pfeife rauchend wie all die Jahre, auf dem Balkon seines Reiheneigenheims stand, das zwar an der Dorfstraße gelegen war, jedoch mit soviel Gärtlein versehen, dass die Scherben niemand gefährden konnten. (__), (__), (__)

6. Nämlich aus Gründen, die ihm selbst verschlossen blieben, nahm der Otto plötzlich einen Blumentopf, Geranium, wenn ich nicht irre, und schmetterte denselben ziemlich senkrecht in das Gärtlein hinunter, was sofort nicht nur Scherben, sondern Aufsehen verursachte. (__), (__), (__)

7. Ich weiß nicht, ob er mich versteht. (__)

8. Die Erfindung, ein Pechvogel zu sein, ist eine der beliebtesten, denn sie ist bequem. (__)

M. Grammatikgenie

Was für eine Form oder Struktur ist das?

1. ____ Wir Kinder, **da** er uns oft auf seinen Dreiräderwagen aufhocken ließ, liebten ihn.

2. ____ Nämlich aus Gründen, **die** ihm selbst verschlossen blieben, nahm der Otto plötzlich einen Blumentopf . . .

3. ____ "sein Ich hatte sich verbraucht, das kann's geben, und ein anderes **fiel** ihm nicht **ein** . . ."

4. ____ Es stand in der Zeitung, **und** so konnte er's nicht leugnen.

5. ____ "Das Ich, das dieser gute Mann sich erfunden hatte, blieb unbestritten sein Leben lang, zumal es **ja** von der Umwelt keine Opfer forderte, im Gegenteil" . . .

6. ____ Ich rauche, während mein Barmann angemessen lächelt, aber unsicher, was ich denn **damit** sagen wolle.

7. ____ niemand in unsrer Gemeinde hätte jemals vermutet, dass dieser Mann dereinst ins Irrenhaus eingeliefert werden **müsste**.

8. ____ Er konnte es nicht fassen, dass er kein Pechvogel **sei** . . .

9. ____ Ein anderes Ich, das ist **kostspieliger** als der Verlust einer vollen Brieftasche . . .

10. ____ andernfalls hätte er sich ja ein anderes Ich erfinden müssen, **der Gute** . . .

a. Konjunktiv I

b. Konjunktiv II

c. substantiviertes Adjektiv

d. Relativpronomen

e. trennbares Verb

f. Pronominaladverb

g. koordinierende Konjunktion

h. subordinierende Konjunktion

i. Modalpartikel

j. Komparativadjektiv

Zum Schreiben

N. Dialog in der Bar

Was halten die Menschen in Ihrer Gemeinde von Ihnen? Wie würde der Erzähler Ihr Leben und Ihr "Ich" beschreiben? Schreiben Sie eine Szene in der Bar: Der Erzähler redet über Ihr Leben und der Barmann stellt gelegentlich Fragen . . .

O. Lottogewinn

Würden Sie gern das Lotto gewinnen? Meinen Sie, dass Geld unbedingt Glück bringt?

Was würden Sie mit einem Lottogewinn von 10.000.000 € machen?

Kapitel 9 Außenseiter und Unterdrücker

Was nicht passt, wird passend gemacht.

Kurzbiographie: Arne Nielsen

Ergänzen Sie die folgenden Sätze mit Hilfe des Internets.

Arne Nielsen wurde am 9. Mai **19**_____ in **D**_____ geboren. Er studierte **W**_____ und ist ausgebildeter **H**_____. Heute lebt er in **H**_____. "Donny hat ein neues Auto und fährt etwas zu schnell" erschien 2003 in seinem ersten Buch "Donny hat ein neues Auto und fährt etwas zu schnell. Erzählungen". Verlagsbuchhandlung Liebeskind, München.

Vor dem Lesen

A. Assoziationen

Welche Wörter assoziieren Sie mit diesen Ausdrücken? Vergleichen Sie Ihre Assoziationen im Kurs.

gefährdet – durchschnittlich – Ausländer – naiv – Mitglied – Künstler(in) – verwöhnt
spießig – Geheimnisse – Jasager(in) – privilegiert – fantasielos – Aldi
die Couchkartoffel – Vollidiot(in) – Politiker – unterrichtet – der Sonderling – asozial
der Eigenbrötler – gewöhnlich – Ausgeflippter – das Genie – korrupt – ???

Außenseiter	Otto-Normalbürger	Insider
_____	_____	_____
_____	_____	_____

Außenseiter	Otto-Normalbürger	Insider
_____	_____	_____
_____	_____	_____
_____	_____	_____
_____	_____	_____
_____	_____	_____
_____	_____	_____
_____	_____	_____

B. Fragen zum Thema

Besprechen Sie die folgenden Fragen mit einem Partner/einer Partnerin.

1. Hast du dich mal als **Außenseiter** gefühlt? (*Ja*: In welcher Situation?)

2. Ist es immer schlecht, "Außenseiter" zu sein?

3. An welche Personen oder Gruppen denkst du, wenn du das Wort "Außenseiter" hörst?

4. Wurdest du mal von jemandem **unterdrückt**? (*Ja*: Wann? Von wem?)

5. An wen denkst du, wenn du das Wort "**Unterdrücker**" hörst?

6. Was meinst du: Warum **benehmen sich** Menschen manchmal wie **Tyrannen**?

C. Fragen zur Vorbereitung

Fragen Sie einen Partner/eine Partnerin.

1. Hättest du lieber einen **Schluck Limonade** oder einen **Kasten** Bier?

2. Liest du immer die **Angaben** auf dem **Etikett**, bevor du etwas im Supermarkt kaufst?

3. **Macht es dir etwas aus**, wenn die Leute in Restaurants rauchen?

4. Hast du einen Job? (*Ja*: Würdest du **den Job** gern **schmeißen**?)

5. Hast du einen Chef/eine Chefin? (*Ja*: Was **hältst** du **von** ihm/ihr?)

6. Hast du heute nachmittag eine **Menge** zu tun?

7. Wann hast du heute **Feierabend**?

8. Würdest du einem Mitarbeiter dein Auto **ausleihen**, oder wäre das für dich eine schwierige **Angelegenheit**?

9. Hat dein Auto **getönte Scheiben**? Macht der Motor ein lautes **Geräusch**?

10. Hättest du gern **ein tiefergelegtes Auto**?

11. Wie ist die **Gegend**, in der du wohnst? (z. B. ruhig, schön, sauber)

12. Wohnst du jetzt in einem **Betongebäude**?

13. Haben deine Nachbarn **gackernde Hühner**? (*Ja*: Sind sie in **Käfigen**?)

14. Von wem bekommst du gute **Ratschläge**?

15. Mit wem **kommst** du besonders **gut aus**?

16. Kannst du zur gleichen Zeit **hüpfen** und **jonglieren**?

D. Lesestrategie

1. Überfliegen Sie den Text, um herauszufinden:
   - *wie* der Erzähler heißt: _____
   - *wer* Donny ist: _____
   - *was* Donny dem Erzähler schenkt: _____

2. Lesen Sie die Geschichte jetzt genau.

Donny hat ein neues Auto und fährt etwas zu schnell

von Arne Nielsen

1 Donny ist ein kleiner Mann, wahrscheinlich der kleinste Mann, den ich kenne.
Ein Meter dreiundfünfzig, um genau zu sein. Das ist nicht viel. Donny weiß das auch und
spricht ganz offen darüber. Manchmal droht er sogar damit, seinen Job zu schmeißen
und sich einer Zirkusgruppe anzuschließen. >>Jonglieren kann ich gut<<, sagt er dann,

5 wirft ein paar Äpfel in die Luft und lacht. Er lacht viel, der Donny. Ich kenne
niemanden, der so viel lacht wie er. Daß die anderen ihn gar nicht so lustig finden,
macht ihm nichts aus. Donny lacht gerne allein. In dieser Hinsicht ist er unabhängig.
Ich habe viel für Donny getan. Als er im Betrieb anfing, gab ich ihm ein paar
Tips, wie er am besten mit dem Chef klarkommt. Ich sagte: >>Donny, mach, was er

10 sagt, und du hast deine Ruhe.<< Wir kommen eigentlich gut miteinander aus, Donny und
ich. Nach einiger Zeit fand ich sogar, daß er gar nicht so klein war. Ich erzählte ihm,
daß ich drüben in der Siedlung einen Kioskbesitzer kennen würde, der nicht viel
größer wäre als er.
Wenn ich nur daran denke, was ich alles für Donny getan habe. Als er umgezogen

15 ist, steuerte ich zum Beispiel eine Menge Kartons bei. Nicht, daß es mich was
gekostet hat. Ich kann so viele gebrauchte Kartons aus dem Lager nehmen, wie ich will.
Brauche ich Kartons, dann nehme ich mir Kartons, so einfach ist das. >>Ich will nichts
dafür haben<<, sagte ich, >>stell mir einfach einen Kasten Bier hin und wir sind quitt.<<
Das ist doch großzügig, oder?

20 Vor kurzem fragte mich Donny während der Mittagspause, ob er mein Auto

haben könne. Das war natürlich eine schwierige Angelegenheit und ich mußte eine
Weile überlegen. Wozu brauchte Donny mein Auto? Ich schaute ihn an und fragte:
>>Wo willst du denn hin?<<
>>Na, zu den Autos<<, antwortete er. Manchmal ist er etwas schwer zu verstehen.
25 Er meinte eigentlich, daß er sich ein Auto anschauen wollte. Donny hatte vor, ein Auto
zu kaufen. Alleine wollte ich ihn aber nicht zum Autohändler fahren lassen. Also
brachte ich ihn hin.
Wir fuhren nach Feierabend los. Während der Fahrt gab ich Donny ein paar
Ratschläge, worauf er so zu achten habe. Er solle sich einen kleinen Japaner kaufen,
30 sagte ich ihm, der würde am besten zu ihm passen. Der Autohändler, den sich Donny
ausgesucht hatte, arbeitete in einem Betongebäude hinter dem Supermarkt. Autos sah
ich auf dem Gelände keine. Nachdem Donny ausgestiegen war, fuhr ich direkt nach
Hause, denn es wurde dunkel, und ich fahre ungern im Dunkeln.
Wie gesagt, Donny und ich sind Freunde, und als er anrief und mich fragte, ob
35 ich eine Runde mit ihm drehen wolle, war ich natürlich sofort dabei. Meine Frau und
ich lagen gerade hinterm Haus auf dem Rasen, als er mit dem Auto vorbeikam. >>Das
wird Donny sein<<, sagte ich, als das Motorengeräusch in der Auffahrt verstummte.
Ich ging ins Haus und sah durch das Wohnzimmerfenster einen schwarzen Wagen mit
getönten Scheiben. Tiefergelegt und mit breiten Reifen. Donny hatte sich einen
40 schnellen Wagen geholt, soviel war klar. Bevor ich das Haus verließ, schaute ich in den
Spiegel.
>>Mensch, Donny, du machst Sachen<<, sagte ich laut, ging zum Auto und klopfte
auf das Dach. >>He, bist du da drin?<< Da ich nichts erkennen konnte, beugte ich mich
näher an die Scheibe. Doch das einzige, was ich sah, war mein eigenes Gesicht. Ich sah
wütend aus. Ich klopfte noch einmal auf das Dach, diesmal etwas fester. >>Donny, komm
45 schon<<, rief ich. Doch dann hörte ich ihn plötzlich hinten im Garten lachen. Er lachte,
und meine Frau lachte auch. Also ging ich wieder ins Haus zurück und nahm einen
großen Schluck Limonade. Ich wartete einen Moment, bevor ich in den Garten
hinausging. Die beiden lachten immer noch.
>>Donny, hier steckst du also. Da hätte ich ja lange warten können.<< Jetzt lachte
50 ich auch.
Auf der Bank zwischen Donny und meiner Frau stand ein kleiner Käfig, in dem
ein Huhn lag. Das Tier bewegte sich nicht. Donny lachte und zwinkerte mir zu, während
meine Frau mich erwartungsvoll anschaute. Es war klar, daß irgend etwas in der Luft
lag.
>>Mensch Donny, das wäre doch nicht nötig gewesen<<, sagte ich und ging vor dem
55 Käfig in die Hocke. Ich ließ mir nicht anmerken, daß ich etwas überrascht war.
>>Es schläft<<, sagte Donny.
>>Ja<<, kicherte meine Frau und schaute an mir vorbei Richtung Haus.
>>Kommst du auch mit?<<, fragte er sie beiläufig.
>>Du bleibst hier<<, sagte ich zu ihr und folgte Donny zu seinem neuen Wagen.
60 Nach kurzer Überlegung fügte ich auch noch >>Du Schlampe<< hinzu. Ich weiß bis
heute nicht, warum ich meine Frau so genannt habe, es war das erste Mal in sechzehn
Ehejahren.
Donny fuhr schnell, und mir wurde übel. Das sagte ich ihm aber nicht, da es ihn
nichts anging. Bald schon wußte ich nicht mehr, in welcher Gegend wir gerade waren,

65 was mir zu denken gab. Ich schaute auf Donnys Hände am Lenkrad. Er hatte große
Hände, das sah ich in diesem Augenblick. Und rot waren sie auch, seine Hände.
>>Wo geht's denn hin, mein Junge?<<, fragte ich ihn.
Er nahm sich Zeit, bevor er mir antwortete.
>>Nirgendwohin. Es geht nicht darum, wohin wir fahren, sondern daß wir beide
70 heute zusammen unterwegs sind, du und ich.<<
Nachdem er das gesagt hat, wußte ich, daß Donny sich verändert hatte. Ich
ließ es mir aber nicht anmerken. Wir fuhren wirklich sehr schnell und ich sah, wie die
Leute sich nach unserem Wagen umdrehten und mit dem Finger auf uns zeigten.
>>Donny, du fährst etwas zu schnell.<<
75 Das hätte ich nicht sagen sollen. Ich wußte zwar nicht warum, aber es war klar,
daß ich in diesem Moment verloren hatte. Irgendwie schien nichts mehr so zu sein wie
früher. Donny schmunzelte und mir kam das Huhn in den Sinn.
Erst als Donny umdrehte und wir wieder nach Hause fuhren, wurde ich ruhiger.
Bis wir wieder in die Einfahrt bogen, nahm ich meine Augen keine Sekunde von
80 Donnys Händen. Es war still im Auto, als Donny den Motor ausmachte. Dann legte er
beide Hände auf das Lenkrad und schaute geradeaus, als müßte er sich weiterhin
aufs Fahren konzentrieren. In mir kribbelte es, es war so, als hätte ich zuviel Zucker
gegessen. Ich sah unser Haus, und es kam mir kleiner vor als sonst. Ich sah unser
Haus und fragte mich, was Donny wohl davon hielt. Ich wünschte, ich hätte ein
85 größeres Haus. Ich wünschte, ich wäre gerade woanders.
>>Ed?<<
>>Ja, Donny?<<
>>Weißt du was, Ed?<<
>>Was denn, Donny?<<
90 Ich wußte, diesmal würde er keine Kartons brauchen. Obwohl ich ihm welche
besorgen konnte, sogar umsonst. Hätte er nach Kartons gefragt, ich wäre der letzte
gewesen, der nein gesagt hätte. Kartons waren noch nie ein Problem gewesen.
>>Du nervst, Ed.<< Donny sah mich an.
>>Ich weiß, Donny<<, war das einzige, was ich herausbrachte.
95 Nachdem ich Donnys Auto nicht mehr hören konnte, stand ich noch ein bißchen
in der Einfahrt herum und ging dann ins Haus. Meine Frau war nirgendwo zu sehen, ich
konnte also aufatmen. Es war gut, daß sie nicht da war. Ich hatte Lust auf einen
Schluck Limonade und holte mir eine Flasche aus dem Kühlschrank. Nachdenklich
schaute ich auf das Etikett. Vielleicht war zuviel Zucker in diesem Zeug. Die Angaben
100 auf dem Etikett sagten mir aber nichts. Limonade, Limonade, warum immer Limonade,
fragte ich mich.
Dann ging ich in den Garten hinaus und rief nach meiner Frau. Das Huhn war
inzwischen aufgewacht und gackerte. So wie es mich anschaute, konnte man
meinen, es sei ein kluges Tier.
105 Zuerst konnte ich das Tier nicht so richtig greifen, denn es hüpfte im Käfig
herum und biß um sich. Doch dann hatte ich es und schlug es als erstes auf den Rasen.
Dann auf den Gartentisch. Und dann gegen alles.
Ich hörte nicht, wie meine Frau nach Hause kam. Im Garten sah es furchtbar
aus, überall lagen Federn herum. Sie sah mich an und ging ohne ein Wort zu sagen ins
110 Haus.

Nach dem Lesen

E. Richtig (R) oder Falsch (F)?

1. _____ Ed kann jonglieren und lacht sehr viel.

2. _____ Donny ist Mitglied einer Zirkusgruppe.

3. _____ Donny wollte Eds Auto zum Autohändler fahren, aber Ed erlaubte das nicht.

4. _____ Ed hat vorgeschlagen, dass Donny einen kleinen Japaner kaufen soll.

5. _____ Donny schenkte Ed einen Hund in einem kleinen Käfig.

6. _____ Eds Frau fand es überhaupt nicht lustig, dass Donny Ed ein Huhn geschenkt hat.

7. _____ Donny und Eds Frau verstehen sich gut.

8. _____ Es wurde Ed übel, als Donny sehr schnell gefahren ist.

9. _____ Ed ist schon seit sechzehn Jahren verheiratet.

10. _____ Nachdem er eine Runde mit Donny fuhr, fand Ed sein Haus zu klein.

F. Fragen zum Text

1. Was für ein Mensch ist Ed? Was wissen wir über ihn?

2. Was für ein Mensch ist Donny? Was wissen wir über ihn?

3. Woher kennen sich Donny und Ed?

4. Was hat Ed für Donny gemacht, als Donny umgezogen ist?

5. Was für ein Auto hat Ed Donny empfohlen? Warum?

6. Was für ein Auto hat Donny bekommen? Wie sieht es aus?

7. Was hat Donny als Geschenk mitgebracht, als er Ed mit dem neuen Auto abholte?

8. Wie hat die Frau von Ed reagiert, als sie das Geschenk gesehen hat?

9. Was ist der Wendepunkt in der Beziehung zwischen Donny und Ed?

10. Was ändert sich nach diesem Wendepunkt?

11. Was macht Ed am Ende der Geschichte?

12. Wie reagiert Eds Frau, wenn sie nach Hause kommt und Ed im Garten sieht?

G. Fragen zur Diskussion

1. Wen finden Sie sympathischer, Donny oder Ed? Warum?

2. Kennen Sie jemanden wie Ed?

3. Was meinen Sie: Warum hat Donny Ed ein Huhn geschenkt?

4. Warum tötet Ed das Huhn am Ende der Geschichte?

Wortschatzübungen

H. Wortgruppen

Zu welcher Kategorie oder zu welchem Konzept gehören diese Sachen und Personen?

| Auto   Baumaterial   Grundstück   Berufe   Getränke   Behälter |

1. Limonade, Bier, Milch = _____

2. Karton, Käfig, Kasten = _____

3. Autohändler, Kioskbesitzer, Zirkusclown = _____

4. Lenkrad, Reifen, Kofferraum = _____

5. Beton, Holz, Stahl = _____

6. Auffahrt, Haus, Garten = _____

I. Gegensätze

Ergänzen Sie.

| schmal   einfach   klug   großzügig   wütend   weich   laut   nirgendwo |

1. Das Tier ist nicht dumm, sondern _____.

2. Die Butter soll nicht fest sein, sondern sehr _____.

3. Mein Onkel ist nicht geizig, sondern _____.

4. Ich suche schon überall aber finde den Rucksack _____.

5. Der Papagei ist überhaupt nicht ruhig, sondern wahnsinnig _____.

6. Diese Aufgabe ist nicht schwer, sondern ganz _____.

7. Die Hammerichstraße ist nicht breit, sondern _____.

8. Die Fußballfans waren nicht zufrieden, sondern ganz _____.

J. Redewendungen

Was ist die richtige Bedeutung? Wählen Sie.

1. ___ etwas macht jemandem nichts aus

   (a) etwas wird von jemandem nicht fertiggemacht

   (b) etwas macht jemanden nicht müde

   (c) etwas stört jemanden nicht

2. ___ etwas geht jemanden nichts an

   (a) etwas hat die falsche Größe

   (b) etwas betrifft jemanden nicht

   (c) etwas wird von jemandem nicht verstanden

3. ___ einen Job schmeißen

   (a) einen Job aufgeben

   (b) einen Job finden

   (c) Urlaub machen

4. ___ eine Runde drehen

   (a) kurz wegfahren

   (b) einen Kreis um etwas machen

   (c) alkoholische Getränke für eine Gruppe spendieren

5. ___ mit jemandem gut auskommen

   (a) mit jemandem gern ausgehen

   (b) sich mit jemandem gut zurechtfinden

   (c) mit jemandem viel Geld verdienen

6. ___ in die Hocke gehen

   (a) böse werden

   (b) zur Toilette gehen

   (c) die Knie so beugen, dass man auf den Unterschenkeln sitzt

Grammatik im Kontext

K. Was passt?

Ergänzen Sie im Perfekt.

> aufatmen aussuchen ~~beißen~~ beisteuern beugen
> einbiegen greifen gackern jonglieren kichern
> klarkommen überlegen umdrehen zwinkern

1. Der böse Hund hat mich in die Hand **gebissen!**

2. Als wir endlich ankamen, haben wir alle erleichtert _____.

3. Meine Chefin war sehr nett. Ich bin mit ihr immer _____.

4. Als der gemeine Professor stolperte, haben die Studenten schadenfroh _____.

5. Alle haben sich _____, als der Student in der letzten Reihe schnarchte.

6. Der begabte Barkeeper hat mehrere Mixbecher und Flaschen in die Luft geworfen und in schnellem Tempo _____.

7. Wer einen neuen Job sucht, hat früher zur Zeitung _____. Heute sucht man im Internet nach Jobangeboten.

8. Das hat sie nicht ernsthaft gemeint. Hast du nicht gesehen, wie sie _____ hat?

9. Max hatte die Straßenkarte vergessen und ist in die falsche Straße _____.

10. Unser Auto ging kaputt. Gestern haben wir uns ein Neues _____.

11. Wir haben lange _____, bevor wir uns entschieden haben.

12. Tobias Siebert hat Gitarren und Vocals für diesen Track _____.

13. Wir konnten nicht ausschlafen, denn die Hühner haben so laut _____.

14. Um in das Auto zu sehen, habe ich mich näher an die Scheibe _____.

L. Da-Verbindungen

"Da-Verbindungen" sind Verbindungen zwischen dem Adverb "da" und bestimmten Präpositionen und gehören zu den Pronominaladverbien. In dieser Geschichte werden die Da-Verbindungen folgendermaßen verwendet:

(a) **um eine Präpositionalphrase zu ersetzen**, und Redundanzen zu vermeiden, z. B.

Wolfgang freut sich *auf die Reise*. Ich freue mich auch **darauf** (= *auf die Reise*).

(b) **in vorausschauenden Hauptsätzen**. Viele Verben haben eine feste Präposition, z. B.

freuen auf, glauben an, sprechen über. Oft steht statt der Präpositionergänzung ein Nebensatz,

der mit einem Infinitivsatz, Relativsatz oder mit einem "dass" Satz vollendet wird, z. B.

Sie *freut sich* **darauf**, ihren Bruder wieder *zu sehen*.

Ich möchte **darüber** sprechen, *wie* wir das Problem lösen können.

Viele Leute *glauben* nicht **daran**, *dass* die Erde rund ist.

Finden Sie die Da-Verbindungen in der Geschichte und stellen Sie fest, wie die Da-Verbindungen verwendet werden (**a** oder **b**).

	Da-Verbindung	Verwendung
z. B.	**darüber**	**a**
1.		
2.		
3.		
4.	**dabei**	*
5.		
6.		

*Diese Form ist eigentlich das Präfix von dem trennbaren Verb "dabei sein" und heißt *bei etwas anwesend sein* oder *mitmachen*.

M. Wo-Verbindungen

"Wo-Verbindungen" sind Verbindungen zwischen dem Adverb "wo" und bestimmten Präpositionen. Sie gehören auch zu den Pronominaldverbien. In dieser Geschichte werden die Wo-Verbindungen folgendermaßen verwendet:

(a) als Fragewort, z. B. **Worauf** wartest du?

(b) als Relativpronomen, z. B. Ich weiß nicht, **worüber** sie gesprochen haben.

Identifizieren Sie die zwei Wo-Verbindungen in der Geschichte und stellen Sie fest, wie die Wo-Verbindungen verwendet werden (**a** oder **b**).

Wo-Verbindung   Verwendung

1.   _____, _____

2.   _____, _____

N. Pronominaladverbien

Nun fragen Sie einen Partner nach dem Beispiel (P1 = Partner 1; P2 = Partner 2).

z. B.

P1: **Woran** denkst du oft?

P2: Ich **denke** oft **an** die Zukunft. Denkst du auch oft **daran**?

P1: Nein, ich denke selten **daran**, was die Zukunft bringen wird.

Achtung: Pronominaladverbien können **nicht** für Personen stehen!

1.   Worauf freust du dich? (die Winter- oder Sommerferien, den Studiumabschluss, . . .)

2.   Wovon träumst du? (Geld, einem Haus auf Hawaii, Urlaub in Südamerika, . . .)

3.   Worüber klagst du am meisten? (Hausaufgaben, die Arbeit, das Wetter, . . .)

4.   Wovor hast du große Angst? (Kakerlaken, Spinnen, Tests, . . .)

O. Grammatikgenie

Was für eine Form oder Struktur ist das?

1. ____ "Donny, **komm** schon", rief ich.

2. ____ Vor kurzem fragte mich Donny **während** der Mittagspause, . . .

3. ____ ob er mein Auto haben **könne**.

4. ____ Es war gut, **dass** sie nicht da war.

5. ____ Ich wünschte, ich **wäre** gerade woanders.

6. ____ Das Tier **bewegte sich** nicht.

7. ____ Das hätte ich nicht **sagen sollen**.

8. ____ Da hätte ich **ja** lange warten können.

9. ____ Vielleicht war zuviel Zucker **in** diesem Zeug.

10. ____ Während der Fahrt gab ich Donny ein paar Ratschläge, **worauf** er so zu achten habe.

11. ____ Bevor ich das Haus verließ, schaute ich **in** den Spiegel.

12. ____ Der Autohändler, **den** sich Donny ausgesucht hatte, arbeitete in einem Betongebäude hinter dem Supermarkt.

a. Konjunktiv I

b. Konjunktiv II

c. Wechselpräposition + Akkusativ

d. Wechselpräposition + Dativ

e. reflexives Verb

f. Pronominaladverb

g. Genitivpräposition

h. subordinierende Konjunktion

i. Modalpartikel

j. Doppelinfinitivkonstruktion

k. Imperativ

l. Relativpronomen

Zum Schreiben

P. Thema zum Schreiben

Haben Sie sich mal als Außenseiter gefühlt oder wurden Sie mal von jemandem unterdrückt? Beschreiben Sie die Umstände, und wie Sie darauf reagiert haben;

oder:

Was meinen Sie: Warum hat Donny Ed ein Huhn geschenkt? Warum hat Ed das Huhn getötet?

Q. Rollenspiel: Donny und Ed bei der Arbeit

Schreiben Sie mit einem Partner/einer Partnerin einen Dialog zu einer der folgenden Szenen und spielen Sie den Dialog der Klasse vor:

Donny und Ed arbeiten zusammen. Donny jongliert Äpfel. Ed macht Witze darüber, wie klein Donny ist, und gibt ihm Tipps dafür, wie er am besten mit dem Boss auskommt. Donny lacht viel und macht selbstironische Witze. Am Ende fragt Donny, ob er Eds Auto ausleihen kann, aber Ed will das nicht . . .

oder:

Donny fährt zu Ed, holt ihn ab und dreht eine Runde mit ihm. Die Rollen werden durch dieses Erlebnis getauscht: Donny übernimmt die Kontrolle; Ed wird schwach und ängstlich und fühlt sich klein.

Kapitel 10 Freiheit und Wende

Freiheit ist immer die Freiheit des Andersdenkenden.
Rosa Luxemburg

Mauer mit Banane
von Claudia Rusch

Kurzbiographie: Claudia Rusch

Ergänzen Sie die folgenden Sätze mit Hilfe des Internets.

Claudia Rusch wurde 1971 in **S**_____, Mecklenburg-Vorpommern, geboren. Sie wuchs auf der Insel **R**_____, in der Mark Brandenburg und ab 1982 in **B**_____ auf. Nach der friedlichen **R**_____ in der DDR und dem Abitur **19**_____ studierte sie Germanistik und Romanistik in Berlin, Bologna und Paris. Sechs Jahre lang arbeitete sie als **F**_____. Seit 2001 lebt Claudia Rusch als freie Autorin in Berlin. Die Geschichte "Mauer mit Banane" erschien 2003 in "Meine freie deutsche Jugend", S. Fischer Verlag, Frankfurt am Main.

Vor dem Lesen

A. Die Berliner Mauer

Ergänzen Sie den folgenden Text und ordnen Sie die Ereignisse.

~~1939~~	1945	gleich nach dem Krieg	1947	1948
1949	1953	1961	1989	heute

1. **a**, 2. ____, 3. ____, 4. ____, 5. ____, 6. ____, 7. ____, 8. ____, 9. ____, 10. ____

a. Der Zweite Weltkrieg beginnt am 1. September **1939**.

b. _____ kann man nur einige Reste der Mauer betrachten. Der ehemalige Verlauf der Mauer wird aber durch eine Doppelreihe von Kopfsteinpflaster in der Straße markiert.

c.   Am 8. Mai _____ endet der zweite Weltkrieg.

d.   Am 9. November _____ gibt DDR Politiker Günter Schabowski bekannt, dass die Reisebeschränkungen für DDR Bürger aufgehoben werden. In dieser Nacht strömen Ost-Berliner in den Westteil der Stadt.

e.   Am 13. August _____ beginnt der Bau der Berliner Mauer. Bis dann ist es unprob-lematisch, von einem Teil Berlins in den anderen Teil zu gehen.

f.   _____ wurde Berlin in vier Sektoren geteilt: den Britischen, den Französischen, den Amerikanischen und den Russischen.

g.   _____ werden die Amerikanischen, Britischen und Französischen Sektoren zusammengelegt, um die Stadt effektiver aufzubauen.

h.   _____ gibt es einen Volksaufstand in Ost-Berlin und der DDR. Sowjetische Truppen schlagen den Aufstand nieder. Tausende fliehen aus der DDR in die BRD.

i.   _____ protestiert die Sowjetunion gegen den Marshallplan.

j.   Der Wiederaufbau Europas beginnt _____ mit Hilfe des amerikanischen Marshallplans und soll die Ausbreitung des Kommunismus und Stalinismus verhindern.

B. Fragen zum Thema

Diskutieren Sie mit einem Partner/eine Partnerin.

1.   Was bedeutet für dich "**Freiheit**"?

2.   Was für **Grenzen** gibt es im Leben?

3.   Hast du schon mal eine **Volksrepublik*** besucht?

4.   Warst du schon mal in Berlin? (*Ja*: Vor oder nach der **Wende**?)

5.   Wie **stellst** du **dir** das Leben in der **ehemaligen** DDR **vor**?

6.   Hast du den Film "Das Leben der Anderen" gesehen?

7.   Isst du gern Bananen?

8.   Gibt es Lebensmittel, die in deinem Land schwer zu bekommen sind?

*z. B. Angola, Bulgarien, China, die DDR, Jugoslawien, Polen, Rumänien, Ungarn, Vietnam.

C. Fragen zur Vorbereitung

Fragen Sie einen Partner/eine Partnerin.

1. Was für **Ausweise** hast du? (z. B. einen Führerschein, einen Reisepass)
2. Hast du schon mal einen **Döner** probiert? (*Ja*: Hat er dir geschmeckt?)
3. Hast du schon mal einen **Trabi** gesehen?
4. Hast du viele **Feinde**?
5. Weißt du, was der Unterschied zwischen **Sekt** und Champagner ist?
6. Hast du als Kind auf **Spielwiesen** gespielt?
7. Wurdest du schon mal vom **Zoll** angehalten?
8. Bekommst du gern Meldungen über **Neuigkeiten** in einem Newsfeed auf dem Handy, oder **verbirgst** du lieber solche Nachrichten?
9. **Pendelst** du oft zwischen zwei Städten?
10. Wird die **Bewegungsfreiheit** in deinem Land **beschnitten**?
11. Worauf bist du **stolz** in deinem Leben?
12. Warst du mal besonders **tapfer**? (*Ja*: Wann?)
13. Sparst du Geld, oder lebst du eher **verschwenderisch**?
14. Worüber **machst du dir Sorgen**?
15. Wann war das letzte Mal, das du etwas **ausgelassen** gefeiert hast?
16. Was **ist dir egal**?

Mauer mit Banane

von Claudia Rusch

1   Am Morgen des 9. November 1989 wurden meiner Mutter in einer komplizierten Operation die zertrennten Sehnen der rechten Hand genäht. Damit zusammenwächst, was zusammengehört. Als sie aus der Narkose erwachte, waren alle Fernsehprogramme unterbrochen und an den geöffneten Grenzübergängen floss der
5   Sekt bereits in Strömen.
Mein Vater verpasste das alles, weil er auf einem Jazz-Konzert war. Als er gegen drei Uhr nach Hause kam, legte er sich sofort ins Bett. Ich weckte ihn um sechs per Telefon mit den Worten: >>Papa, mach dir keine Sorgen, ich bin im Westen.<<
Ich hatte den Abend auf der Abschiedsparty von Freunden verbracht, die den

10   Nachtzug nach Prag nehmen wollten. Ihre Sachen waren gepackt, die Möbel verkauft
      und der Rest verschenkt. Go West.
      Wir waren nochmal kurz am Ostbahnhof vorbeigefahren, um das letzte Geld in
      Kronen umzutauschen. Ich wartete so lange im Auto und hörte RIAS. >>Die Mauer ist
      offen. Der Ost-Berliner Parteichef Günter Schabowski hat am Abend bekannt
15   gegeben . . . << Ich reagierte nicht. Aus dem Radio überschlugen sich die begeisterten
      Stimmen der Berliner und das Hupen der Trabis. Der Moderator weinte vor Rührung.
      Bei mir regte sich nichts. Ich hatte ein Blackout. Bis heute weiß ich nicht, was los
      war. Ich hatte die Information verstanden, aber sie löste nichts aus. Auch als meine
      Freunde zurückkamen und sofort auf die Neuigkeit reagierten, passierte bei mir
20   nichts. The person you have called is temporarily not available.
      Wir fuhren zurück auf die Party. Die anderen tanzten ausgelassen nach Marius
      Müller-Westernhagen. Sie hatten noch keine Ahnung. Erst als jetzt die Aufregung
      um sich griff, dämmerte es mir allmählich. Meine Synapsen begannen wieder zu
      arbeiten. Die Mauer war offen . . .
25   Das war das Ende. Montagsdemos, Neues Forum, Friedenswachen, alles umsonst. Kein
      reformierter Sozialismus. Die Mauer war gefallen und der Weg zu Aldi offen. Das
      war viel zu früh, das bedeutete Wiedervereinigung. Und die passte nicht in meinen
      Plan. Ich glaubte tapfer an eine eigenständige DDR. Der Gedanke an *ein* Deutschland
      war mir fremd. Ich hatte zu Hause gelernt, dass die DDR, trotz Stalinismus und
30   Volksverdummung, von den Grundlagen her der bessere deutsche Staat sei. Es wäre
      unsere Aufgabe, ihn zu reformieren und auf den richtigen Weg zu bringen. Darum
      blieben wir hier, das war der Grund, warum wir nicht in den Westen gingen.
      Ich habe jeden meiner Staatsbürgerkundelehrer für blöd erklärt, aber tief im
      Herzen war ich vermutlich genauso überzeugt wie sie. Offenbar hatte ich meine
35   Wahrnehmung des Öfteren nicht ganz unter Kontrolle.
      Die neue Reisemöglichkeit nach Westberlin war mir egal. Die Mauer hatte für mich
      vor allem symbolische Bedeutung. Was sie am wenigsten beschnitt, war meine
      Bewegungsfreiheit innerhalb Berlins. Ich kannte da sowieso niemanden. Ich kannte
      überhaupt keinen einzigen Westdeutschen. Nur ausgereiste Ossis. Und die waren alle
40   weit weg. Lediglich Pierre, ein französischer Freund, wohnte seit zwei Jahren in
      Kreuzberg.* Wir hatten ihn Mitte der Achtziger zufällig kennen gelernt und seitdem
      Kontakt gehalten. Als Alliierter konnte er problemlos pendeln. Er war sehr oft im
      Osten. Die ganze Stadt war für ihn eine riesige aufregende Spielwiese. Egal welcher
      Teil. Familienfeste verbrachte er immer bei uns. Außerdem hatte er mit
45   wahrscheinlich allen Frauen und Männern unter 50 in Ostberlin geschlafen und gab
      die Geschichten bei uns gerne zum Besten. Für mich war er eine Art großer Bruder.
      Er passte prima in die Familie.
      Auf der Party war die Stimmung umgeschlagen. Alle wollten raus. Völlig planlos
      brachen wir zum nächstbesten Grenzübergang auf. Als wir die Bornholmer Straße
50   erreichten, sprang die Euphorie der Stunde endlich auch auf mich über. Hier war es
      unmöglich, sich der Freude und Verwirrung zu entziehen. In allen Köpfen hämmerte
      es. Haben sie wirklich die Mauer aufgemacht? Ich spürte plötzlich, inmitten der
      vielen aufgelösten Menschen, dass ich diesen Moment niemals wieder vergessen
      würde, dass sich mein Leben gerade in einer Weise änderte, die ich noch nicht
55   übersah.
      Je näher wir dem eigentlichen Übergang kamen, desto größer wurde das Gedränge.
      Es ging kaum noch vorwärts. Kein Wunder, es kannte ja keiner den Weg.
      Als wir endlich an den Grenzanlagen waren, bemerkte ich, dass ich meine Freunde
      verloren hatte. Ich stand ganz allein im Dunkel der Menschenmassen.

60 Und dann passierte ein Wunder. Etwas anderes kann es nicht gewesen sein. Ich
   hörte, wie jemand meinen Namen rief. Eine vertraute Stimme. Ich wandte meinen
   Kopf und sah auf die andere Seite des Zaunes. Da stand er, der einzige Mensch, den
   ich in Westberlin kannte: Pierre. Er streckte mir seine Hände durch das Gitter
   entgegen und strahlte mich an. Komm, rief er, komm schnell hier rüber. Wild

65 entschlossen kletterte ich über den Zaun. Wir fielen uns glücklich in die Arme. Pierre
   stopfte mich sofort ins nächste Taxi und fuhr mit mir nach Kreuzberg.
   Alles, was ich von Westberlin kannte, waren die U-Bahnhöfe. Jedenfalls einige. Weil
   das Musical >>Linie 1<< einen gewissen sozialkritischen Touch hatte, war es auch in den
   DDR-Kinos gelaufen. Man wusste ja nie, jede Feindkritik konnte nützlich sein. Ich

70 hatte den Film bestimmt fünfmal gesehen. Jetzt war es Nacht und im Schummerlicht
   erkannte ich die Namen wieder: Möckernbrücke, Hallesches Tor, Prinzenstraße,
   Gleisdreieck. Es gab sie wirklich.
   Irgendwo hielt das Taxi, und wir stiegen aus. Pierre bestand darauf, mit mir einen
   Döner zu essen und dann einen Spaziergang durch SO 36 zu machen. Ich war sehr

75 verschüchtert. Das Stürmen der Mauer war das eine – der Oranienplatz etwas ganz
   anderes. Ich glaube, ich stand unter Schock. Es war alles so unwirklich. Ich kann mich
   nur noch erinnern, dass wir ständig versuchten, meinen Vater telefonisch zu
   erreichen und es mir jedes Mal verschwenderisch vorkam, das kostbare Westgeld
   einfach so in einen Münzautomaten zu schmeißen.

80 Langsam wurde ich müde. Wir gingen in Pierres Lieblingskneipe. Er zeigte auf die Bar
   und sagte: Such dir aus, was du trinken willst.
   Ich fixierte die bunten Flaschen. Das war nicht zu fassen. Hier gab es alles. Sogar
   die Sachen aus dem Westfernsehen. Ein Universum an Möglichkeiten tat sich auf. Ich
   konnte alles haben. Ich musste es nur sagen. Es war wie Weihnachten.

85 Hier an den Tresen offenbarte sich, dass auch ich ein ganz normales DDR-Kind war.
   Nicht die Stasi allein, auch die Mangelwirtschaft hatte meine Kindheit geprägt. In
   dieser Hinsicht war ich nicht besser und nicht schlechter als die anderen dran. Auch
   ich war es gewohnt, dass es die meisten Dinge nur selten, vieles nur zu bestimmten
   Zeiten und manches eben gar nicht gab. Auch ich hatte ein Defizit aufzuholen. – Und

90 ich tat es. In aller Unschuld bestellte ich einen Bananensaft.
   Nie wieder hat er mir so gut geschmeckt wie in dieser Nacht in Kreuzberg. Es gibt
   einen alten DDR-Witz, bei dem die Antwort auf die Frage, warum ist die Banane
   krumm, lautet: weil sie einen Bogen um die DDR macht. Daran musste ich in diesem
   Moment denken. Ich hatte die Banane ausgetrickst.

95 Am nächsten Morgen fuhr ich vom Kottbusser Tor zur Schule. Ich sah zum ersten
   Mal den Bahnhof Friedrichstraße von der anderen Seite und war erschüttert. Als ich
   erkannte, dass sich hinter dem kleinen S-Bahnsteig mit der schmalen Eingangshalle in
   Wirklichkeit ein dreistöckiger Bahnhof verbarg, in dem unterirdisch U-Bahnen und S-
   Bahnen fuhren, riesige Zollanlagen standen und ein halbes Kaufhaus untergebracht

100 war, verstand ich erst, was die Mauer Berlin angetan hatte.
   Mit einer Mischung aus Stolz, Angst und Häme zeigte ich dem Grenzer meinen DDR-
   Ausweis und kehrte dahin zurück, wo ich hingehörte. In den bananenfreien Osten.

---

*Kreuzberg** oder "X-berg" ist ein "Kiez" in Berlin, der von Einheimischen und Touristen sehr
beliebt ist. Kreuzberg hat zwei Teile, die man durch die bis 1933 gültigen Postleitzahlen untersch-
eidet: den "südöstlichen" Teil (SO 36) und den "südwestlichen" Teil (SW 61). SO 36 ist ärmer
und multikultureller, besiedelt von vielen Immigranten aus der Türkei. SW 61 hingegen gilt als
wohlhabender und bürgerlicher.

Nach dem Lesen

D. Richtig (R) oder Falsch (F)?

1. ____ 1989 war der Ostberliner Parteichef Günter Schabowski.

2. ____ Am 9. November war der Vater der Erzählerin im Krankenhaus.

3. ____ Am Abend des 9. Novembers war die Erzählerin auf einer Abschiedsparty von Freunden, die den Nachtzug nach Prag nehmen wollten.

4. ____ Die Erzählerin hat immer von der Wiedervereinigung Deutschlands geträumt.

5. ____ Die Erzählerin glaubte tapfer daran, dass die DDR der bessere Staat sei.

6. ____ Pierre ist der ältere Bruder der Erzählerin.

7. ____ Pierre hat mit zahlreichen Männern und Frauen in Ostberlin geschlafen.

8. ____ In Westberlin haben Pierre und die Erzählerin einen Döner gegessen und einen Spaziergang durch SO 36 gemacht.

9. ____ Die Erzählerin hat ein Bündel Bananen bei Aldi gekauft.

10. ____ Am Ende der Geschichte fährt die Erzählerin mit dem Zug nach Prag.

E. Fragen zum Text

1. Warum hat der Vater der Erzählerin die Ereignisse am 9. November verpasst?

2. Wo war die Erzählerin an dem Abend?

3. Wo war die Erzählerin, als sie hörte, die Mauer war offen?

4. Wie hat die Erzählerin zunächst auf diese Neuigkeit reagiert?

5. Passte Wiedervereinigung in den Plan der Erzählerin? Warum (nicht)?

6. Wollte die Erzählerin schon immer nach Westberlin? Warum (nicht)?

7. Wer ist Pierre? Wie hat die Erzählerin ihn kennengelernt?

8. Wann hat die Erzählerin endlich die Euphorie gespürt?

9. Wohin sind die Erzählerin und Pierre mit dem Taxi gefahren?

10. Was hat die Erzählerin mit Pierre an dem Abend gemacht?

11. Wie lautet der alte DDR-Witz über die Banane?

12. Wohin fuhr die Erzählerin am nächsten Morgen?

F. Fragen zur Diskussion

1. Was wissen wir alles über die Erzählerin? Und Pierre?

2. Beschreiben Sie die gemischten Gefühle der Erzählerin auf die Neuigkeiten am 9. November. Glauben Sie, Sie hätten auch so darauf reagiert?

3. Die Erzählerin sagte, sie sei es gewohnt, dass es "die meisten Dinge nur selten, vieles nur zu bestimmten Zeiten und manches eben gar nicht gab". Was würde Ihnen unter solchen Zuständen am meisten fehlen?

4. Was meinen Sie, was hätten Sie am schwierigsten gefunden, wenn Sie in der DDR gewohnt hätten?

Wortschatzübungen

G. Vor dem Mauerfall: Was gehörte in den Osten und in den Westen?

Trabant Bananen Döner RIAS Aldi	
Stasi Mangelwirtschaft	
Volksverdummung Günter Schabowski Neues Forum	
Willy Brandt Kreuzberg ein Universum an Möglichkeiten	
Stalinismus die Deutsche Mark (DM)	

Westen (BRD):   **Osten (DDR):**

H. Definitionen

Finden Sie die richtigen Definitionen unten für diese Nomen.

1. ___ die Ahnung

2. ___ das Gedränge

3. ___ die Narkose

4. ___ die Neuigkeit

5. ___ der Ossi

6. ___ die Stimmung

7. ___ der Übergang

8. ___ der Wessi

a. der Punkt, wo man etwas überqueren kann

b. eine aktuelle Nachricht oder Information

c. jemand, der aus der ehemaligenden DDR kommt

d. jemand, der aus der ehemaligenden BRD kommt

e. der seelische Zustand eines Menschen, die Laune

f. der Zustand, dass viele Menschen gleichzeitig an einem Ort sind und sich dort bewegen

g. die Idee, eine gewisse Vorstellung oder Kenntnis

h. der Zustand, in dem man bei einer Operation nichts bewusst erlebt oder empfindet

I. Gegensätze

Was ist das Gegenteil? Verbinden Sie.

1. ____ begeistert	a.	gerade
2. ____ bunt	b.	selten
3. ____ geöffnet	c.	enttäuscht
4. ____ krumm	d.	breit
5. ____ prima	e.	verbunden
6. ____ riesig	f.	einfarbig
7. ____ schmal	g.	schlecht
8. ____ ständig	h.	geschlossen
9. ____ tapfer	i.	winzig
10. ____ zertrennt	j.	angstvoll

J. Zuordnungen

Was passt zusammen? Verbinden Sie.

1. Geld ____	a.	weinen
2. Trabis ____	b.	bestellen
3. vor Rührung ____	c.	steigen
4. etwas bekannt ____	d.	hupen
5. aus dem Taxi ____	e.	tauschen
6. einen Bananensaft ____	f.	geben

Grammatik im Kontext

K. Reflexivverben

Was ist alles passiert? Ergänzen Sie im Präteritum (Imperfekt).*

s. aussuchen	s. auftun	s. regen	s. offenbaren	s. legen	s. ändern

1. Als der Vater gegen drei Uhr nach Hause kam, _____ er sich sofort ins Bett.

2. Bei der Erzählerin _____ sich zuerst nichts. Sie hatte ein Blackout.

3. Sie spürte plötzlich, inmitten der vielen aufgelösten Menschen, dass sie den Moment niemals wieder vergessen würde, dass sich ihr Leben gerade in einer Weise _____, die sie noch nicht übersah.

4. Pierre zeigte auf die Bar und sagte ihr: "_____ dir _____, was du trinken willst."

5. Ein Universum an Möglichkeiten _____ sich _____. Sie konnte alles haben.

6. Hier an den Tresen _____ sich, dass auch sie ein ganz normales DDR-Kind war.

*Zitate sind aber im Präsens.

L. Verben mit untrennbaren Präfixen

Ergänzen Sie (a–g) und verbinden Sie die Satzteile.

bemerken	bestellen	verpassen	vergessen
erklären	~~entziehen~~	zertrennen	

z. B. Es war unmöglich, die Freude und Verwirrung, __d__ .

1. Sie spürte plötzlich, inmitten der vielen aufgelösten Menschen, ____

2. Erst als sie an den Grenzanlagen war, ____

3. Weil er auf einem Jazz-Konzert war, ____

4. In der Bar ____

5. Die Mutter der Erzählerin war im Krankenhaus, denn die Sehnen der rechten Hand wurden ____

6. Obwohl sie tief im Herzen genauso überzeugt war wie sie, dass die DDR der bessere Staat sei, ____

a. _____ die Erzählerin einen Bananensaft.

b. _____ ihr Vater alles.

c. _____ die Erzählerin, dass sie ihre Freunde verloren hatte.

d. zu _____**entziehen**_____ .

e. dass sie den Moment niemals wieder _____ würde.

f. hat die Erzählerin jeden ihrer Lehrer für blöd _____ .

g. _____ und mussten wieder genäht werden.

Welche Präfixe haben diese untrennbare Verben? __**ent**__ , _____, _____, _____, _____

M. Nominativ (N), Akkusativ (A), Dativ (D) oder Genitiv (G)?

1. Wir fuhren zurück auf **die Party**. (__)

2. Ich habe jeden **meiner Staatsbürgerkundelehrer** für blöd erklärt . . . (__)

3. Lediglich Pierre, ein französischer Freund, wohnte seit **zwei Jahren** in Kreuzberg. (__)

4. Für mich war er **eine Art großer Bruder**. (__)

5. Pierre bestand darauf, mit mir **einen Döner** zu essen und dann **einen Spaziergang** durch SO 36 zu machen. (__), (__)

6. In **allen Köpfen** hämmerte es. (__)

7. Da stand er, **der einzige Mensch**, **den** ich in Westberlin kannte: Pierre. (__), (__)

8. Ich sah **zum ersten Mal** den Bahnhof Friedrichstraße von **der anderen Seite** und war erschüttert. (__), (__)

9. Nicht die Stasi allein, auch **die Mangelwirtschaft** hatte meine Kindheit geprägt. (__)

10. Hier an **den Tresen** offenbarte sich, dass auch ich **ein ganz normales DDR-Kind** war. (__), (__)

Zum Schreiben

N. Thema zum Schreiben: Die "Wende"

Die Wiedervereinigung Deutschlands nach dem Mauerfall wird als "die Wende" bezeichnet. Das Wort "Wende" bedeutet ein Neubeginn, eine Umkehr oder eine Drehung von 180 Grad. Haben Sie, oder jemand, den Sie kennen, selbst eine "Wende" im Leben erfahren? Beschreiben Sie diese Wende, und wie sich das Leben änderte.

O. Zusammenfassung der Geschichte

Schreiben Sie eine Zusammenfassung der Geschichte mit etwa 150–250 Wörtern, in dem Sie die folgenden Wörter benutzen:

Abschiedsparty	Bananen	Bewegungsfreiheit	Nachtzug	Sekt
planlos	Kreuzberg	das Hupen	unter Schock stehen	

Filmtipps:

"Good Bye Lenin!" (2003)

"Das Leben der Anderen" (2006)

Kapitel 11   Stereotypen und Humor

Alles Komische beruht auf Kontrasten.
Erich Kästner

Die russische Braut
von Wladimir Kaminer

Kurzbiographie: Wladimir Kaminer

Ergänzen Sie die folgenden Sätze mit Hilfe des Internets.

Wladimir Kaminer ist ein deutscher Schriftsteller **russisch-j**_____ Herkunft, der am 19. Juli **19**_____ in **M**_____ geboren wurde. Er absolvierte eine Ausbildung zum **T**_____ für Theater und **R**_____ und studierte anschließend Dramaturgie am Moskauer Theaterinstitut. Während des Studiums verdiente er seinen Lebensunterhalt mit Gelegenheitsjobs und dem Veranstalten von Partys und Untergrundkonzerten in der Moskauer **Rock**_____. Seit **19**_____ lebt er mit seiner Frau und seinen beiden Kindern in **B**_____. Er veröffentlicht regelmäßig Texte in verschiedenen Zeitungen und Zeitschriften und organisiert Veranstaltungen wie seine mittlerweile international berühmte "Russendisko". Mit der gleichnamigen Erzählsammlung sowie zahlreichen weiteren Büchern avancierte er zu einem der beliebtesten und gefragtesten **A**_____ Deutschlands. "Die russische Braut" erschien 2000 in "Russendisko", Wilhelm Goldmann Verlag, München.

Vor dem Lesen

A. Gedankenaustausch

Auf seiner Webseite beschreibt sich Wladimir Kaminer als "privat ein Russe, beruflich ein deutscher Schriftsteller". Identifizieren Sie sich mit mehr als einer Volksgruppe oder Kultur? Inwiefern ist Ihre private Identität anders als Ihre öffentliche Identität?

Diskutieren Sie im Kurs.

B. Fragen zum Thema

Diskutieren Sie mit einem Partner/einer Partnerin.

1. Welche **Bühnenkomiker** findest du **besonders** lustig?
2. Welche Filme findest du besonders lustig?
3. Gibt es Autoren oder schriftliche Werke, die du lustig findest?
4. Wie wichtig ist es dir, dass deine Freunde einen guten **Sinn für Humor** haben?
5. Mit wem lachst du am meisten?
6. Was findest du meistens lustiger: das Erzählen von **vorformulierten Witzen** oder spontanen Humor?
7. Würdest du jemanden von einer anderen Kultur heiraten? Warum (nicht)?
8. Wäre es schwierig in deinem **Heimatland**, einen **Ausländer**/eine **Ausländerin** zu heiraten?

C. Fragen zur Vorbereitung

Fragen Sie einen Partner/eine Partnerin.

1. Wem **gleichst** du mehr: deiner Mutter oder deinem Vater?
2. **Verbringst** du viel Zeit mit deiner Familie?
3. Wie kann man am besten **Minderwertigkeitskomplexe überwinden**?
4. Wen findest du besonders **anspruchsvoll**?
5. Würdest du dich als **empfindsam** beschreiben?
6. Kennst du jemanden, der eine besondere **Pflege** braucht?
7. Kannst du **dir** ein neues Auto **leisten**?
8. Was meinst du: Welche Taktik führt zur **Gehaltserhöhung**, und welche soll man lieber vermeiden?
9. Wie viel muss ein Ehepaar in deinem **Heimatland** verdienen, um ein komfortables Leben zu führen?
10. Willst du in Deutschland **Karriere machen**?
11. Bist du schon mal mit der **BVG** gereist? (*Ja*: Wohin?)
12. Hast du schon mal **Gesang** studiert?
13. Was ist der beste **Ratschlag**, den du je bekommen hast?
14. Wann war das letzte Mal, das du **Mist gebaut** hast?
15. Hast du mal jemanden mit **Beschwerden bombardiert**?
16. Müssen Ausländer große **Hindernisse** überwinden, um eine **Aufenthaltserlaubnis** in deinem Heimatland zu erhalten?

Die russische Braut

von Wladimir Kaminer

1   In den letzten zehn Jahren, die ich in Berlin verbrachte, habe ich viele russisch-deutsche
Ehepaare kennen gelernt und kann nun behaupten: Wenn es überhaupt ein universales
Mittel gibt, das einen Mann von all seinen Problemen auf einen Schlag erlösen kann, dann
ist es eine russische Braut. Kommt dir dein Leben langweilig vor? Bist du arbeitslos? Hast
5   du Minderwertigkeitskomplexe oder Pickel? Beschaff dir eine russische Braut und bald
wirst du dich selbst nicht mehr wieder erkennen. Erst einmal ist die Liebe zu einer Russin
sehr romantisch, weil man viele Hindernisse überwinden muss, um sie zu bekommen. Man
muss beispielsweise bei der Ausländerbehörde seine Einkommenserklärung einreichen,
also beweisen, dass man sich eine russische Braut überhaupt leisten kann. Sonst bekommt
10 die Frau keine Aufenthaltserlaubnis. Ein Bekannter von mir, der als BVG-Angestellter
anscheinend nicht genug verdiente, um seine russische Geliebte heiraten zu dürfen,
schrieb Dutzende von Briefen an Bundeskanzler Schröder und bombardierte außerdem
das Auswärtige Amt mit Beschwerden. Es war ein harter Kampf. Aber er hat sich gelohnt:
Jetzt hat der Mann eine Braut und eine Gehaltserhöhung dazu.
15 Ich kenne daneben viele Deutsche, die sich nach einer langen Zeit der Arbeitslosigkeit
und Depression ganz schnell einen Job besorgten und sogar erfolgreich Karriere machten,
nur weil sie sich in eine Russin verliebt hatten. Sie hatten aber auch keine andere Wahl,
weil die russischen Bräute sehr, sehr anspruchsvoll, um nicht zu sagen teuer sind. Sie
wollen nicht nur selbst immer anständig aussehen, sie bestehen auch darauf, dass der
20 Mann immer nach dem letzten Schrei gekleidet ist, sodass er sich laufend neue teure
Sachen kaufen muss. >>Ist das wirklich nötig?<<, fragen die Männer anfangs noch, aber
dann fügen sie sich doch. Es muss eben alles stimmen. Zur Hochzeit will die russische
Braut ein weißes Kleid, eine Kirche, ein Standesamt und anschließend ein gutes Restaurant
mit möglichst vielen Gästen. Dann will sie sich voll dem Familienleben hingeben, aber
25 gleichzeitig auch etwas Schönes studieren. Zum Beispiel Gesang an einer Privatschule. Das
ist bei den russischen Bräuten sehr populär. Allein in Berlin kenne ich drei Frauen, die auf
eine Gesangschule gehen, und das ist richtig teuer!
Die russische Braut ermutigt einen Mann, bringt neuen Sinn in sein Leben, beschützt ihn
vor Feinden, wenn er welche hat, und hält immer zu ihm, auch wenn er Mist baut. Doch im
30 täglichen Umgang mit ihr ist Vorsicht geboten. Sie braucht eine besondere Pflege und ist
empfindsam.
Einen Konflikt mit ihr kann man leider nicht einfach mit einem Blumenstrauß beilegen. Es
gehört etwas mehr dazu. Sollte es zu einer wirklichen Auseinandersetzung kommen, dann
ist es am besten, schnell wegzulaufen. Im Zorn gleicht die russische Braut einem Tiger.
35 Aus all dem folgt, dass es ganz wichtig ist, die Rechtsgrundlagen für die Existenz einer
russischen Braut in der Bundesrepublik genau zu kennen. Die russische Redaktion des
Senders SFB 4 >>Radio MultiKulti<< widmet sich oft diesem Thema, unter anderem in
ihrem Programm >>Ratschläge eines Juristen<<.
>>Ich habe vor kurzem einen jungen Deutschen geheiratet und bin zu ihm gezogen<<,
40 schreibt beispielsweise eine Russin aus Celle, >>und nun habe ich eine Aufenthaltserlaubnis
für drei Jahre von der deutschen Behörde bekommen. Wenn meinem Mann plötzlich etwas
zustößt, zum Beispiel, wenn er bei einem Autounfall ums Leben kommt, wird mir dann mein
Aufenthaltsrecht entzogen oder nicht?<< <<Sehr geehrte Frau aus Celle<<, antwortet der
Jurist, >>in diesem Fall wird Ihnen das Aufenthaltsrecht nicht entzogen, aber es wäre
45 trotzdem besser, wenn Ihr Mann noch ein paar Jahre leben würde.<<

Nach dem Lesen

D. Richtig (R) oder Falsch (F)?

Von der Perspektive des Erzählers sind diese Aussagen *richtig* oder *falsch*?

1. _____ Eine russische Braut kann einen Mann mit einem Schlag von all seinen Problemen erlösen.

2. _____ Die Liebe zu einer Russin ist sehr romantisch, weil sie den Mann akzeptiert, genau, wie er ist.

3. _____ Als Deutscher ist es ziemlich einfach, eine russische Braut zu bekommen.

4. _____ Russische Bräute bevorzugen eine sehr kleine, intime Hochzeit, ohne viele Gäste.

5. _____ Russische Bräute sind anspruchsvoll, teuer und wollen immer anständig aussehen.

6. _____ Den russischen Bräuten ist es aber ziemlich egal, wie sich der Mann kleidet.

7. _____ Nach der Hochzeit will die russische Braut vor allem Karriere machen.

8. _____ Die russische Braut hält zu ihrem Mann, auch wenn er Mist baut.

9. _____ Im Zorn gleicht die russische Braut einem BVG-Angestellter.

10. _____ Obwohl die russische Braut empfindlich ist, kann man einen Konflikt mit ihr mit einem Blumenstrauß einfach beilegen.

E. Fragen zum Text

Nach dem Inhalt des Texts:

1. Wie lange wohnte der Erzähler schon in Berlin, als er diesen Text schrieb?
2. Wie wird das Leben eines Mannes besser mit einer russischen Braut?
3. Was muss man als deutscher Staatsangehöriger beweisen, bevor der/die ausländische LebenspartnerIn* eine Aufenthaltserlaubnis erhalten kann?
4. Wer schrieb dutzende von Briefen an Bundeskanzler Schröder? Warum?
5. Was sind die typischen Eigenschaften einer russischen Geliebte?
6. Was will die russische Braut alles zur Hochzeit?
7. Was will die russische Braut nach der Hochzeit?
8. Wie soll man mit der russischen Braut umgehen, wenn es einen Konflikt gibt?
9. Womit kann man einen Konflikt mit der russischen Braut nicht einfach beilegen?
10. Bei welchem Radiosender kann man etwas über die Rechtsgrundlagen für russische Bräute in Deutschland lernen?

*Das "Binnen-I", d. h. der Buchstabe "I", wenn er innerhalb eines Wortes als Großbuchstabe zwischen Kleinbuchstaben geschrieben wird (z. B. *LebenspartnerIn*), macht bei Personengruppen kenntlich, dass die männliche als auch die weibliche Form gemeint ist.

F. Fragen zur Diskussion

1. Welche Stellen in dem Text finden Sie besonders lustig? Warum?

2. Hat die russische Braut positive als auch negative Eigenschaften?

3. Welches Bild bekommt man von dem deutschen Mann?

4. Inwiefern sind die beschriebenen Eigenschaften der Russin und des Deutschen auch typische Geschlechterrollen in Ihrer Kultur?

Wortschatzübungen

G. Gegensätze

Was passt?

empfindsam	zornig	verschwenderisch	anständig
teuer	treu	anspruchsvoll	arbeitslos

1. Der Mann soll nicht schäbig gekleidet sein, sondern _____.

2. Seine neue Kleidung ist nicht günstig, sondern _____.

3. Der Mann war vorher nicht arbeitstätig, sondern _____.

4. Die Frau ist nicht dickhäutig, sondern _____.

5. Sie ist nicht besonders sparsam, sondern etwas _____.

6. Sie ist auch nicht besonders bescheiden, sondern _____.

7. Manchmal ist sie nicht friedlich, sondern _____.

8. Aber vor allem ist sie immer _____, nicht betrügerisch.

H. Zusammensetzungen

Zu welcher Kategorie oder zu welchem Konzept gehören diese Sachen und Personen?

> Geldsachen – Probleme – Gefühle – Auseinandersetzung
> Hochzeit – Ausländerbehörde

1. Pickel, Minderwertigkeitskomplexe, Arbeitslosigkeit = _____

2. weißes Kleid, Braut, Bräutigam, Standesamt = _____

3. Aufenthaltserlaubnis, Flüchtlingsaufnahme, Asylantragstellung = _____

4. Gehaltserhöhung, Einkommenserklärung, Schulden = _____

5. Depression, Empfindlichkeit, Zorn = _____

6. Konflikt, Kampf, Feinde = _____

I. Redewendungen

Formulieren Sie die unterstrichenen Ausdrücke anders.

> vorankamen   stirbt   auf einmal   neuester Mode
> widmen   etwas vermasselt   war es wert   zunächst

1. Wenn es überhaupt ein universales Mittel gibt, das einen Mann von all seinen Problemen **auf einen Schlag** erlösen kann, dann ist es eine russische Braut. = _____

2. **Erst einmal** ist die Liebe zu einer Russin sehr romantisch, weil man viele Hindernisse überwinden muss, um sie zu bekommen. = _____

3. Aber er **hat sich gelohnt**: Jetzt hat der Mann eine Braut und eine Gehaltserhöhung dazu. = _____

4. Ich kenne daneben viele Deutsche, die sich nach einer langen Zeit der Arbeitslosigkeit und Depression ganz schnell einen Job besorgten und sogar erfolgreich **Karriere machten**, nur weil sie sich in eine Russin verliebt haben. = _____

5. Die russische Braut ermutigt einen Mann, bringt neuen Sinn in sein Leben, beschützt ihn vor Feinden, wenn er welche hat, und hält immer zu ihm, auch wenn er **Mist baut**. = _____

6. Sie wollen nicht nur selbst immer anständig aussehen, sie bestehen auch darauf, dass der Mann immer nach **dem letzten Schrei** gekleidet ist, sodass er sich laufend neue teure Sachen kaufen muss. = _____

7. >> . . . Wenn meinem Mann plötzlich etwas zustößt, zum Beispiel, wenn er bei einem Autounfall **ums Leben kommt**, wird mir dann mein Aufenthaltsrecht entzogen, oder nicht?<< = _____

8. Dann will sie sich voll dem Familienleben **hingeben**, aber gleichzeitig auch etwas Schönes studieren. = _____

Grammatik im Kontext

J. Substantivierte Adjektive

- Substantivierte Adjektive beziehen sich oft auf Personen, z. B. *Alte, Bekannte, Deutsche, Erwachsene, Geliebte, Jugendliche, Kranke, Verwandte, Tote.*

- Die substantivierten Adjektive werden genauso dekliniert wie normale Adjektive in attributiver Funktion, z. B.:

> MASKULINUM
>
> NOM: de**r** alte Mann → de**r** Alte
>
> AKK: de**n** alte**n** Mann → de**n** Alte**n**
>
> DAT: de**m** alte**n** Mann → de**m** Alte**n**
>
> GEN: de**s** alte**n** Mannes → de**s** Alte**n**

- Wie alle Substantive (Nomen), werden substantivierte Adjektive groß geschrieben.

Schreiben Sie die richtigen Endungen in die Lücken.

1. Es gibt **viel____ Deutsch____** (Pl.), die russische Bräute haben.

2. Der Erzähler hat **viel___ Bekannt___** (Pl.), die in russisch-deutschen Beziehungen sind.

3. **Ein___ Bekannt___** (Mask.) von ihm schrieb Dutzende von Briefen an Bundeskanzler Schröder und bombardierte außerdem das Auswärtige Amt mit Beschwerden.

4. **Dies___ Bekannt___** (Mask.) wollte **sein___ russisch___ Geliebt___** (Fem.) heiraten.

K. Adjektivendungen

Schreiben Sie die Adjektivendungen in die Lücken. Dann notieren Sie:

(a) **das Genus** des Nomen: *Maskulinum, Femininum, Neutrum* oder *Plural*?

(b) **den Kasus** des Nomen: *Nominativ, Akkusativ, Dativ* oder *Genitiv*?

z. B. Jetzt hat der Mann **ein_e_ Braut** und eine Gehaltserhöhung dazu.

Braut: (a) **Femininum** (b) **Akkusativ**

1. Im Zorn gleicht die **russisch____ Braut ein____ Tiger**.

   Braut: (a) _____ (b) _____

   Tiger: (a) _____ (b) _____

2. Das ist bei **d____ russisch____ Bräuten** sehr populär. Allein in Berlin kenne ich drei **Frauen**, die auf **ein____ Gesangsschule** gehen, und das ist richtig teuer!

   Bräuten: (a) _____ (b) _____

   Frauen: (a) _____ (b) _____

   Gesangsschule: (a) _____ (b) _____

3. Die russische Braut ermutigt **ein____ Mann**, bringt **neu____ Sinn** in **sein____ Leben**, beschützt ihn vor **Feinden** . . .

   Mann: (a) _____ (b) _____

   Sinn: (a) _____ (b) _____

   Leben: (a) _____ (b) _____

   Feinden: (a) _____ (b) _____

4. Die **russisch____ Redaktion d____ Senders** SFB 4 >>Radio MultiKulti<< widmet sich oft **dies____ Thema** . . .

   Redaktion: (a) _____ (b) _____

   Senders: (a) _____ (b) _____

   Thema: (a) _____ (b) _____

Zur Diskussion und zum Schreiben

L. Die Selbstironie

Selbstironie bedeutet, dass man auch mal über sich selbst lachen kann, d. h. über seine Probleme, Fehler, usw.

> "Wer glaubt, Humor bestehe darin, sich über andere lustig zu machen,
>
> hat Humor nicht verstanden. Um komisch zu sein,
>
> muss man sich vor allem selbst zur Disposition stellen."
>
> *Loriot (1923–2011)*

1. Inwiefern ist diese Geschichte auf selbstironischen Humor basiert?

2. Welche berühmten Komiker, die Sie kennen, verwenden diese Art von Humor?

M. Stereotype als Basis für Humor

Menschen verwenden häufig Stereotype und Humor, um mit den Unterschieden zwischen der eigenen Kultur und der wahrgenommenen Kultur der Anderen umzugehen. Diese Strategie kann sowohl positive als auch negative Wirkungen haben, z. B.:

Positiv: fördert das interkulturelle Verständnis, baut die Spannung zwischen sozialen Gruppen ab, schafft Solidarität

Negativ: festigt negative Stereotypen, erzeugt eine wachsende Spannung zwischen sozialen Gruppen, schafft Distanz

1. Um eine positive Wirkung zu haben, ist es am wichtigsten bei der Verwendung von Stereotypen mit Humor, dass man lustig über die *eigene* Kultur macht, d. h. die Kultur, der man angehört. Inwiefern ist das, was der Autor hier macht?

2. Diese Geschichte spielt auf kulturelle aber auch geschlechtsbezogene Unterschiede. Schreiben Sie die Geschichte jetzt um, in dem Sie das Geschlecht der Nomen und Pronomen ändern, die sich auf Personen beziehen (z. B. ein Mann → eine Frau; die Braut → der Bräutigam; sie → er; die Russin → der Russe; seine → ihre; usw.). Wie liest sich der umgeschriebene Text?

Kapitel 12 Wahrnehmung und Verstand

Wir leben immer in einer Welt,
die wir uns selbst einbilden.
        Johann Gottfried Herder

So groß ist der Unterschied nicht

von Kurt Kusenberg

Kurzbiographie: Kurt Kusenberg

Ergänzen Sie die folgenden Sätze mit Hilfe des Internets.

Kurt Kusenberg wurde am 24. Juni 1904 als Sohn eines deutschen Ingenieurs in
G_____, Schweden, geboren. Er verbrachte seine Kindheit in
L_____ und studierte Kunstgeschichte in **M**_____.

Nach seinem Studium reiste er viel durch Frankreich und Italien. Er ist im Jahre 1983 in
Hamburg **g**_____. In seinen skurrilen Kurzgeschichten vermischte er Reales und
Phantastisches in humor-ironischer Weise. Die Erzählung "So groß ist der Unterschied nicht"
wurde 1952 geschrieben und erschien 2004 in "Wein auf Lebenszeit: Die schönsten Geschichten",
Rowohlt Verlag, Reinbek bei Hamburg.

Vor dem Lesen

A. Assoziationen

Was assoziieren Sie mit dem folgenden Begriff? Machen Sie ein Assoziogramm und vergleichen
Sie Ihre Assoziationen im Kurs.

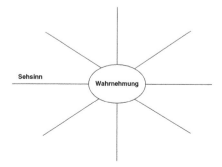

B. Fragen zum Thema

Diskutieren Sie mit einem Partner/einer Partnerin.

1. Was meinst du: Was ist der wichtigste **Sinn** des Menschen?

2. Welche individuellen Faktoren können unsere **Wahrnehmung beeinflussen**?

3. Welche sozialen Faktoren können unsere Wahrnehmung beeinflussen?

4. Wie können Kontext und **Erwartungen** unsere Wahrnehmung beeinflussen?

5. Was für Wahrnehmungs**täuschungen** hast du schon mal **erlebt**?

6. Kennst du jemanden, der eine ganz andere "**Wirklichkeit**" als du erlebst?

C. Fragen zur Vorbereitung

Fragen Sie einen Partner/eine Partnerin.

1. Bist du heute **ausgeschlafen**?

2. Ist dein **Gedächtnis** noch ziemlich **zuverlässig**?

3. Kennst du jemanden, der oft **verwirrt** ist?

4. Findest du deine Mitbewohner **redlich**?

5. Wen findest du **hartnäckig**?

6. Was findest du **prächtig**?

7. Findest du es leicht, **einen Irrtum einzugestehen**?

8. Kaufst du oft im **Feinkostladen** ein?

9. Wie oft gehst du in **Blumenläden**?

10. Was für Blumen kaufst du jemandem gewöhnlich zum Geburtstag?

11. Hast du mal einen ganzen Vormittag **unnütz verwartet**? (*Ja*: Wann?)

12. Bist du heute abend mit jemandem **verabredet**?

13. Kennst du jemanden, der **Häusermakler** ist?

14. Wessen Nase **kommt dir schnabelhaft vor**?

15. Hast du neulich einen alten **Bekannten begegnet**?

16. Gibt es einen **Zigarrenhändler** in deiner **Nachbarschaft**?

So groß ist der Unterschied nicht

von Kurt Kusenberg

1   Herrn Pottachs Gedächtnis war seit einigen Jahren unzuverlässig geworden –
es notierte die Wirklichkeit nicht mehr getreu, sondern veränderte sie nach Willkür.
Dies erklärt, warum Herr Pottach Bekannte nicht wieder erkannte und Fremde auf der
Straße grüßte, als kenne er sie seit Jahren, warum er Verstorbene für lebend und
5   Lebende für verstorben hielt. Als ein Nachbar, dessen Gruß er nicht erwidert hatte,
ihn zur Rede stellte, antwortete er kühl: >>Ich grüße keine Gespenster.<< Hinzu kam,
dass Herr Pottach Menschen oder Dinge oder Zustände, die einander bloß ähnlich
waren, für gleich hielt. Er zog alle Frauen, die einen Silberfuchsmantel trugen, zu
einer einzigen Person zusammen und wunderte sich, dass er ihr so häufig begegnete.
10   Er ging aus, um einen Regenschirm zu kaufen, und ließ sich stattdessen ein Zelt ins
Haus schicken. Fragte ihn unterwegs jemand nach der Neckarstraße, so wies er ihm
den Weg zur Rheingasse. Seinen Zigarrenhändler, der Bungert hieß, nannte er
hartnäckig Vogel, weil des Mannes Nase ihm schnabelhaft vorkam. Auf Vorhaltungen
ging Herr Pottach zögernd und verlegen ein. >>Gar so groß<<, meinte er, wenn ihm
15   wieder eine Verwechslung unterlaufen war, >>gar so groß ist der Unterschied nicht.<<
Am neunten Juli des Jahres neunzehnhundertfünfzig verhielt Herr Pottach sich
nicht anders als sonst – er brachte lediglich mehr zuwege. Abends zuvor hatte er auf
einen Merkzettel geschrieben: >>Onkel Julius (Chrysanthemen).<< Als er des Morgens
den Zettel erblickte, zweifelte er nicht daran, dass sein Onkel gestorben sei und er,
20   Herr Pottach, zum Leichenbegängnis erwartet werde. Er zog also einen dunklen Anzug
an, wärmte Kaffee auf und frühstückte in der Küche, denn er wähnte sich
unverheiratet. Im Treppenhaus begegnete er seiner Frau, die vom Einkaufen kam; er
grüßte sie schelmisch, in der Meinung, es sei eine Untermieterin aus dem Hause. Vor
der Haustür hielten zwei Wagen, ein Auto und eine Autodroschke. Das Auto gehörte
25   Herrn Pottach, doch war ihm dies entfallen. Aus der Autodroschke stieg ein beleibter
Herr und entlohnte den Chauffeur. Herr Pottach schritt an ihm vorbei. Er war noch
nicht weit gekommen, da rief der Dicke hinter ihm her: >>He – wo läufst du hin?<<
Wieso dutzt er mich?, dachte Herr Pottach verwundert, ich kenne ihn ja gar
nicht. Um nicht unhöflich zu scheinen, lüftete er kurz seinen Hut und bog um die
30   nächste Straßenecke. Er hatte ganz und gar vergessen, dass sein Freund Brache, den
er seit sechs Jahren nicht gesehen, sich bei ihm angesagt hatte. Der Freund wollte
durch Herrn Pottachs Vermittlung ein Haus in der Stadt kaufen, denn Herr Pottach,
das ist nachzutragen, war Häusermakler.
Im Blumenladen fand Herr Pottach keine schönen Chrysanthemen vor; er kaufte
35   also einen großen, dunklen Kranz. Der Weg zum Sterbehaus war nicht weit, aber im
Dahinschreiten kamen Herrn Pottach auf einmal Zweifel, ob sein Onkel wirklich
gestorben sei. Hatte der Alte am Ende wieder geheiratet? Oder lebte seine Frau
noch, und man feierte die silberne Hochzeit? Herr Pottach war sehr erleichtert, als
er vor dem Hause, in dem sein Onkel wohnte, einen Leichenwagen stehen sah.

40   Während er die Treppe emporstieg, mühte er sich, Trauer und Mitgefühl über
sein Gesicht zu zwingen. Im dritten Stock läutete er. Drinnen hörte man muntere
Stimmen, auch Klirren, wie von Gläsern. Ein junger Mann mit weinfeuchten Augen riss
die Tür auf und starrte Herrn Pottach an. Es war sein Neffe Eugen, Herr Pottach
erkannte ihn ohne weiteres und freute sich dessen. (In Wirklichkeit war es ein

45   anderer Neffe, Wolfgang, doch das ist unerheblich, wir teilen es nur der Ordnung
halber mit.) >>Was soll der Kranz?<<, flüsterte der junge Mann. Herr Pottach wies
hilflos ins Treppenhaus: >>Drunten der Leichenwagen. Ist denn Onkel Julius nicht
gestorben?<< Der junge Mann schüttelte den Kopf: >>Ach wo! Großonkel Julius feiert
seinen fünfundsiebzigsten Geburtstag, das solltest du wissen. Gestorben ist Herr

50   Wagner, der Mieter im zweiten Stock. Geh! Geh rasch, bevor dich jemand mit dem
Kranz sieht!<<
Verwirrt, auf den Fußspitzen, schritt Herr Pottach die Stufen hinab. Wohin mit
dem Kranz? Oh, da gab es eine Lösung. Herr Pottach läutete im zweiten Stock,
überreichte seine Gabe, vernahm ein Schluchzen, drückte zwei Dutzend Hände und

55   wurde eingeladen, an dem Begräbnis teilzunehmen. Man sah in ihm einen Freund des
Verstorbenen, und auch Herr Pottach kam es nun vor, als habe er Herrn Wagner
gekannt, ganz gut gekannt – doch nicht gut genug, um seiner letzten Fahrt zwei
Stunden Zeit zu widmen. Er hatte Glück: Es klingelte, die Sargträger traten ein,
und in dem allgemeinen Wirrwarr konnte Herr Pottach sich unbemerkt entfernen.

60   Schräg hinter dem Leichenwagen, auf der anderen Straßenseite, hielt ein
Automobil. Herr Pottach, der unterdes vergessen hatte, dass er zu Fuß gekommen war,
nahm an, es sei sein eigener Wagen. Als er sich ans Steuer setzte, bemerkte er auf
dem Rücksitz eine schlafende Frau, offenbar seine Frau. Sie ist anhänglich, dachte er,
sie begleitet mich gern durch die Stadt. Er fuhr los, hastig, denn man hatte ihn, das

65   wusste er genau, vor eine hohe Behörde geladen – ja, vors Gericht, in eigener oder in
fremder Sache, es würde sich schon herausstellen. Nun, er war natürlich von einer
ganz anderen Behörde vorgeladen worden, aber Behörde ist Behörde, und da sich das
Gericht herrisch in seine Gedanken schob, fuhr er eben dorthin.

70   Das Amtsgericht hatte viele Gänge, viele Zimmer. Herr Pottach irrte umher, in
der Hoffnung, ein Fingerzeig verrate ihm, warum er herbestellt sei. In einem
schattigen Gang wurden Zeugen aufgerufen, und als ein Name fiel, der seinem Namen
nicht unähnlich war, meldete er sich. Im Gerichtssaal war er anfangs nicht sicher, ob
der Fall ihn wirklich anging. Doch er lebte sich rasch ein, und je länger er den

75   Angeklagten betrachtete, der sich wegen kaufmännischer Untreue zu verantworten
hatte, um so vertrauter dünkte dieser ihn. Der Richter musste Herrn Pottach dreimal
auffordern, vor die Schranken zu treten, weil Herr Pottach sich den ähnlichen Namen
nicht gemerkt hatte und weil der Name jetzt auch nicht mehr so ähnlich klang. Herr
Pottach war inzwischen zu der festen Überzeugung gelangt, der Angeklagte sei früher

80   sein Mitarbeiter gewesen, und so stellte er ihm ein prächtiges Zeugnis aus. Er rühmte
seine Redlichkeit, seinen Fleiß, er verstieg sich zu der Behauptung, die Anklage sei
haltlos und widersinnig. Derweil Herr Pottach mehr redete, als man ihn gefragt hatte,
schaute der Angeklagte ihn unverwandt an, halb ängstlich, halb froh. Seine Sache, die
vorher im Argen gelegen hatte, verschob sich zum Guten hin. Wir möchten nicht

85   behaupten, dass Herrn Pottachs Aussage den Freispruch bewirkte, aber sie half doch
dazu, ihn herbeizuführen.
Befriedigt, weil er einem alten Mitarbeiter beigestanden hatte, verließ Herr

Pottach das Amtsgericht und bestieg den Wagen, den er für seinen Wagen ansah. Die
Frau auf dem Rücksitz, seine Frau, schlief noch immer, weich in die Polster geschmiegt
90 wie eine Katze.

Ich muss zu Onkel Julius, überlegte Herr Pottach, um die verpfuschte
Gratulation wieder gutzumachen. Ich werde einen Korb mit Weinflaschen mitbringen,
die sind immer willkommen.

Aber nun fiel ihm ein, dass im Geschäft eine dringende Besprechung seiner
95 wartete. Mit wem war er wohl verabredet? Na, das würde sich ja zeigen, genau wie im
Amtsgericht. Er fuhr zum Geschäft, stieg leise aus, schloss leise die Wagentür, damit
die Schlafende nicht erwache, und begab sich in sein Arbeitszimmer – durch reinen
Zufall, möchte man sagen, denn er setzte sich oft in Geschäftsräume, die ihm nicht
gehörten, und arbeitete dort so lange, bis man ihn auf den Irrtum hinwies.

100 Im Besucherstuhl saß sein Freund Brache, jener, den er morgens nicht erkannt
hatte. Jetzt aber erkannte Herr Pottach ihn auf der Stelle. Nicht nur dies: Er wusste
auch, weshalb der andere gekommen war. Herzlich schüttelte er dem Freund die Hand;
der freilich erwiderte die Begrüßung etwas missmutig, weil er den halben Vormittag
unnütz verwartet hatte. >>Du willst dein Haus verkaufen<<, sprach Herr Pottach. >>So
105 ist es doch?<<

>>Im Gegenteil<<, entgegnete der Freund. >>Ich besitze gar kein Haus, ich will
hier in der Stadt eines kaufen.<<

>>Richtig!<<, rief Herr Pottach. >>Es gibt ja nur die beiden Möglichkeiten:
verkaufen oder kaufen.<< Er klingelte, ließ sich Pläne bringen und zeigte dem Freund,
110 was er ihm anzubieten hatte. Eine halbe Stunde später einigten sie sich auf ein Haus,
das hübsch lag, gut erhalten war und nicht allzu viel kostete. >>Ich zeige es dir<<, sagte
Herr Pottach. >>Wir fahren sofort hin.<<

Unterdes war die Frau im Wagen erwacht, sehr verdutzt, sich an diesem Ort zu
finden. Sie setzte sich rasch ans Steuer und fuhr fort.

115 Kurz darauf hielt ein anderer Wagen vor Herrn Pottachs Geschäft; dieses Mal
war es sein eigener Wagen, und die Frau, die ihn steuerte, war wirklich seine Frau. Sie
wollte gerade aussteigen, als die beiden Männer an den Wagen traten.

>>Sieh da!<<, sprach Herr Pottach. >>Hast du endlich ausgeschlafen?<< Frau
Pottach zuckte die Achseln; sie zog es vor, in ihres Mannes Vorstellungen nicht
120 einzudringen.

Herr Pottach gab seiner Frau einen Klaps. >>Fahr mit, Schlafkatze – wir
besichtigen ein Haus!<<

Da das Haus in der Falkenstraße lag, lenkte Herr Pottach den Wagen in die
Axtmannstraße, denn sein Zahnarzt, ein Dr. Axtmann, hatte eine gewisse Ähnlichkeit
125 mit dem anfangs erwähnten Zigarrenhändler Bungert, der wiederum – wir wissen es –
einem Vogel glich, wenn nicht gar einem Falken. Außerdem unterschied sich das Haus,
vor dem Herr Pottach nun hielt, nicht merklich von dem Haus, das er seinem Freund
anbieten wollte. Die drei stiegen aus und besichtigten das Haus, vom Keller bis zum
Speicher. Die Mieter, gutartige Leute, ließen sie gern in ihre Wohnung ein; sie
130 wunderten sich nur, dass der Bau den Herrn wechseln sollte. Der Freund war recht
zufrieden. >>Ich kaufe das Haus<<, erklärte er. >>Wir können nachher den Vertrag
aufsetzen.<<

Als sie wieder an den Wagen kamen, bemerkte Herr Pottach, dass er den
Bauplan hatte liegen lassen. Er ging zurück und begegnete im Treppenhaus einem Mann,

135   der ihm den Plan reichte. >>Ich bin der Hausmeister<<, sagte der Mann, >>und habe
      soeben erfahren, dass Sie das Haus einem Käufer gezeigt haben. Sind Sie Makler?<<
      >>Jawohl<<, erwiderte Herr Pottach. >>Sie möchten sicherlich gern Ihr Amt
      behalten?<<
      Der Mann lächelte. >>Ich behalte es ohnehin. Das Haus ist nämlich nicht
140   verkäuflich.<<
      O weh – das war misslich! Ein Blick auf den Bauplan belehrte Herrn Pottach
      darüber, dass er dem Freund ein falsches Haus gezeigt hatte. Er mochte aber seinen
      Irrtum nicht gern eingestehen, jedenfalls nicht jetzt in dem Augenblick, da der
      Freund zum Kauf entschlossen war. Man konnte ja später darüber reden, abends
145   oder am nächsten Tag. Ja, morgen wollte Herr Pottach den Freund in das richtige
      Haus bringen und ihm einreden, es sei das nämliche, welches er besichtigt habe; die
      beiden Häuser glichen einander ja zum Verwechseln.
      Als Herr Pottach wieder am Steuer saß, erinnerte er sich des Korbes mit
      Weinflaschen, den er Onkel Julius zum Geburtstag schenken wollte. Diesmal machte er
150   Ernst damit. Er hielt vor einem Feinkostladen, erstand die Festgabe und fuhr zu Onkel
      Julius. Seine Frau und der Freund wollten nicht mit ihm hinaufgehen – die Frau, weil
      sie Onkel Julius nicht schätzte, der Freund, weil er ihn nicht kannte.
      So sehen wir denn Herrn Pottach abermals die Treppe ersteigen. Als er droben
      klingelte, öffnete ihm wieder sein Neffe Eugen, der eigentlich Wolfgang hieß, und
155   starrte wieder auf Herrn Pottachs Geschenk – nunmehr auf den Korb mit Flaschen.
      Seine weinfrohe Miene war verflogen, er sah bleich aus.
      >>Wo fehlt's?<<, fragte Herr Pottach unruhig. >>Ist das kein schönes
      Geburtstagsgeschenk?<<
      Sein Neffe blickte ihm entsetzt in die Augen. >>Ja, weißt du denn nicht . . . <<
160   >>Was denn?<<, fragte Herr Pottach.
      >> . . . dass Großonkel Julius vor einer Stunde plötzlich gestorben ist – am
      Herzschlag – mitten in der Geburtstagsfeier.<<
      >>Oh!<< sagte Herr Pottach. >>Das tut mir Leid. Aber dann war der Kranz doch
      das Richtige.<<
165   Der junge Mann warf die Tür zu. Herr Pottach nahm den Korb, er wandte sich
      der Treppe zu. Erst im zweiten Stock, vor der Tür des verstorbenen Herrn Wagner,
      kam ihm der Gedanke, auch bei Onkel Julius sein Beileid kundzutun; den dunklen Anzug
      hatte er ja an. Doch da war dieser aufgeregte Neffe und der verdammte Korb!
      Morgen, sagte sich Herr Pottach, morgen macht man das besser ab.
170   >>Onkel Julius ist plötzlich gestorben<<, meldete er drunten und ließ den beiden
      Zeit, einige Worte des Bedauerns zu finden. >>Deshalb<<, fuhr er fort, >>konnte ich
      mein Geschenk nicht anbringen. Das Beste wird sein, wir fahren nach Hause und
      trinken den Wein selber aus.<<
      So geschah es. Man saß gemütlich beisammen und trank und plauderte. Die
175   kleine Feier wurde nur zweimal kurz gestört, durch Telefongespräche. Zuerst rief
      der Mann an, den Herr Pottach vor Gericht entlastet hatte, und bedankte sich sehr.
      Er war, das stellte sich später heraus, tatsächlich ein redlicher Mensch. Danach rief
      der Besitzer des Hauses an, das die drei besichtigt hatten. Er ließ Herrn Pottach
      wissen, das Haus sei nun doch zu verkaufen. Der Hausmeister habe es noch nicht
180   wissen können, weil der Verkauf erst zur Stunde nötig geworden sei.
      >>Na, also!<<, sprach Herr Pottach und kehrte zu seinem Glas zurück.

Nach dem Lesen

D. Was ist wann passiert?

Ordnen Sie die Ereignisse.

__1__ Herr Pottach wacht auf und zieht einen dunklen Anzug an, denn er glaubt, er sei zum Leichenbegräbnis seines Onkels erwartet.

_____ Nach der Besichtigung fährt Herr Pottach wieder zu Onkel Julius, um einen Korb mit Weinflaschen abzuliefern. Brache und Frau Pottach warten im Auto.

_____ Herr Pottach erfährt von seinem Neffen Wolfgang, dass sein Onkel Julius nicht gestorben sei, sondern seinen 75. Geburtstag feiert.

_____ Ein anderer Wagen hält vor Pottachs Büro. Diesmal sitzt seine Frau am Steuer.

_____ Herr Pottach, seine Frau und Brache entscheiden sich, den Wein, der für Onkel Julius gemeint war, auszutrinken.

_____ Herr Pottach, Brache und Frau Pottach besichtigen ein unverkäufliches Haus.

_____ Herr Pottach kommt aus dem Haus, wo Onkel Julius wohnt und findet eine schlafende Frau in "seinem" Auto.

__7__ Herr Pottach verlässt das Amtsgericht und steigt wieder in "sein" Auto. Die Frau schläft immer noch wie eine Katze auf dem Rücksitz. Er fährt dann zum Geschäft, wo er sich mit seinem Freund Brache trifft.

_____ Mit der fremden Frau auf dem Rücksitz fährt Herr Pottach zum Gericht, wo er als Zeuge einen unbekannten Angeklagten freispricht.

_____ Während die drei zusammen trinken und plaudern, bekommt Herr Pottach zwei Telefonanrufe: der Angeklagte bedankt sich und der Hausmeister teilt ihm mit, dass das Haus doch zu verkaufen ist. Also, zwei gute Nachrichten!

__10__ Herr Pottach und Brache kommen aus dem Büro. Während sie in den Wagen steigen, nennt Herr Pottach seine Frau "Schlafkatze".

__4__ Herr Pottach geht zum zweiten Stock, um seinen dunklen Kranz loszuwerden. Dort wohnt der Mieter Herr Wagner, der gerade gestorben ist.

_____ Dort stellt Herr Pottach fest, dass Onkel Julius mitten in der Geburtstagsfeier plötzlich gestorben ist.

_____ Auf der Straße vor seinem Haus begegnet Herr Pottach seinem alten Freund Brache, aber Herr Pottach erkennt ihn zunächst nicht.

_____ Während Herr Pottach mit Brache im Büro ist, erwacht die schlafende Frau. Sie fährt dann schnell weg.

E. Welche Dinge und Personen kommen Herrn Pottach gleich vor?

1. ___ die schlafende Frau im Auto

2. ___ die Neckarstraße

3. ___ sein Name

4. ___ eine Person mit schnabelhafter Nase

5. ___ Dr. Axtmann

6. ___ sein Neffe Wolfgang

7. ___ ein verkäufliches Haus

8. ___ ein Regenschirm

9. ___ der Angeklagte

10. ___ ein Leichenbegräbnis

a. ein vorheriger Mitarbeiter

b. ein unverkäufliches Haus

c. der Name eines Zeugen

d. ein Zelt

e. Frau Pottach

f. ein Vogel

g. Bungert

h. sein Neffe Eugen

i. die Rheingasse

j. eine Geburtstagsfeier

F. Fragen zum Text und zur Diskussion

1. Welches Problem hat Herr Pottach?
2. Warum hat er im Blumenladen einen großen dunklen Kranz gekauft?
3. Zu welchem Anlass wurde Herr Pottach eigentlich bei Onkel Julius erwartet?
4. Was hat Herr Pottach gedacht, als er eine schlafende Frau in einem Auto entdeckte?
5. Für wen hat Herr Pottach einen Korb mit Weinflaschen gekauft? Warum?
6. Wer wartete im Besucherstuhl auf Herrn Pottach, als er endlich ins Geschäft kam?
7. Wen nannte Herr Pottach "Schlafkatze"? Warum?
8. Was war das Problem mit dem ersten Haus, das Brache kaufen wollte?
9. Was ist Onkel Julius mitten in der Geburtstagsfeier passiert?
10. Was hat Herr Pottach mit dem Wein gemacht?
11. Wer hat Herrn Pottach am Ende angerufen? Warum?
12. Welche Stellen im Text finden Sie besonders lustig?

Wortschatzübungen

G. Definitionen

Finden Sie die richtigen Definitionen unten für diese Nomen.

1. ___ der Angeklagte
2. ___ das Begräbnis
3. ___ die Droschke
4. ___ die Feinkost

5. ___ der Häusermakler
6. ___ die Leiche
7. ___ der Untermieter
8. ___ der Zeuge

a. die Beerdigung; der Vorgang, bei dem ein Verstorbener begraben wird

b. jemand, der Häuser an Käufer oder Mieter vermittelt

c. jemand, der vor Gericht steht, weil er etwas Illegales gemacht haben soll

d. jemand, der bei einem Unfall oder Verbrechen anwesend war und vor Gericht geladen wird, um Aussagen darüber zu machen

e. das Taxi

f. der Körper eines toten Menschen

g. Delikatessen; feine, außergewöhnliche Speise

h. eine Person, die eine Wohnung nutzt, die von einer anderen Person (Hauptmieter) gemietet worden ist

H. Gegensätze

Was ist das Gegenteil? Verbinden Sie.

1. ____ anhänglich
2. ____ bescheiden
3. ____ gutartig
4. ____ prächtig
5. ____ lebend
6. ____ redlich
7. ____ erheblich
8. ____ zuverlässig

a. entsetzlich
b. verstorben
c. betrügerisch
d. herrisch
e. pflichtvergessen
f. boshaft
g. abweisend
h. alltäglich, bedeutungslos

I. Zuordnungen

Was passt zusammen? Verbinden Sie.

1. einen Vertrag _____   a. eingestehen

2. die Tür _____   b. sterben

3. einen Irrtum _____   c. zuwerfen

4. jemanden zur Rede _____   d. liegen

5. am Herzschlag _____   e. aufsetzen

6. im Argen _____   f. stellen

J. Redewendungen

Formulieren Sie die unterstrichenen Ausdrücke anders.

sofort	klingelte	auf jeden Fall	bezahlte	Durcheinander	während

1. Aus der Autodroschke stieg ein beliebter Herr und **entlohnte** den Chauffeur. = _____

2. In dem allgemeinen **Wirrwarr** konnte Herr Pottach sich unbemerkt entfernen. = _____

3. **Derweil** Herr Pottach mehr redete, als man ihn gefragt hatte, schaute der Angeklagte ihn unverwandt an, halb ängstlich, halb froh. = _____

4. Im dritten Stock **läutete** er. = _____

5. Jetzt aber erkannte Herr Pottach ihn **auf der Stelle**. = _____

6. Ich behalte mein Amt **ohnehin**. = _____

Grammatik im Kontext

K. Wer sind diese Figuren?

Schreiben Sie Relativsätze.

1. ___ Herr Pottach
2. ___ Bungert, auch bekannt als "Vogel"
3. ___ Julius
4. ___ Die schlafende Frau im Auto
5. ___ Brache

6. ___ Wolfgang
7. ___ Herr Wagner
8. ___ Frau Pottach
9. ___ Der Angeklagte
10. ___ Dr. Axtmann

a.   . . . ist eine Fremde. Herr Pottach hält sie irrtümlich für seine Ehefrau.

b.   . . . ist der Neffe mit weinfeuchten Augen. Herr Pottach verwechselt ihn mit Eugen.

c.   . . . ist ein Fremde. Herr Pottach hält ihn fälschlich für einen vorherigen fleißigen Mitarbeiter.

d.   . . . ist der Mieter im zweiten Stock. Er ist vor kurzem gestorben.

e.   . . . ist die Frau im Treppenhaus. Herr Pottach hält sie fälschlich für eine Untermieterin.

f.   . . . ist der Zigarrenhändler. Er hat eine schnabelhafte Nase.

g.   . . . ist der Häusermakler. Sein Gedächtnis notiert die Wirklichkeit nicht mehr getreu.

h.   . . . ist der alte Freund von Herrn Pottach. Herr Pottach hatte ihn seit zehn Jahren nicht gesehen.

i.   . . . ist der Zahnarzt. Er sieht wie ein Vogel aus.

j.   . . . ist der Onkel von Herrn Pottach. Er stirbt mitten in der 75. Geburtstagsfeier.

L. Zusammenfassung

Schreiben Sie eine Zusammenfassung von der Geschichte "So groß ist der Unterschied nicht" in höchstens 20 Sätzen und benutzen Sie dabei die folgenden Konjunktionen:

koordinierende Konjunktionen: aber, oder, sondern

subordinierende Konjunktionen: dass, ob, weil, wenn

Achten Sie auf die Wortstellung!

M. Grammatikgenie

Was für eine Form oder Struktur ist das?

1. _____ Im Treppenhaus **begegnete** er seiner Frau, die vom Einkaufen kam.

2. _____ Das Auto gehörte **Herrn Pottach**, doch war ihm dies entfallen.

3. _____ **He** – wo läufst du hin?

4. _____ Der Weg zum Sterbehaus war nicht weit, aber im **Dahinschreiten** kamen Herrn Pottach auf einmal Zweifel, ob sein Onkel wirklich gestorben sei.

5. _____ Als er sich ans Steuer setzte, bemerkte er auf dem Rücksitz **eine schlafende Frau**, offenbar seine Frau.

6. _____ Im Gerichtssaal war er anfangs nicht sicher, **ob** der Fall ihn wirklich anging.

7. _____ Es gibt **ja** nur die beiden Möglichkeiten: verkaufen oder kaufen.

8. _____ **Fahr** mit, Schlafkatze – wir besichtigen ein Haus!

9. _____ Im Besucherstuhl saß sein Freund Brache, jener, **den** er morgens nicht erkannt hatte.

10. _____ Aber dann war der Kranz doch **das Richtige**.

11. _____ Die kleine Feier **wurde** nur zweimal kurz **gestört**, durch Telefongespräche.

12. _____ Der Hausmeister **habe** es noch nicht wissen können, weil der Verkauf erst zur Stunde nötig geworden sei.

a. Konjunktiv I	g. Relativpronomen	
b. Passiv	h. subordinierende Konjunktion	
c. Dativ	i. Modalpartikel	
d. Akkusativ	j. Imperativ	
e. Interjektion	k. substantiviertes Adjektiv	
f. Dativ Verb	l. substantiviertes Verb	

Zum Schreiben

N. Schon mal einen Fauxpas gemacht?

Ein **Fauxpas** ist ein Fehlschritt oder ein Verstoß gegen die Regeln des guten Benehmens.

Man macht oder sagt etwas Falsches und die Situation wird peinlich.

z. B. Herr Pottach bringt einen dunklen Kranz zur Geburtstagsfeier.

Im Deutschen benutzt man oft statt des Wortes *Fauxpas* die Redewendung

"(bei jemandem) ins Fettnäpfchen treten".

Haben Sie mal einen Fauxpas gemacht? Erklären Sie, was passiert ist und wie Sie versucht haben, die Situation wieder gut zu machen;

oder:

Beschreiben Sie einen lustigen oder interessanten Fauxpas, den Sie beobachtet haben.

O. Rollenspiel: Schlafkatze auf dem Rücksitz

Schreiben Sie mit einem Partner/einer Partnerin einen Dialog zu der folgenden Szene und spielen Sie den Dialog der Klasse vor:

Herr Pottach kommt aus dem Treppenhaus und sieht ein Auto auf der Straße. Er nimmt an, es sei sein eigener Wagen. Er setzt sich ans Steuer und bemerkt auf dem Rücksitz eine schlafende Frau – offenbar *seine* Frau. Er fährt fort. Dann erwacht die Frau im Wagen, sehr verdutzt, dass Herr Pottach am Steuer sitzt . . .

Auflösung

von Daniel Kehlmann

Kurzbiographie: Daniel Kehlmann

Ergänzen Sie die folgenden Sätze mit Hilfe des Internets.

Daniel Kehlmann wurde **19**____ als Sohn eines Regisseurs und einer Schauspielerin in **M**_____ geboren. 1981 zog er mit seiner Familie nach Wien, wo er eine Jesuitenschule besuchte und danach an der Universität Wien **P**_____ und Literaturwissenschaft studierte. Heute lebt Daniel Kehlmann als freier Schriftsteller in **W**_____ und **B**_____. Seinen internationalen Durchbruch als Schriftsteller schaffte er 2003 mit seinem fünften Buch "Ich und Kaminski". Diese überarbeitete Version der Geschichte "Auflösung" erschien 2008 in "Unter der Sonne: Erzählungen", Rowohlt Taschenbuch Verlag, Reinbek bei Hamburg.

Vor dem Lesen

A. Assoziationen

Was assoziieren Sie mit dem folgenden Begriff? Machen Sie ein Assoziogramm und vergleichen Sie Ihre Assoziationen im Kurs.

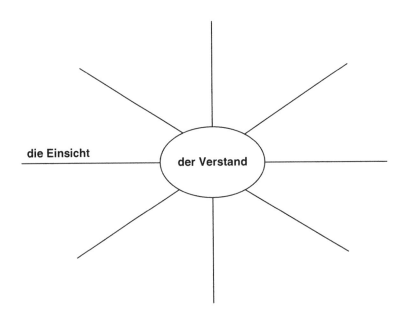

B. Fragen zum Thema

Diskutieren Sie mit einem Partner/einer Partnerin.

1. Hast du mal **Kleinarbeit** gemacht? (*Ja*: was für Kleinarbeit?)

2. Welche Arbeit würde dir gut passen? Warum?

3. Hast du mal Philosophie studiert?

4. Bist du mal zu einem **Kongress** gegangen?

5. Möchtest du in der Zukunft **Forschung** machen?

6. Was machst du, wenn du frei hast? Gehst du gern durch die Stadt?

C. Fragen zur Vorbereitung

Fragen Sie einen Partner/eine Partnerin.

1. **Fällt** es **dir** oft schwer, **dich** zu **konzentrieren**?

2. Hast du jetzt eine **Stelle**, in der du nie **geistesabwesend** sein darfst?

3. Hast du schon mal in einem **Bürokomplex** gearbeitet?

4. Würdest du eine Stelle in einer **Autowerkstatt** nehmen?

5. Was ist die **schlimmste** Stelle, die du jemals hattest?

6. Woran verlierst du **Interesse**?

7. Wozu hast du eine **tiefe Zuneigung**?

8. Welche Behauptung würdest du **für Blödsinn erklären**?

9. **Worüber machst** du **dir Sorgen**?

10. Glaubst du, man könne alles **bezweifeln**?

11. Kennst du jemanden, der **regelmäßig** in die Kirche geht?

12. Was findest du **beeindruckend**?

13. Mit wem **unterhältst** du **dich** gern?

14. Gehst du gern im Park **spazieren**?

15. **Siehst** du gern andere Menschen **an**?

16. Hast du mal **eine Rede gehalten**?

D. Lesestrategie

1.   Lesen Sie den ersten Satz in jedem Abschnitt, um einen ersten Eindruck von dieser Geschichte zu gewinnen.

2.   Lesen Sie "Auflösung" jetzt genau.

Auflösung

von Daniel Kehlmann

1   Nach der Schule versuchte er es mit verschiedenen Berufen, aber nichts wollte
ihm so recht passen. Eine Zeitlang machte er die Kleinarbeit in einem Bürokomplex –
Papiere sortieren, Briefmarken kleben, stempeln; – aber wem gefällt so etwas schon?
Dann nahm er eine Stelle in einer Autowerkstatt an. Zuerst ging es ganz gut, aber

5   dann fand er heraus, daß die tiefe Zuneigung, die seine Kollegen zu den Fahrzeugen
hatten, sich in ihm niemals entwickeln würde. So gab er es bald auf und sah sich nach
etwas anderem um.
Er war damals ziemlich religiös. Vielleicht war das der Grund, daß
er nirgendwo so recht hingehörte. Er ging fast regelmäßig in die Kirche, und einmal las

10   er auch die Bekenntnisse des heiligen Augustinus. Er kam nicht bis zum Ende, aber der
seltsame Ton der Sätze, die alle nachhallen, als würden sie im Inneren einer
Kathedrale vorgetragen, beeindruckte ihn sehr. Er arbeitete auch in der Pfarre mit,
bei der Organisation von Prozessionen, der Vorbereitung von Messen und solchen
Dingen, und weil das nicht gerade viele Leute tun, fiel er einigen Herren im

15   Pfarrgemeinderat auf. Einer von ihnen bot ihm eine Stellung an.
Es klang ziemlich interessant: Der Beruf dieses Mannes war es, Kongresse zu
organisieren, also jedem, der einen veranstalten wollte, dafür einen Saal und
Hotelzimmer in der nötigen Zahl zu verschaffen, Mikrofone und Lautsprecher
anzuschließen, Bleistifte und Papier einzukaufen und allerlei Dinge bereitzustellen,

20   an die jemand anderer nie gedacht hätte. Nun wollen die Veranstalter von Kongressen
üblicherweise alle Reden, Referate und Diskussionen auf Tonband aufgenommen haben,
zur Erinnerung, oder wer weiß warum. Und damit das auch sicher funktioniert, muß
jemand mit Kopfhörern am Aufnahmegerät sitzen und aufpassen, daß die
Aufzeichnung störungsfrei vor sich geht; fällt ein Mikrofon aus, muss er

25   Alarm schlagen, und spricht jemand zu leise, muß er am Empfindlichkeitsregler
nachjustieren.
Das machte er nun. Es war weiß Gott nicht schwer, die einzige Anforderung
bestand darin, daß er immer zuhören und die kleinen Lichtpunkte, die den Lautstärke-
und den Tonhöhenpegel anzeigten, im Auge behalten mußte. Er durfte also nicht

30   weggehen, lesen oder auf irgendeine andere Art geistesabwesend sein, aber es war
ihm noch nie schwergefallen, sich zu konzentrieren, und das Gehalt war auch recht
gut. Also saß er täglich in irgendeinem Kongreßsaal, ganz hinten an der Wand vor

seinem Tisch mit dem Aufnahmeapparat, und hörte zu. Davor die Hinterköpfe der
letzten Reihe, die Haare meist grau und spärlich, Hinterköpfe so abgewetzt wie die

35 Kanten der Sessellehnen darunter. Die Leute, die vorne standen und sprachen, waren
meist alt und ihre Stimmen hoch und schwach, so daß er ihnen mit dem Verstärker
Kraft leihen mußte.
Natürlich verstand er sehr wenig, meist ging es um medizinische oder
komplizierte technische Dinge. Aber immer hörte er zu. Aufmerksam und offen.

40 Er hatte bald begriffen, daß es besser war, nicht zu versuchen, über das, was
er gehört hatte, nachzudenken. Es führte zu nichts und weckte in ihm ein
unbehagliches Gefühl, als ob er sich in der Nähe von etwas seltsam Boden- und
Formlosem bewegte. Und so bemühte er sich, das, was Tag für Tag vor ihm
geredet wurde, an sich vorbeifließen zu lassen und allem gegenüber gleichgültig zu bleiben. Und

45 das gelang auch.
Zu Beginn jedenfalls. Er hörte Vorträge über so ziemlich alles. Und er sah, daß
es keine Einigkeit gab. Niemals. Wann immer jemand von einer Entdeckung erzählte,
folgte ihm ein anderer und erklärte die Entdeckung für Unsinn. Und nach ihm kam
wieder ein dritter und sagte, es sei falsch, die Entdeckung für Unsinn zu halten, und

50 dann wieder ein anderer, und so ging es weiter, und so war es immer, egal, ob es um
Zahnheilkunde ging oder um Werbestrategien. Einmal, es war eine Tagung von
Philosophen, hörte er, daß vor langer Zeit jemand behauptet hatte, man könne alles
bezweifeln, nur nicht, daß man selbst es sei, der zweifle; hierin also liege eine
Gewißheit, und zwar die einzige. Aber dann wurde genau diese Idee angegriffen und

55 mit Begriffen, die er nicht kannte, widerlegt. Also auch das nicht.
Ein Stein kann jahrtausendelang daliegen, von Wasser umspült, und doch ein
Stein bleiben. Aber wie lang ist die Zeit? Denn einmal wird er ausgehöhlt sein. Er hörte
vom unendlichen Raum, der doch nicht unendlich ist, von dem Geheimreich der Zahlen,
von der chemischen Bindung und Lösung. Mit alldem füllten sich vor ihm viele

60 Kilometer Magnetband, die keiner jemals anhören würde. So vergingen die
Jahre.
An einem Sonntagvormittag ging er im Park spazieren. Es war Frühling, in den
fernen Autolärm mischten sich Vogelstimmen und das Quieken kleiner Kinder im
Sandkasten. Die Bäume ließen ihre weißen Blüten aufstrahlen; ein schwacher Wind

65 wehte. Plötzlich blieb er stehen und setzte sich, sehr erstaunt, auf eine Bank. Er saß
lange da, und als er aufstand, wußte er, daß er keinen Glauben mehr hatte. Er ging
nach Hause, starr und ein etwas schiefes Lächeln auf dem Gesicht. Daheim weinte er dann.
Sonst ereignete sich wenig. Es hatte für ihn immer festgestanden, daß er
einmal heiraten sollte. Irgendwann aber bemerkte er, daß es bald zu spät sein würde.

70 Er kam kaum mehr in Gesellschaft, seine Freunde von früher fanden, daß er ein wenig
seltsam geworden war, und neue hatte er nicht. Wenn er sich früher seine Zukunft
ausgemalt hatte, war da immer immer eine Frau gewesen und, etwas verschwommen,
auch Kinder. Aber sie war nie aufgetaucht. Jetzt musste er wohl handeln. – Aber wie?
Und überhaupt, seine Fähigkeit zu handeln war mit der Zeit fast verschwunden. Dann

75 fand er zu seiner Überraschung, daß der Gedanke, daß es sie vielleicht niemals geben
würde, eigentlich nichts Schmerzliches hatte. Und dann, bald darauf, war es auch
wirklich zu spät.
Unterdessen zeichnete er weiter Vorträge auf. Eine eigenartige Verwirrung
umspülte ihn, nicht einmal unangenehm, er stand darin und spürte, wie er versank. Es

80   war nicht Zweifel, sondern ein allumfassender Unglaube, eine nirgendwo endende, alles
      durchdringende, von nichts begrenzte Leere. Nichts war richtig, nichts endgültig,
      nichts besser oder schlechter als alles andere. Täglich hörte er Leute ihre Meinungen
      verkünden und andere ihnen widersprechen, und er sah, daß sie nie zu einem Ende
      kamen. Fanden sie doch eine Einigung, trat sicher ein dritter auf, der ihre Einigung
85   verwarf. Bei alldem hatte er, ganz von selbst und eigentlich gegen seinen Willen,
      allmählich ein grosses Wissen gewonnen. Aber davon hielt er nichts.
      Und die Welt um ihn, alles Normale und Alltägliche, die Dinge, mit denen er
      immer zu tun hatte, an die er anstieß, auf denen er saß, die er berührte und roch,
      wurden unmerklich andere. Seine Wohnung, Bett und Tisch und der Fernseher, die
90   langen Sitzreihen in den Konferenzsälen, der graue Asphalt der Wege, der Himmel
      darüber und die Bäume und Häuser — alles hatte an Intensität verloren, die Farben
      waren matter geworden, es war weniger Glanz darin. Ein feiner Nebel, kaum zu
      erkennen, hatte sich um all das gelegt, der Nebel eines schläfrigen Novembermorgens.
      Der Mann, der ihn damals angestellt hatte, war längst gestorben. Die Geschäfte
95   wurden von dessen Sohn weitergeführt, der sich in nichts Wesentlichem von seinem
      Vater unterschied, und auch sonst gab es keine Veränderung, die von Bedeutung war.
      Er machte seine Arbeit, und es war inzwischen offensichtlich, daß er sie für immer
      machen würde. Morgens war er da, schaltete die Geräte ein, setzte die Kopfhörer auf
      und hörte zu. Abends ging er heim. Wenn ihn jemand ansprach, antwortete er kurz,
100   manchmal auch gar nicht.
      Wenn er frei hatte, ging er durch die Stadt und sah die Menschen an. Sie zogen
      an seinem Blick vorbei; oft schien ihm, daß sie sich bald auflösen würden oder langsam
      durchsichtig werden und verschwinden. Aber das geschah nicht, oder jedenfalls zu
      selten. Und so verlor er auch daran das Interesse.
105   Er begann, zu spät zu kommen. Nicht aus Faulheit, sondern weil der
      Zusammenhang zwischen der fließenden Zeit und dem Winkel der Zeigerchen auf
      seiner Armbanduhr ihm entglitt. Es wurde zunächst toleriert (>>… doch schon so lange
      Mitarbeiter, da kann man nicht einfach …<<), aber seine Verspätungen wurden
      häufiger und länger. Und das Schlimmste daran war, daß er nicht nur nicht bereit
110   war, eine Erklärung dafür zu geben oder sich eine auszudenken, sondern daß er gar
      nicht zu verstehen schien, daß eine Verfehlung vorlag. Das Problem löste sich von
      selbst: Eines Tages kam er gar nicht mehr. Seine Kündigung, fristgerecht und mit
      einem sehr höflichen Schreiben des Chefs, kam mit der Post.
      Er las sie nie. Er öffnete keine Briefe mehr. Er saß am Fenster und sah hinaus
115   auf den Himmel. Dort zogen Vögel vorbei, deren Farbe sich mit der Jahreszeit
      änderte. Der Himmel selbst war gewöhnlich grau. Wolken malten Muster auf ihn,
      morgens rotgezackt und flammend, abends trüb. Im Winter Schnee: Unzählbar die
      Flocken, lautlos und langsam, ungeheuer weiß. Manchmal, selten, auch hell und blau.
      Keine Wolken, viel Licht, und die Vögel schienen freundlicher. An diesen Tagen war
120   alles gut.
      Dann erfüllte ihn eine eigenartige Heiterkeit. Er spürte: Wären Menschen um
      ihn, gäbe es einiges, was er ihnen sagen könnte. Aber das ging vorbei. Dann stand er
      auf und ging einkaufen.
      Ja, einkaufen ging er noch. Etwas in ihm zog es noch regelmäßig in das
125   Lebensmittelgeschäft unten an der Ecke. Dort kaufte er wenig und immer das gleiche.
      All sein Geld hatte er schon vor Monaten von der Bank geholt, jetzt lag es in seiner
      Wohnung, ein schmaler Stapel von Banknoten, der stetig kleiner wurde.

Und irgendwann war nichts mehr da. Er zuckte die Achseln und kaufte ohne
Geld ein. Eine Zeitlang – ziemlich lange – gab die Besitzerin des Ladens ihm Kredit.
130   Dann nicht mehr.
Eine Frau vom Sozialamt besuchte ihn, geschickt von der Ladenbesitzerin, die
sich Sorgen gemacht hatte. Er ließ sie herein, aber er sprach nicht mit ihr. Von da an
kam täglich jemand und brachte Essen. Einmal war ein Psychiater dabei; auch dem gab
er keine Antwort. Ein Gutachten wurde erstellt, und zwei höfliche Männer holten ihn ab.
135   Die Anstalt war kalt, weiß und roch nach chemischer Sauberkeit. Manchmal
schrie jemand. Das Mondlicht fiel nachts durch das Fenstergitter in dünnen Streifen
auf seine Bettdecke. Er war mit drei anderen im Zimmer. Sie waren meist ruhig und
rührten sich nicht, aus ihren Augen blickten verkrümmte Seelen. Hin und wieder
versuchten zwei von ihnen, sich zu unterhalten, aber sie brachten es nicht fertig;
140   es war, als ob sie in verschiedenen Sprachen redeten. Mittags brachte ein Pfleger
Tabletten. Draußen stand ein Baum und glänzte in der Sonne, oft regnete es, und
Flugzeuge malten Streifen in den Himmel, aber von alldem wußte er nichts. Er ging
nicht mehr zum Fenster, sondern sah hinauf zur Decke. Eine weiße Fläche,
durchschnitten von einem länglichen Riß. Abends, ehe das Licht eingeschaltet
145   wurde, war sie grau. Morgens gelblich.
Einmal besuchte ihn sein ehemaliger Chef. Aber er reagierte nicht, es war nicht
auszumachen, ob er ihn erkannte, ob er ihn überhaupt wahrnahm.
Sein Posten wurde nicht nachbesetzt; es gab inzwischen ein Gerät, das das
genausogut machte. Er blieb noch einige Jahre in der Anstalt, dann, plötzlich hörte
150   er auf zu leben. Sein Körper sah friedlich aus, sein Gesicht unberührt, als wäre es nie
in der Welt gewesen. Und sein Bett bekam ein anderer.

Nach dem Lesen

E. Richtig (R) oder Falsch (F)?

1. _____ Nach der Schule machte der Mann (die Hauptfigur) Kleinarbeit in einem Bürokomplex.

2. _____ Obwohl der Mann früher ziemlich religiös war, ging er nie in die Kirche.

3. _____ Der Mann fand es einfach, Kongresse zu organisieren.

4. _____ Bei einer Tagung von Zahnärzten hörte der Mann, man könne alles bezweifeln.

5. _____ Der Mann war schon mal verheiratet und wollte nie wieder heiraten.

6. _____ Wenn er frei hatte, ging der Mann gern mit seinen Kumpeln in die Kneipe.

7. _____ Aus Faulheit begann der Mann zu spät an die Arbeit zu kommen.

8. _____ Der Mann versuchte gar nicht, eine Erklärung für seine Verspätungen bei der Arbeit zu
geben.

9. _____ Sein Chef schickte dem Mann eine höfliche Kündigung mit der Post.

10. _____ Ein Gerät machte am Ende die Arbeit, die der Mann früher machte.

F. Fragen zum Text

1. Welche Stellen hat der Mann nach der Schule ausprobiert, bevor er die Stellung als Kongressveranstalter nahm?

2. Was für ein Mensch war der Mann am Anfang? Wie hat er sich mit der Zeit verändert?

3. Was musste der Mann als Kongressveranstalter machen?

4. Wie fand der Mann seine Arbeit?

5. Hat der Mann bei den Vorträgen immer zugehört?

6. Was ist auf jedem Kongress passiert, ganz egal, ob es um Zahnheilkunde oder um Werbestrategien ging?

7. Wollte der Mann heiraten und Kinder haben? Hat er das gemacht?

8. Was machte der Mann in seiner Freizeit?

9. Warum begann er, zu spät an die Arbeit zu kommen?

10. Was machte der Mann, nachdem er seine Kündigung erhielt?

11. Wo verbrachte er seine letzten Jahre?

12. Wurde sein Posten nachbesetzt? Warum (nicht)?

G. Fragen zur Diskussion

1. Wie hat der Mann seinen Glauben verloren?

2. Warum hat die Welt um ihn an Intensität verloren?

3. Warum heißt diese Geschichte "Auflösung"?

4. Welche Stellen im Text illustrieren die "Auflösung" besonders gut?

Wortschatzübungen

H. Wortgruppen

Zu welcher Kategorie oder zu welchem Konzept gehören diese Sachen und Personen?

| Arbeit | Audiogerät | Baum |
| Kongress | Pfarrgemeinde | Schreiben |

1. Bleistift, Papier, Tinte = _____

2. Chef, Gehalt, Stellung = _____

3. Kopfhörer, Lautsprecher, Mikrofon = _____

4. Rede, Referat, Tagung = _____

5. Ast, Blatt, Blüte = _____

6. Kathedral, Messe, Prozession = _____

I. Zuordnungen

Was passt zusammen? Verbinden Sie.

1. das Kind ____   a. predigt

2. die Blume ____   b. vergeht

3. das Licht ____   c. quiekt

4. der Pfarrer ____   d. weht

5. der Wind ____   e. blüht

6. die Zeit ____   f. leuchtet

J. "So"

Welche Bedeutung hat die Form "so" im Kontext?

---

a.   verwendet, um eine logische Folge auszudrücken; folglich, deswegen

b.   verwendet, um zu beschreiben, wie (auf welche Art und Weise) eine Handlung abläuft

c.   + **dass** verwendet, um die Ursache und deren Folge auszudrücken

---

1.   ＿＿＿ Zuerst ging es ganz gut, aber dann fand er heraus, dass die tiefe Zuneigung, die seine Kollegen zu den Fahrzeugen hatten, sich in ihm niemals entwickeln würde. **So** gab er es bald auf und sah sich nach etwas anderem um.

2.   ＿＿＿ Die Leute, die vorne standen und sprachen, waren meist alt und ihre Stimmen hoch und schwach, **so** dass er ihnen mit dem Verstärker Kraft leihen musste.

3.   ＿＿＿ **So** vergingen die Jahre.

K. "Also"

Was denken Sie: Welche Bedeutung hat die Form "also" im Kontext?

Tipp: Manchmal gibt es mehr als eine mögliche Antwort.

---

a.   verwendet, um eine logische Folge auszudrücken; folglich, deswegen

b.   benutzt, bevor man etwas näher beschreibt oder erklärt

c.   verwendet, einen Gedanken nach einer Unterbrechung oder Nebenbemerkung wieder aufzunehmen

d.   verwendet, um eine (plötzliche) Erkenntnis auszudrücken

---

1.   ＿＿＿ Es klang ziemlich interessant: Der Beruf des Mannes war es, Kongresse zu organisieren, **also** jedem, der einen veranstalten wollte, dafür einen Saal und Hotelzimmer in der nötigen Zahl zu verschaffen, Mikrofone und Lautsprecher anzuschließen, Bleistifte und Papier einzukaufen und allerlei Dinge bereitzustellen, an die jemand anderer nie gedacht hätte.

2.   ＿＿＿, ＿＿＿ Das machte er nun. Es war weiß Gott nicht schwer, die einzige Anforderung bestand darin, dass er immer zuhören und die kleinen Lichtpunkte, die den Lautstärke- und den Tonhöhenpegel anzeigten, im Auge behalten musste. Er durfte **also** nicht weggehen, lesen oder auf irgendeine andere Art geistesabwesend sein, aber es war ihm noch nie schwer

gefallen, sich zu konzentrieren, und das Gehalt war auch recht gut. **Also** saß er täglich in irgendeinem Kongresssaal, ganz hinten an der Wand vor seinem Tisch mit dem Aufnahmeapparat und hörte zu.

3. ____, ____ Einmal, es war eine Tagung von Philosophen, hörte er, dass vor langer Zeit jemand behauptet hatte, man könne alles bezweifeln; hierin **also** liege eine Gewissheit, und zwar die einzige. Aber dann wurde genau diese Idee angegriffen und mit Begriffen, die er nicht kannte, widerlegt. **Also** auch das nicht.

Grammatik im Kontext

L. Passiv oder Aktiv?

Ist die Form des Verbs "werden" das Hilfverb (Passiv) oder das Hauptverb (Aktiv)?

P = Passiv (Hilfsverb)   **A** = Aktiv (Hauptverb)

1. ___ Und so bemühte er sich, das, was Tag für Tag vor ihm geredet **wurde**, an sich vorbeifließen zu lassen und allem gegenüber gleichgültig zu bleiben.

2. ___ Aber dann **wurde** genau diese Idee angegriffen und mit Begriffen, die er nicht kannte, widerlegt.

3. ___ Und die Welt um ihn, alles Normale und Alltägliche, die Dinge, mit denen er immer zu tun hatte, an die er anstieß, auf denen er saß, die er berührte und roch, **wurden** unmerklich andere.

4. ___ Alles hatte an Intensität verloren; die Farben **waren** matter **geworden**, es war weniger Glanz darin.

5. ___ Die Geschäfte **wurden** von dessen Sohn weitergeführt, der sich in nichts Wesentlichem von seinem Vater unterschied, und auch sonst gab es keine Veränderung, die von Bedeutung war.

6. ___ All sein Geld hatte er schon vor Monaten von der Bank geholt, jetzt lag es in seiner Wohnung, ein schmaler Stapel von Banknoten, der stetig kleiner **wurde**.

7. ___, ___ Es **wurde** zunächst toleriert (>>... doch schon so lange Mitarbeiter, da kann man nicht einfach ...<<), aber seine Verspätungen **wurden** häufiger und länger.

8. ___ Ein Gutachten **wurde** erstellt und zwei höfliche Männer holten ihn ab.

9. ___ Abends, ehe das Licht eingeschaltet **wurde**, war sie grau. Morgens gelblich.

10. ___ Sein Posten **wurde** nicht nachbesetzt.

M. Grammatikgenie

Was für eine Form oder Struktur ist das?

1. ____ Aber immer **hörte** er **zu**.

2. ____ Einmal, es war eine Tagung von Philosophen, hörte er, dass vor langer Zeit jemand behauptet hatte, man könne alles bezweifeln; hierin also **liege** eine Gewissheit, und zwar die einzige.

3. ____ Fanden sie **doch** eine Einigung, trat sicher ein dritter auf, der ihre Einigung verwarf.

4. ____ **Wenn** er sich früher seine Zukunft ausgemalt hatte, war da immer immer eine Frau gewesen und, etwas verschwommen, auch Kinder.

5. ____ **An** einem Sonntagvormittag ging er im Park spazieren.

6. ____ Er spürte: Wären Menschen um ihn, **gäbe** es einiges, was er ihnen sagen könnte.

7. ____ Er saß am Fenster und sah hinaus **auf** den Himmel.

8. ____ All sein Geld hatte er schon vor Monaten **von** der Bank geholt.

9. ____ Es gab inzwischen ein Gerät, **das** das genauso gut machte.

10. ____ Er ging nicht mehr zum Fenster, **sondern** sah hinauf zur Decke.

a. Konjunktiv I	f. Dativpräposition
b. Konjunktiv II	g. koordinierende Konjunktion
c. Wechselpräposition + Akkusativ	h. subordinierende Konjunktion
d. Wechselpräposition + Dativ	i. Modalpartikel
e. trennbares Verb	j. Relativpronomen

Zur Diskussion und zum Schreiben

N. Zusammenfassung

Schreiben Sie eine Zusammenfassung der Geschichte mit etwa 200–300 Wörtern, in dem Sie die folgenden Wörter benutzen:

Autowerkstatt	Stellung	Verwirrung	Lebensmittelgeschäft
Vorträge	Kündigung	Banknoten	aufnehmen
heiraten	zuhören	friedlich	nachbesetzt

O. Der menschliche Verstand

Was halten Sie von diesen Sprüchen über den menschlichen Verstand? Diskutieren Sie im Kurs.

> "Die Wissenschaft, richtig verstanden,
>
> heilt den Menschen von seinem Stolz, denn sie zeigt ihm seine Grenzen."
>
> *Albert Schweitzer (1875–1965)*

> "Wenn man nicht gegen den Verstand verstösst, kann man zu überhaupt nichts kommen."
> *Albert Einstein (1879–1955)*

> "Um seinen Verstand auszubreiten, muss man seine Begierden einschränken."
> *Gotthold Ephraim Lessing (1729–1781)*

> "Habe Mut, dich deines eigenen Verstandes zu bedienen."
> *Immanuel Kant (1724–1804)*

Vergleich der Geschichten "So groß ist der Unterschied nicht" und "Auflösung"

1. Was haben die Hauptfiguren in diesen zwei Geschichten gemeinsam? Wie sind sie ganz verschieden?

2. Beide Hauptfiguren scheinen psychisch oder seelisch gestört zu sein. Was meinen Sie: An welcher Geisteskrankheit könnten die Hauptfiguren leiden?

3. Was für eine Wirkung haben diese Geschichten auf den Leser?

Part II

Texts from magazines, newspapers and the internet

Kapitel 13   Wohngemeinschaften

Die größte aller Künste ist die des Zusammenlebens.

Da steht ein Pferd auf dem Flur

Quelle: www.jetzt.de (Süddeutsche Zeitung) 19. Juni 2005

Die "Süddeutsche Zeitung" (Abkürzung "SZ") ist die größte deutsche überregionale Abonnement-Tageszeitung. Sie wird im Süddeutschen Verlag in München verlegt. Die erste Ausgabe erschien am Samstag, dem 6. Oktober 1945 zum Preis von 20 Pfennigen.

Vor dem Lesen

A. "Da steht ein Pferd auf dem Flur"

Der Titel dieses Texts ruft einen berühmten Songtitel hervor. Ergänzen Sie die folgenden Sätze mit Hilfe des Internets.

"Da steht ein Pferd auf dem Flur" ist ein Song von dem Duo **K**_____ und **K**_____ und erschien **19**_____. Das Lied ist eine Neufassung des niederländischen **Karnevals**_____ "Er staat een paard in de gang" von André van Duin. Mit dieser Single hatten die beiden erste Auftritte in verschiedenen **Fernsehs**_____. Später wurde das Duo Sieger in der **ZDF-H**_____ und war Gast in zahlreichen Musiksendungen des Fernsehens.

Tipp: Sie können das Lied auf YouTube ansehen.

B. Fragen zum Thema

Diskutieren Sie mit einem Partner/einer Partnerin.

1. Was soll man machen, wenn man in einer **WG** wohnt? (Mindestens drei Sachen nennen!)

2. Was soll man *nicht* machen? (Mindestens fünf Sachen nennen!)

3. Wohnst du gern mit **Mitbewohnern** zusammen, oder wohnst du lieber allein?

4. Was für **Erfahrungen** hast du mit Mitbewohnern gemacht: gute oder schlechte? (Beispiele geben)

5. Was ist die schlimmste Mitbewohner-Erfahrung, von der du **je** gehört hast?

6. Wie wäre dein(e) Traum-Mitbewohner(in)?

C. Fragen zur Vorbereitung

Fragen Sie einen Partner/eine Partnerin.

1. Würdest du deine Wohnung als **schnuckelig** bezeichnen?

2. **Schaut** deine Mutter oft bei dir **vorbei**?

3. Wurde deine Wohnung je von Dieben **heimgesucht**?

4. Findest du es eher **spannend** oder anstrengend, einen neuen **Wohnsitz** zu finden?

5. Bist du eher **kontaktfreudig** oder zurückhaltend?

6. Kennst du viele ältere **alleinstehende** Frauen?

7. Fühlst du dich manchmal **einsam**, wenn du allein zu Hause bist?

8. Zu wem hast du eine sehr enge **Verbindung**?

9. Mit wem kommst du nicht gern ins **Gespräch**?

10. Ist es höflich, wenn man eine Verabredung hat, eine **Absage** per SMS zu schicken?

11. Was war das schönste **Kompliment**, das du jemals bekommen hast?

12. Wen findest du **uncool**?

13. Hast du neulich etwas Interessantes über jemanden **erfahren**?

14. Hast du **Vorurteile** gegen bestimmte Vornamen?

15. Glaubst du, dass man die größten **Lektionen** fürs Leben durch Schmerzen lernt?

16. Findest du die Zukunft deiner Stadt **vielversprechend**?

Da steht ein Pferd auf dem Flur

von Mia Miranda

1 WG oder nicht WG, das ist hier die Frage. Abi fertig. Zuhause ausziehen. Ganz klar. Kein
Geld? Kein Problem. Nette schnuckelige WG muss her, da draußen gibt es tausende nette
Wohngemeinschaften, die nur darauf warten meine neuen besten Freunde zu werden. Also
ab ins Internet, Nummern raussuchen und los geht's. Ich hab mit netten Jungs
5 telefoniert, mit lustigen Mädels, mit älteren allein stehenden Damen und sogar, mit
einsamen Herren Ende 40. Die Guten ins Töpfchen, die Schlechten ins Kröpfchen.*
Endlich aussortiert. WG Nummer eins wird von einem scheinbar sehr netten Mädel
bewohnt, so alt wie ich, auch gerade Abi fertig, jetzt studieren, leider heißt sie Birgit,
macht nix, keine Vorurteile, nett, sogar ins Wohnzimmer bittet man mich, da sitzt ein
10 älteres Mädchen, so um die 50. Ach so ja Mutti ist das, erfahre ich schnell, Mutti schaut
jeden Tag mal vorbei, ja zahlt ja schließlich auch die Miete von der Birgit, Wäsche macht
sie auch, ja aber nur von der Birgit die, natürlich, Mutti hats nicht gerne laut, passt gut,
denn Birgit ist nie laut. „Du solltest also auch nicht zu laut sein." Ahso ja dann is es auch
schon so spät und ich muss Birgit und die Mutti verlassen.
15 Ab in die S-Bahn nächste Wohnung is scheinbar noch nie von Mutti heimgesucht worden.
Der nette Holger vom Telefon ist heute besonders nett. „Ist ein schöner Tag heute ne."
Für Holger ein schöner Tag, die Sonne scheint, die Pupillen sind groß, die Wohnung riecht
herrlich süßlich, könnte nicht besser sein. Leider ist der Mitbewohner Schnulli, ode wars
Schnalle, gerade noch nicht wach. „Weißte, der hat gestern noch Party gemacht und so,
20 ich bin da ja mehr so der Ruhigere." Alles klar. Ich atme lieber noch mal schnell tief ein,
gebe dem Holger eine falsche Nummer und sag ihm er soll sich melden. Beschwingt
schwebe ich aus der Wohnung, ein schöner Tag ist das, da hat der Holger schon recht
gehabt, nur das Tageslicht blendet so grausam.
Dank Holger und Schnulli (Schnalle?) bin ich euphorisch, was die letzte Wohnung angeht.
25 Simon heißt er, vielleicht mein neuer, unkomplizierter, lustiger und kontaktfreudiger
(jedoch nicht nerviger) neuer Mitbewohner, so zumindest seine Anzeige.
Ganz charmant, wie mir der Simon die Tür aufmacht, hässlich is er, das muss ich schnell
erkennen. Hässlich: gut, keine Sorgen machen wegen verlieben und vielleicht mal
Schweinkram machen und dann von wegen komische Situation mit zusammenwohnen. Nein
30 das kann mit dem Simon nicht passieren. Zehn Minuten jetzt, mein längstes Gespräch für
heute und noch nicht komisch geworden, der Simon, vielversprechend. Richtig nett,
begeistert bin ich, sogar vollkommen sicher bin ich, dass der Simon der perfekte
Mitbewohner ist, großartig wie wir uns verstehen, ich sehe mich schon Umzugskartons
herein tragen, Wände streichen, ganz wunderbar wird das. Irgendwie hats der Simon auf
35 einmal eilig, ja zur Uni und so, abends um 7? Jaja Spätseminar, melden tut er sich, okay
alles klar der wills spannend machen, alles schon entschieden. Noch ein Kompliment zum
Abschied, mache ich ihm, die beste Wohnung heute war das, sonst alles nur Idioten, ganz
schlimm. Jaja, der Simon muss schnell los.
Vorhin, da hat der Simon angerufen, hat sich für jemand anders entschieden, hat einfach

40   besser gefunkt. Ich breche zusammen, dabei war unsre Verbindung doch perfekt,
      außerdem sind doch die anderen die Freaks und ich sortiere aus. Na danke Simon, jetzt
      hab ich nicht nur eine Absage, nein sondern noch eine Lektion fürs Leben, aber irgendwie
      war der Simon schon uncool, ich glaub ich ruf noch mal den Schöner-Tag-Holger an.

*"**Die guten ins Töpfchen, die schlechten ins Kröpfchen**" stammt aus Grimms Märchen,
"Aschenputtel". Mit diesen Wörtern bittet Aschenputtel die Tauben, beim Verlesen der Linsen zu
helfen. Das Zitat wird heutzutage scherzhaft verwendet, in Bezug auf Dinge, die man nach ihrer
Qualität sortiert.

Nach dem Lesen

D. Richtig (R) oder Falsch (F)?

1. ____ Die Erzählerin ist ungefähr 26 Jahre alt.

2. ____ Birgits Mutter ist hilfreich aber auch zudringlich.

3. ____ Die Mutti von Birgit schaut jeden Tag vorbei und macht auch Birgits Wäsche.

4. ____ Birgit will sich nicht in ihren Mitbewohner verlieben und dann Schweinkram machen.

5. ____ Die Erzählerin fährt mit der S-Bahn von Birgit zu Holger.

6. ____ Schnulli ist ein Partylöwe.

7. ____ Holgers Mutter macht die Wäsche für ihn.

8. ____ Holgers Freundin Schnicki wohnt mit ihm zusammen.

9. ____ Die Erzählerin gab Holger eine falsche Telefonnummer.

10. ____ Die Erzählerin wollte mit Simon wohnen, denn sie fand ihn nicht schön.

11. ____ Simon sagte, er habe ein Spätseminar abends um 7.

12. ____ Die Erzählerin war euphorisch, als sie mit Simon sprach und wollte gleich einziehen.

13. ____ Die Erzählerin hat eine Absage von Simon bekommen.

14. ____ Die Erzählerin hat nicht daran gedacht, dass der Simon sie vielleicht nicht gern als
         Mitbewohnerin haben würde.

E. Fragen zum Text

1. Wie alt ist die Erzählerin? Woher wissen Sie das?

2. Was will die Erzählerin?

3. Machen Sie eine Liste von den Leuten, die die Erzählerin getroffen hat.
Dann beschreiben Sie jede Person mit zwei bis drei Adjektiven.

Name: *Adjektive*:

___**Birgit**___   _____, _____, _____

_____   _____, _____, _____

_____   _____, _____, _____

_____   _____, _____, _____

4. Was macht Birgits Mutti für sie?

5. Wer ist Schnulli? Warum schläft er noch, wenn die Erzählerin vorbeikommt?

6. Welchen Vorteil hat es, dass Simon hässlich ist?

7. Welchen Grund gibt Simon, dass er auf einmal eilig hat?

8. Für welche WG hat sich die Erzählerin entschieden? Ist sie in diese WG gezogen?

F. Fragen zur Diskussion

1. Welche von diesen drei WGs würden Sie wählen, wenn Sie eine wählen müssten? Warum?

2. Die Erzählerin findet den Namen "Birgit" bedauerlich. Können Sie sich vorstellen, warum das ist?

3. Warum riecht Holgers Wohnung "herrlich süßlich'?

4. Was meinen Sie, wie findet Simon die Erzählerin?

Wortschatzübungen

G. Synonyme

Welche Adjektive haben die gleiche (oder ähnliche) Bedeutung? Verbinden Sie.

1. ____ schnuckelig
2. ____ herrlich
3. ____ grausam
4. ____ kontaktfreudig
5. ____ begeistert
6. ____ spannend
7. ____ schlimm
8. ____ hässlich

a. prächtig
b. ekstatisch
c. schlecht
d. niedlich
e. erregend
f. unattraktiv
g. brutal
h. gesellig

H. Redewendungen

Schreiben Sie die passenden Phrasen in die Lücken.

| das macht nichts | los geht's | Schweinkram machen | gefunkt | hat es eilig |

1. Die Erzählerin ist bereit, die WG-Suche zu beginnen und sagt _____!
2. Die Erzählerin mag den Namen Birgit nicht, aber denkt _____.
3. Simon _____. Er sagt, er habe ein Spätseminar an der Uni.
4. Die Erzählerin will mit ihrem neuen Mitbewohner nicht _____.
5. Simon sagte, es hat einfach besser mit jemand anders _____.

I. Alltagssprache und Standardsprache

In diesem Text benutzt die Autorin mehrere Formen der Alltagssprache, d. h., Formen, die meistens in alltäglichen Interaktionen verwendet werden. Verbinden Sie die Formen der Alltagssprache (1–6) mit den Formen der Standardsprache (a–f).

1. nix = ____
2. ne/nee = ____
3. weißte = ____
4. haste = ____
5. heißte = ____
6. und so = ____

a. weißt du
b. und so weiter
c. nichts
d. heißt du
e. nein
f. hast du

Grammatik im Kontext

J. Schmelzwörter

Ein Schmelzwort ist eine Kontraktion von zwei Wörtern. Schmelzwörter werden häufiger in der Alltagssprache verwendet als in der Standardsprache, z. B.:

durch + das = durchs

unter + dem = unterm

so + ein = so'n

Unterstreichen Sie die Schmelzwörter und schreiben Sie die einzelnen Wörter in die Lücken.

1. Irgendwie hats der Simon auf einmal eilig, ja zur Uni und so, abends um 7?

   _____ + _____; _____ + _____

2. Jaja Spätseminar, melden tut er sich, okay alles klar der wills spannend machen, alles schon entschieden. _____ + _____

K. Wörter mit Auslassungen

Bei manchen Wörtern in diesem Text gibt es "Auslassungen", d. h. dass ein oder mehrere Buchstaben fehlen. Ein Autor kann sich selber entscheiden, ob ein Apostroph nötig ist, oder nicht, um den Text lesbar zu machen. (Der Apostroph zeigt an, dass in einem Wort ein oder mehrere Buchstaben fehlen.)

Unterstreichen Sie die verkürzten Wörter und schreiben Sie die kompletten Formen in die Lücken.

1. Ich hab mit netten Jungs telefoniert . . . _____

2. Ich atme lieber noch mal schnell tief ein, gebe dem Holger eine falsche Nummer und sag ihm er soll sich melden. _____

3. Leider ist der Mitbewohner Schnulli, ode wars Schnalle, gerade noch nicht wach. _____

4. Ganz charmant, wie mir der Simon die Tür aufmacht, hässlich is er, das muss ich schnell erkennen. _____

5. . . . aber irgendwie war der Simon schon uncool, ich glaub ich ruf noch mal den Schöner-Tag-Holger an. _____ , _____

L. Ellipsen

"Ellipsen", oder das Sprechen in unvollständigen Sätzen, ist typisch in der gesprochenen Sprache. Unterstreichen Sie die Ellipsen in diesem Ausschnitt:

WG oder nicht WG, das ist hier die Frage. **Abi fertig**. Zuhause ausziehen. Ganz klar. Kein Geld? Kein Problem. Nette schnuckelige WG muss her, da draußen gibt es tausende nette Wohngemeinschaften, die nur darauf warten meine neuen besten Freunde zu werden. Also ab ins Internet, Nummern raussuchen und los geht's. Ich hab mit netten Jungs telefoniert, mit lustigen Mädels, mit älteren allein stehenden Damen und sogar, mit einsamen Herren Ende 40.

Zur Diskussion und zum Schreiben

M. WG oder nicht WG, das ist hier die Frage!

1. Was sind die Vor- und Nachteile des Lebens in einer Wohngemeinschaft? Diskutieren Sie mit einem Partner und machen Sie zwei Listen. Haben Sie schon mal in einer WG gewohnt? Würden Sie gern in einer WG wohnen? Warum oder warum nicht?

Vorteile	Nachteile
man ist nicht allein	kann etwas laut sein

2. Wie wäre ein Leben in einer WG anders als ein Leben im Studentenheim?

N. Wohngemeinschaften für ältere Menschen

Kennen Sie eine ältere Person, die in einer Wohngemeinschaft oder in einem Wohnheim für Senioren wohnt? Ist die Person glücklich dort? Können Sie sich vorstellen, selber in solch einem Heim zu wohnen, wenn Sie älter sind? Was wären die Vor- und Nachteile eines WG-Lebens als Rentner(in)?

Kapitel 14　Dunkelrestaurants

Das Maul findet man auch im Finstern.

Licht aus, Geschmack an

Quelle: Dieser Artikel wurde am 10. Oktober 2006 auf www.stern.de publiziert. Der Abdruck in diesem Buch erfolgt mit freundlicher Genehmigung der stern.de GmbH

Der "Stern" (kleingeschrieben als "stern") ist eine deutsche Zeitschrift, die nach dem zweiten Weltkrieg gegründet wurde. Die Erstausgabe war 1. August 1948. Als Wochenmagazin erscheint der "stern" jeden Donnerstag und hat mehr als 7 Millionen Leser.

Vor dem Lesen

A. Dunkelrestaurants

Ergänzen Sie die folgenden Sätze mit Hilfe des Internets, wenn nötig.

Gesellschaft	Sinne	blindekuh	Zürich	Gäste	Dunkelheit

Dunkelrestaurants sind Restaurants, in denen _____ in absoluter _____ essen. Sie gehören zum Bereich der Erlebnisgastronomie. Einige Betreiber wollen ihren sehenden Gästen das "Wahrnehmungsspektrum blinder Menschen und somit deren Situation in der _____" dadurch näherbringen. Andere Betreiber verstehen sich als interaktive Bühne, die es den Besuchern ermöglicht, Wahrnehmung und Kommunikation einmal sehr intensiv über alle weiteren _____ zu erfahren. Das erste Dunkelrestaurant weltweit wurde 1999 in _____ eröffnet und heißt _____. Seither sind zahlreiche weitere im deutschsprachigen Raum und darüber hinaus entstanden.

B. Fragen zum Thema

Fragen Sie einen Partner oder eine Partnerin.

1. Was ist das interessanteste Restaurant, das du **jemals** besucht hast? In welchem Sinn war es interessant oder **ungewöhnlich**?
2. Würdest du gern in einem Dunkelrestaurant essen? Warum (nicht)?
3. Was ist dein Lieblingsrestaurant? Was isst du gern dort?
4. Welche **Imbissrestaurants** oder **Imbissbuden** findest du gut? Welche findest du besonders schlecht?
5. Hast du besondere **Essgewohnheiten**?
6. Bist du allergisch gegen **etwas Essbares**?
7. Was isst du besonders gern?
8. Was **schmeckt** dir überhaupt nicht?

C. Fragen zur Vorbereitung

Besprechen Sie die folgenden Fragen mit einem Partner oder einer Partnerin.

1. Hattest du als Kind Angst **im Dunkeln**?
2. Würdest du viel **Mut** brauchen, in einem Dunkelrestaurant zu essen?
3. Welcher der fünf **Sinne** ist dir am wichtigsten? (Sehen, Hören, Riechen, **Schmecken** oder **Tasten**)?
4. Welcher Sinn würdest du am ehesten verlieren wollen, wenn du die **Wahl** hättest, und einer weggehen müsste?
5. Hast du mal **Quark** probiert? **Schmeckt** er dir?
6. Bist du ein **Limonaden-Liebhaber**?
7. Bist du ein Margarinen**hasser**?
8. Bist du **pingelig** beim Essen?
9. Welches Gericht würdest du auf jeden Fall **verschmähen**?
10. Musstest du als Kind den Tisch **abdecken**?
11. Sind Tisch**manieren veraltet**? Welche Manieren findest du noch wichtig?
12. Hast du als Kind **Überraschungseier*** bekommen?
13. Hast du von **Erlebnis**gastronomie (z. B. **Ritter**essen, Krimi-Dinner, Mafia und Gangster Dinner) gehört?
14. Was ist das größte **Vergnügen** im Leben?
15. Wirst du manchmal etwas zu **übermütig**? (*Ja*: Wann?)
16. Hast du neulich etwas ganz **peinlich** gefunden? (*Ja*: Was?)

*Ein **Überraschungsei** ist ein Ei aus Schokolade, in dem ein kleines Spielzeug innerhalb einer plastischen Hülse versteckt ist. Oft muss man das Spielzeug aus Teilen zusammenbauen.

unsicht-Bar

Licht aus, Geschmack an

von Monique Berends

1   **Nach Berlin und Köln erhält nun auch Hamburg ein Dunkelrestaurant. Gäste sollen sich selbst und ihre Umgebung in vollkommener Dunkelheit anders wahrnehmen. Die temporäre Blindheit macht den Restaurantbesuch zu einem fühlbaren Geschmackserlebnis.**

5   Zwar hatte ich als Kind keine Angst im Dunkeln, aber darin zurechtfinden kann ich mich dennoch nicht. Ich laufe ja schon gegen die Wand, wenn ich nachts ins Bad muss. Ein bisschen Mut muss ich also schon aufbringen, um mich der gastronomischen Dunkelheit auszusetzen. In der unsicht-Bar in Hamburg werde ich herausfinden, wie es ist, ohne Sehvermögen klar zu kommen. Die Idee der Betreiber ist es, "normalen" Menschen
10 während des Essens die Blindheit näher zu bringen und sie erfahren zu lassen, wie es ist, sich nur auf Hör- und Tastsinn verlassen zu können. Etwas karg ist der Empfang der unsicht-Bar. Wenige Holzstühle, zwei Tische, schlichte Dekoration. Aber auf Optik kommt es hier ja nicht an. Die blinden Kellner wird es ohnehin nicht stören, die Wahrnehmung mit den Augen spielt für sie keine Rolle.
15 Die Gäste suchen im beleuchteten Empfangsbereich ihr Menü – man kann zwischen vegetarischem Essen, Fisch, Käse, Lamm, Geflügel und einer Überraschung wählen. Ich entscheide mich für das Motto "Augen zu und durch" und habe keine Ahnung, welches kulinarische Highlight mich auf meinem Teller erwartet.
    Unsere Kellnerin Janine führt mich und meine zwei Mitstreiter Andrea und Lorenz als
20 Vier-Mann-Polonaise durch die Schleuse ins Restaurant. Es ist wichtig, dass wir uns mit Vornamen ansprechen können, da Gesten und Blicke hier flach fallen. Vor uns liegt die Tür in die Dunkelheit, hinter uns das Tor ins Licht. Die Tür wird geschlossen und schon fühlen sich alle etwas hilflos. Wo bin ich, wohin gehe ich? Die Augen müssen sich kurz an die Dunkelheit gewöhnen, an dem Geräusch, wie ihr Arm an der Kleidung entlang streift,
25 merke ich, dass Janine zum Stuhl deutet: "So Monique, vor Ihnen steht ein Stuhl. Setzten Sie sich bitte bis auf eine Handbreit an den Tisch. Das verhindert das Kleckern." Leichter gesagt als getan. Ganz automatisch tasten die Hände ins Nichts, um die Lehne zu fassen zu kriegen. Bloß nicht hinfallen, das wäre ja peinlich. Ach was, sieht ja eh keiner.

30 **Konversation frei von Gestik und Mimik**
    Stocksteif sitze ich dann am Tisch, Andrea und Lorenz scheint es nicht anders zu gehen. Die Unbeweglichkeit ist quasi greifbar. Wir bestellen das Überraschungsgetränk, ein vorsichtiges Schnuppern hilft mir nicht wirklich weiter. Nach dem ersten Schluck schmecke ich, dass es Melonenlimonade ist. Mich schüttelt's ein wenig – zu süß, zu
35 künstlich. Am Nebentisch rumpelt es, ich denke noch "Vorsicht" und schon scheppert's. Am Nachbartisch ist einer der Kurzzeit-Blinden wohl etwas übermütig geworden und hat seine Flasche umgekippt. Ich kann gar nicht anders als schadenfroh* zu lachen. Wir sind wirklich wie Elefanten im Porzellanladen.

40 **Auch ein blindes Huhn findet mal ein Baguette**
    Der erste Gang kommt. Janine tastet nach meiner Schulter und platziert den Teller direkt vor mir.** Ganz instinktiv fasse ich mit den Handflächen darauf um festzustellen,

ob es warm oder kalt ist. Patsch, voll ins Pesto. Wenigstens weiß ich jetzt, dass ich mich
auf etwas halb Flüssiges vorzubereiten habe. Ich taste weiter und entdecke, dass es sich
45 auf meinem Teller um drei unterschiedlich bestückte Baguettescheiben handelt. Ohne zu
wissen, was genau drauf ist, führe ich eine der Scheiben zum Mund. Ich kann mich nicht
überwinden, rein zu beißen.
Was, wenn ich es nicht mag? Was, wenn die uns hier Insekten auftischen? Schnell
verwerfe ich den Gedanken und beiße rein in das Brotvergnügen. Pesto gut, Baguette gut,
50 etwas Viereckiges obendrauf . . . seltsam. Was ist das bloß? Ich bin erstaunt darüber, dass
meine Geschmacksnerven mich angesichts des fehlenden Lichts so im Stich lassen. Ich
versuche es noch einmal, vergebens. Ich kann ohne mein Sehvermögen nicht definieren,
was ich da gerade esse. Nur, dass es schmeckt, weiß ich genau.

55 **Das dunkle Gruseln im Mund**
Mich überkommt ein leises Schaudern, als ich das nächste Stück versuche. Als Butter-
und Margarinenhasser verschmähe ich das Canapé und taste hilflos nach meiner Serviette,
um mir den Mund abzuwischen. Meine eigene Schuld, muss ich halt nicht so pingelig sein.
Ein Schluck Melonenlimonade spült das Drama runter.
60 Janine deckt ab, wir warten auf den nächsten Gang. Sie fragt nach Getränkewünschen,
und ob wir uns wohl fühlen. Tun wir. Ich höre, wie sie die Tasten eines Telefons tippt.
Was macht sie denn da? "Ich telefoniere, ob der nächste Gang fertig ist." Um nicht
ständig hin- und herzulaufen, kommunizieren die Kellner über Handys mit der Küche.
Wenn das Telefon klingelt, holt Janine den Servierwagen aus der Küche und kann loslegen.
65 "Die Küche ist fertig. Wir können das Essen holen."
Der nächste Gang steht vor mir. Ich kann mich nicht beherrschen und fasse
unanständigerweise erneut aufs Essen. "Blinde machen das nicht so," erzählt mir Janine.
"Wir benutzen unser Besteck, um Konsistenz und Größe der Portion zu testen." Auf die
Idee wäre ich gar nicht gekommen. Es scheint, als hätte ich mit meinem Sehvermögen
70 auch meine Manieren draußen abgegeben.

Das große Nacht-Tisch-Raten
Mit dem freundlichen Rüffel im Nacken greife ich also nach Messer und Gabel. Es ist
warm. Und weich. Patsch, und wieder mit den Händen drauf. Mein Teller muss wie ein
75 Schlachtfeld aussehen, das was ich da gerade zerschneide, scheint aber nicht mehr zu
leiden. In den Mund und . . . hmmm lecker. Süß ist es, mit Rosinen und Quark. Schnell
erkenne ich, dass wir uns kulinarisch in Österreich befinden, aber mir will nicht einfallen,
was genau es ist. "Das erfahrt ihr später." Mehr bekomme ich nicht aus Janine heraus.
Wir nähern uns dem Ende. Zum Abschluss gibt es wahrhaft noch eine kleine
80 Überraschung: Ü-Eier für alle. Ich habe Glück – in meinem Überraschungsei ist eine kleine
Figur versteckt. Ich muss also nichts mehr zusammenbauen. Meine Tischnachbarn
dagegen kämpfen mit einem Auto und etwas Undefinierbarem. Später wird uns Lorenz das
Auto zeigen, das er tatsächlich im Dunkeln zusammengebastelt hat, und wir werden
beeindruckt sein.
85 Janine führt uns wieder zu einer Polonaise zusammen, langsam gehen wir zurück ins Licht.
Es tut weh in den Augen, alles ist plötzlich gelb. Sehen ist ein Fluch. Nein, nicht wirklich.
Aber blind sein eben auch nicht. Das Konzept ist aufgegangen. Nur weil manche Augen ins
Leere blicken, heißt es noch lange nicht, dass sie nichts erkennen. In der unsicht-Bar
sieht man die Welt eben einfach nur etwas anders.

unsicht-Bar

1   In Deutschland gibt es mittlerweile drei unsicht-Bars. In Berlin, Köln und ab dem 11.
Oktober auch in Hamburg (Kleiner Schäferkamp 36) können sich "normale" Menschen für
wenige Stunden in die Welt der Blinden begeben – Geschmackserlebnis inklusive. In der
unsicht-bar hat man in einer rabenschwarzen Umgebung die Wahl zwischen Drei- oder

5   Vier-Gänge-Menüs zwischen 32 und 50 Euro. Sowohl für Vegetarier als auch Fisch- oder
Geflügelliebhaber ist etwas dabei. Die Gäste werden von sehbehinderten und blinden
Kellnern bedient. Der Initiator der unsicht-Bar, Dr. Axel Rudolph blickt
auf mehr als 70 Projekte dieser Art zurück. Als Akustik-Designer fing er an:
Verschiedene Klangmuster sollten "die akustische Alltagswelt orientierungsfreundlicher

10   gestalten." So entstand schon bald der Dialog im Dunkeln, der mittlerweile auch eine
dauerhafte Austellung in der Hamburger Speicherstadt hat. "Hier können Sehende
erleben, was Blinde hören." Als Forscher untersuchte er jahrelang Einflüsse von
Geräuschmustern und fand Möglichkeiten, sinnlich erfahrbare Kunst darzustellen. 2001
eröffnete er schließlich das erste Dunkelrestaurant Deutschlands in Köln. Das Projekt

15   war so erfolgreich, dass das von Rudolph konzipierte Betriebs- und Lizenzmodell erst in
Berlin und nun auch in Hamburg übernommen wurde.

*schadenfroh = Man ist "schadenfroh", wenn man *Schadenfreude* empfindet. Schadenfreude ist
die Freude, die jemand daran hat, dass einer anderen Person etwas Unangenehmes oder Schlechtes
passiert.

**Um den Gästen die Orientierung zu erleichtern, erklärt der Kellner ihnen, wo die Beilage zu
finden ist. Die Zahlen einer Uhr sind dabei wichtige Anhaltspunkte.

Nach dem Lesen

D. Richtig (R) oder Falsch (F)?

1. _____ Die Betreiber der unsicht-Bar wollen den Gästen zeigen, wie es ist, sich auf Hör- und
Tastsinn zu verlassen.

2. _____ Schon am Empfang muss man sich entscheiden, was man essen will.

3. _____ Für Vegetarier gibt es leider nichts hier.

4. _____ Monique ist ein großer Fleischliebhaber und bestellt ein dickes Steak.

5. _____ Man kommt vom Empfang durch eine Schleuse ins Restaurant.

6. ____ Die Gäste fühlen sich etwas hilflos im Dunkeln des Restaurants.

7. ____ Monique findet die Zitronenlimonade zu sauer.

8. ____ Monique findet es nicht schwer zu definieren, was sie gerade isst.

9. ____ Mit der Küche kommuniziert Janine per Zeichensprache.

10. ____ Das erste unsicht-Bar Restaurant war in Hamburg.

E. Fragen zum Text

1. Was wollten die Initiatoren der "unsicht-Bar" ihren Gästen zeigen?

2. Wer ist mit der Autorin ins Restaurant gegangen?

3. Wie können die Gäste die Speisekarte lesen, wenn das Restaurant dunkel ist?

4. Wie ist die Atmosphäre am Empfang?

5. Wie kommen die Gäste vom Empfang ins Restaurant?

6. Wie erklärt der Kellner, wo welche Beilage zu finden ist?

7. Wie kommuniziert Janine mit der Küche?

8. Was hat Monique gegessen und getrunken?

9. Was hat Monique nicht geschmeckt?

10. Was haben die Gäste zum Schluss bekommen?

11. Was hat Lorenz im Dunkeln zusammengebastelt?

12. Wie viel kostet es, im Dunkelrestaurant zu essen?

F. Fragen zur Diskussion

1. Was meinen Sie: Hat Monique eine gute Erfahrung im Dunkelrestaurant gemacht?

2. Mit wem würden Sie am liebsten das unsicht-Bar Restaurant besuchen?

3. Welches Essen würden Sie bestellen, wenn Sie dieses Restaurant besuchten: vegetarisch, Fisch, Käse, Lamm, Geflügel oder Überraschung?

4. Wie finden Sie die Preise?

Wortschatzübungen

G. Zuordnungen

Was passt am besten zusammen?

1. der Betreiber ___	a. kriecht
2. der Forscher ___	b. schmeckt
3. der Insekt ___	c. öffnet
4. das Geschirr ___	d. führt
5. das Getränk ___	e. bedient
6. der Kellner ___	f. untersucht
7. die Schleuse ___	g. klingelt
8. das Telefon ___	h. scheppert

H. Zusammengesetzte Substantive

In der deutschen Sprache gibt es oft "Fugenlaute" in zusammengesetzten Substantiven. Diese Laute werden zwischen die Substantive gesetzt. Die häufigsten Fugenlaute sind: der *Nulllaut*, oder kein Laut (ø), *(e)s* und *(e)n*. Die Verwendung der Fugenlaute folgt dem Sprachgefühl und es gibt auch regionale Unterschiede.

Finden Sie die zusammengesetzten Substantive und notieren Sie, wie sie verbunden sind, d. h. mit dem Fugenlaut "s", "n" oder "ø".

z. B. (das) B e t r i e b s m o d e l l   **Fugenlaut:** s

1. G __ __ __ __ __ __ __ __ __   e __ __ __ __ __ __ __
   Fugenlaut: _____
2. R __ __ __ __ __ __ __ __   b __ __ __ __ __
   Fugenlaut: _____
3. T __ __ __ n __ __ __ __ __ __ __ (pl.)
   Fugenlaut: _____
4. M __ __ __ __ __ __ __   h __ __ __ __
   Fugenlaut: _____
5. G __ __ __ __ __ __ __ w __ __ __ __ __ __ (pl.)
   Fugenlaut: _____
6. Ü __ __ __ __ __ __ __ __ __ __ __ g __ __ __ __ __ __
   Fugenlaut: _____

I. Redewendungen

Verbinden Sie die Situation (1–5) mit der passenden Redewendung (a–e).

1. Wolfgang genießt ein Leben in Luxus. = _____

2. Henri ist extrem ungeschickt und macht alles kaputt. = _____

3. Max hat gar keine Lust, seine Semesterarbeit zu schreiben. = _____

4. In 70 Spielen hat der Fußballer drei Tore geschossen. = _____

5. Bei dem schweren Autounfall wurde Helmut gar nicht verletzt. = _____

a. Auch ein blindes Huhn findet mal ein Korn.

b. Er hat Schwein gehabt.

c. Er benimmt sich wie ein Elefant im Porzellanladen.

d. Augen zu und durch!

e. Er lebt wie die Made im Speck.

Grammatik im Kontext

Modalpartikeln sind ein Phänomen der gesprochenen Sprache. Sie drücken etwas über die Stellung des Sprechers zu dem Gesagten aus, d. h. seine Intentionen und Empfindungen.

Verbinden Sie die passenden Definitionen mit den Beispielen aus dem Text.

J. Die Modalpartikel "bloß"

bloß
   a. verwendet, um aus einer Aufforderung eine Drohung oder Warnung zu machen
   b. verwendet, um einen dringenden Wunsch auszudrücken
   c. verwendet, um jemanden zu beruhigen oder jemandem Mut zu machen
   d. in Fragen verwendet, um Ratlosigkeit auszudrücken

1. ____ Ganz automatisch tasten die Hände ins Nichts, um die Lehne zu fassen zu kriegen. **Bloß** nicht hinfallen, das wäre ja peinlich.

2. ____ . . . etwas Viereckiges obendrauf . . . seltsam. Was ist das **bloß**? Ich bin erstaunt darüber, dass meine Geschmacksnerven mich angesichts des fehlenden Lichts so im Stich lassen.

K. Die Modalpartikel "ja"

b

a. verwendet, um besonders zu betonen, dass der folgende Teil des Satzes zutrifft oder generell um dem Gesagten besondere Betonung zu geben

b. verwendet im Aussagesatz, um einem Teil einer Aussage zuzustimmen und um dazu, oft in Verbindung mit "aber", eine Einschränkung zu machen

1. ____ Zwar hatte ich als Kind keine Angst im Dunkeln, aber darin zurechtfinden kann ich mich dennoch nicht. Ich laufe **ja** schon gegen die Wand, wenn ich nachts ins Bad muss.

2. ____ Etwas karg ist der Empfang der unsicht-Bar. Wenige Holzstühle, zwei Tische, schlichte Dekoration. Aber auf Optik kommt es hier **ja** nicht an.

3. ____ , ____ Bloß nicht hinfallen, das wäre **ja** peinlich. Ach was, sieht **ja** eh keiner.

Zum Schreiben

L. Restaurantbesuch

Was ist das ungewöhnlichste Restaurant, das Sie jemals besucht haben? In welchem Sinn war es interessant oder ungewöhnlich? Haben Sie dort eine positive oder negative Erfahrung gemacht?

oder:

Welches ungewöhnliches Restaurant würden Sie gern besuchen? Warum? Mit wem würden Sie gern zusammen hingehen?

M. Pingelig oder nicht?

Waren Sie als Kind pingelig beim Essen? Oder haben Sie alles Mögliche ausprobiert? Und jetzt? Beschreiben Sie Ihre Essgewohnheiten: Was essen Sie am liebsten? Was können Sie überhaupt nicht vertragen?

Kapitel 15 Ernährung und Klima

*Nichts wird die Chance auf ein Überleben auf der Erde so steigern
wie der Schritt zur vegetarischen Ernährung.*

Albert Einstein

Das Modell Sonntagsbraten

Quelle: ZEIT ONLINE (www.zeit.de) April 2010

"Die Zeit" (großgeschrieben als "DIE ZEIT") ist eine überregionale deutsche Wochenzeitung, die erstmals 1946 erschien. Sie hat heute mehr als 1,5 Millionen Leser.

Vor dem Lesen

A. Tatsachen: Die Tierzucht und das Klima

Welches Wort gehört zu welchem Satz? Ergänzen Sie die folgenden Sätze.

Käse	Viehzucht	Geflügel	fetter	Umwelt	18	verspeiste	Rinder

1. Rülpsende _____ produzieren massenhaft Methangas und heizen damit das Klima an.

2. Die _____ produziert weltweit mehr Treibhausgase als das Transportwesen und ist für rund _____ Prozent der Treibhausgasemissionen verantwortlich.

3. Jeder _____ Hamburger hat sechs Quadratmeter Urwald gekostet.

4. Antibiotika werden in der Intensivtierhaltung in großem Umfang eingesetzt, vor allem bei Schweinen und _____, aber auch bei Rindern. Leider sind die Auswirkungen auf die _____ bisher nahezu unbekannt.

5. Die Produktion von _____ sorgt für doppelt so viele CO_2 Emissionen wie Schweinefleisch. Je _____ der Käse ist, desto mehr Treibhausgase entstehen bei seiner Herstellung.

B. Fragen zum Thema

1. Machst du dir **Sorgen** um die **Umwelt**?

2. Ist **Luftverschmutzung** ein großes Problem, wo du gerade wohnst?

3. Hast du schon mal von dem **Treibhauseffekt** gehört?

4. Wie oft isst du **Tierprodukte** (d. h. Fleisch, Fisch, Eier, **Milchprodukte**)?

5. Wie könntest du **dich** vielleicht gesünder **ernähren**?

6. Könntest du ganz auf Tierprodukte **verzichten**?

7. Kennst du jemanden, der **Vegetarier** oder **Veganer** ist?

8. Hast du schon mal ein **vegetarisches** oder **veganes** Restaurant besucht?

C. Fragen zur Vorbereitung

1. Ist das **Klima** auf der Erde jetzt anders als in früheren Jahren? Wieso?

2. Hast du den **Klimawandel** in deiner Heimat beobachtet?

3. Machst du dir Sorgen um die **globale Erwärmung**?

4. Ist es noch möglich, die **Umwelt** zu **retten**?

5. Findest du es **moralisch**, **Tierprodukte** zu essen?

6. Gehört Fleisch auf deinen **Speiseplan**?

7. Willst du mehr **fleischarme Gerichte** essen?

8. Findest du eine **Diät** ganz ohne Fleisch **sättigend**?

9. Welche **vegetarische** oder **vegane Gerichte** findest du sehr **schmackhaft**?

10. Schmecken dir **lokal angebaute**, organische (**Bio-**) **Lebensmittel** besser?

11. Findest du es gesund, **Milchprodukte in Maßen** zu essen?

12. Könntest du dir ein Leben ganz ohne **Käse** vorstellen?

13. Wie kann man am besten die **Ernährungsgewohnheiten** einer **Bevölkerung prägen**?

14. Soll der **Fleischverzehr** in **öffentlichen Kantinen geregelt** sein?

15. Sollen **Köche** lernen, mehr **pflanzliche Zutaten** zu benutzen?

16. Kennst du jemanden, der **Kochkunst** studiert hat?

Das Modell Sonntagsbraten

von Magdalena Hamm

1   Köche müssen lernen, gute vegetarische Gerichte zu kochen. Das würde dem Klima helfen.

Viele wissen es: Weitgehend auf Fleisch zu verzichten, ist nicht nur gesund, sondern kann auch dazu beitragen, den Hunger in armen Ländern zu lindern und den Klimawandel
5   aufzuhalten. Warum sind also nicht längst alle Menschen Vegetarier und retten karottenknabbernd die Welt? Die Antwort ist simpel: Nur weil es gesund oder moralisch wünschenswert wäre, verzichten die Menschen nicht auf das, was ihnen schmeckt. Und für die meisten gehört Fleisch einfach zum Mittagessen dazu. Kann man die Menschen zur Vernunft bringen? Eine Möglichkeit wäre, das Modell Sonntagsbraten
10   durchzusetzen: Sechs Tage in der Woche gäbe es dann nur vegetarische Kost. So ähnlich lautet auch die Empfehlung der Deutschen Gesellschaft für Ernährung: »Ein- bis zweimal in der Woche Fisch; Fleisch, Wurstwaren und Eier in Maßen.«

Um das zu erreichen, könnte die Regierung zum Beispiel anordnen, dass in allen
15   öffentlichen Kantinen, also in Behörden, an Schulen und Universitäten, nur noch vegetarisches Essen ausgeteilt wird. Dann wären mehr als 15 Millionen Menschen gezwungen, fünf Tage in der Woche zumindest mittags auf Fleisch zu verzichten. Sie würden erkennen, dass es auch ohne geht, und sich an den Geschmack von Gemüse gewöhnen. Oder etwa nicht?
20
»Wenn Kantinen ihr Essen nur danach auswählen würden, ob es gesund ist, hätten sie am Ende keine Gäste mehr«, sagt Burkart Schmid vom Institut für Gemeinschaftsverpflegung. Die Subventionen für Kantinengerichte seien aber zu gering, als dass es sich Betreiber leisten könnten, ihre Kunden zu vergraulen. »Um Gewinn zu
25   machen, müssen sie sich hochgradig am Geschmack des Gastes orientieren.«

Und der will Fleisch: Seit Jahren wechseln sich Currywurst und Wiener Schnitzel auf dem Spitzenplatz der beliebtesten Kantinengerichte ab. »Vegetarisches Essen hat einfach ein zu schlechtes Image«, klagt Volker Peinelt, Ernährungswissenschaftler und Professor für
30   Catering-Services an der Hochschule Niederrhein. »Es gilt als wenig schmackhaft und nicht sättigend. Das liegt auch daran, dass viele Köche einfach keine attraktiven vegetarischen Gerichte kochen können.« Man müsse deshalb schon in der Ausbildung ansetzen und der fleischlosen Kochkunst einen höheren Stellenwert einräumen.

35   Carola Schmidt vom Verband Deutscher Köche gibt zu, dass das Kochen mit Fleisch in den Köpfen der meisten Köche festsitzt. Bisher lernen Kochschüler nur in 14 Stunden Theorie und 20 Stunden Praxis, »Speisen aus pflanzlichen Rohstoffen« zu zubereiten. »Aber wir spüren eine vermehrte Nachfrage nach Fortbildungen in vegetarischer Küche.«

40   Bislang ist ein staatlich verordneter Vegetarismus nicht zu erwarten. Im Gegenteil, in den Kantinenrichtlinien des Bundes heißt es, »das Essen soll aus Fleisch, Gemüse, Kartoffeln oder anderen gleichwertigen Nahrungsmitteln bestehen«. Wenn das Bewusstsein und die Akzeptanz für eine gesunde, fleischarme Ernährung wachsen sollen, sollte die Regierung aber zumindest die Schulverpflegung bundesweit regeln. Denn die
45   Ernährungsgewohnheiten von Kindern kann man noch prägen.

Nach dem Lesen

D. Richtig (R) oder Falsch (F)?

1. ____ Weitgehend auf Fleisch zu verzichten ist gesund und könnte auch den Klimawandel aufhalten.

2. ____ Die meisten Menschen verzichten nicht auf das, was schmeckt, nur weil es gesund oder moralisch wäre.

3. ____ Die Deutsche Gesellschaft für Ernährung empfiehlt, dass man höchstens drei- bis viermal in der Woche Fleisch isst.

4. ____ Die beliebtesten Kantinengerichte sind Rindfleisch und Brathähnchen.

5. ____ Die meisten Köche lernen mindestens 200 Stunden, "Speisen aus pflanzlichen Rohstoffen" zu kochen.

6. ____ Viele Köche können attraktive vegetarische Gerichte kochen, aber solche Gerichte sind trotzdem unbeliebt.

7. ____ Das Kochen mit Fleisch sitzt noch in den Köpfen der meisten Köche fest.

8. ____ Es scheint eine vermehrte Nachfrage nach Fortbildung in vegetarischer Küche zu geben.

9. ____ In den Kantinenrichtlinien heißt es, das Essen soll hauptsächlich aus pflanzlichen Rohstoffen bestehen.

10. ____ Durch die Regelung der Schulverpflegung an Schulen könnte man vielleicht die Ernährungsgewohnheiten der Kinder noch prägen.

E. Fragen zum Text

1. Was sind die größten Vorteile einer fleischlosen Ernährung?

2. Warum sind nicht längst alle Menschen Vegetarier?

3. Wie könnte man Menschen überzeugen, weniger Fleisch zu essen?

4. Wie oft soll man nach der Deutschen Gesellschaft für Ernährung Fleisch essen?

5. Wie viele Menschen essen in öffentlichen Kantinen in Deutschland?

6. Was meint Burkart Schmid: Wäre es eine gute Idee, das Essen in öffentlichen Kantinen so zu regeln, dass nur vegetarisches Essen ausgeteilt wird? Warum (nicht)?

7. Was meint Volker Peinelt: Warum hat vegetarisches Essen ein schlechtes Image?

8. Wie viel Zeit verbringen die Kochschüler beim Erlernen von "Speisen aus pflanzlichen Rohstoffen"?

9. Wollen mehr Kochschüler jetzt Fortbildungen in vegetarischer Küche machen?

10. Ist ein staatlich verordneter Vegetarismus in Deutschland bald zu erwarten? Warum (nicht)?

F. Fragen zur Diskussion

1. Wäre es wünschenswert, dass alle Menschen weitgehend auf Fleisch verzichten? Warum (nicht)?

2. Wie könnten wir die meisten Menschen überzeugen, nur ein- bis zweimal in der Woche Fleisch zu essen?

3. Würden Sie gern mehr Speisen aus pflanzlichen Rohstoffen in Restaurants sehen?

4. Was würden Sie von einem staatlich verordeten Vegetarismus halten?

Wortschatzübungen

G. Wortgruppen

Zu welcher Kategorie gehören diese Sachen?

| Fett | Gemüse | Fisch | Fleisch | Geflügel | Getreide | Milchprodukte | Obst |

1. Ananas, Erdbeeren, Mangos, Zwetschgen = _____

2. Hirsch, Lamm, Rind, Schwein = _____

3. Eis, Jogurt, Käse, Sahne = _____

4. Butter, Margarine, Olivenöl, Schmalz = _____

5. Hafer, Mais, Reis, Roggen = _____

6. Blumenkohl, Gurken, Kürbis, Spargel = _____

7. Forelle, Hering, Lachs, Zander = _____

8. Enten, Hühner, Gänse, Truthahn = _____

H. Definitionen

Finden Sie die richtigen Definitionen unten für diese Nomen.

1. ____ erneubare Energien

2. ____ nicht erneubare Energien

3. ____ die globale Erwärmung

4. ___ der Klimawandel

5. ___ der Treibhauseffekt

6. ___ die Treibhausgasen

7. ___ der Veganer

8. ___ der Vegetarier

a. der seit Mitte des 19. Jahrhunderts beobachteten Anstieg der Durchschnittstemperatur der erdnahen Atmosphäre und der Meere

b. die Veränderung von Klima auf der Erde, unabhängig von Ursachen, ob natürliche oder menschliche

c. gasförmige Stoffe in der Luft, die zum Treibhauseffekt beitragen können

d. Energiequellen, die nicht unbegrenzt zur Verfügung stehen, z. B. Erdöl, Erdgas, Kohle und Atomenergie

e. eine Person, die alle Nahrungsmittel tierischen Ursprungs meidet oder aber jegliche Nutzung von Tieren und tierischen Produkten (z. B. Leder) insgesamt

f. Energiequellen, die nach menschlichen Maßstäben unerschöpflich sind, z. B. Sonnenenergie, Wasserkraft und Windkraft

g. jemand, der Nahrungsmittel von getöteten Tieren meidet (z. B. Fisch, Fleisch), aber Produkte von lebenden Tieren vielleicht zu sich nimmt (z. B. Eier, Milch, Käse)

h. die Wirkung von Treibhausgasen in Atmosphären auf die Temperatur am Boden

I. Zuordnungen

Was passt zusammen? Verbinden Sie.

1. ein Gericht ___   a. verzichten

2. auf Fleisch ___   b. erlernen

3. die Umwelt ___   c. kochen

4. den Klimawandel ___   d. züchten

5. Nutztiere ___   e. aufhalten

6. Kochkunst ___   f. prägen

7. sich an einen Geschmack ___   g. gewöhnen

8. Essgewohnheiten ___   h. retten

Grammatik im Kontext

J. Kausalsätze

Finden Sie die logische Begründung.

1. Die Betreiber müssen sich hochgradig am Geschmack des Gastes orientieren, ___

2. Vegetarisches Essen hat ein schlechtes Image, ___

3. Köche müssen lernen, gute vegetarische Gerichte zu kochen ___

4. Bislang ist ein staatlich verordneter Vegetarismus nicht zu erwarten ___

a. denn dies würde dem Klima helfen.

b. weil sie es sich nicht leisten können, ihre Kunden zu vergraulen.

c. denn in den Kantinenrichtlinien des Bundes heißt es, "das Essen soll aus Fleisch, Gemüse, Kartoffeln oder anderen gleichwertigen Nahrungsmitteln bestehen".

d. da die meisten Köche keine attraktiven vegetarischen Gerichte kochen können.

K. Konditionalsätze

Finden Sie die logische Verbindung.

1. Wenn das Bewusstsein und die Akzeptanz für eine gesunde, fleischarme Ernährung wachsen sollen, ___

2. Wenn Kantinen ihr Essen nur danach auswählen würden, ob es gesund ist, ___

3. Wenn die Regierung zum Beispiel anordnen könnte, dass in allen öffentlichen Kantinen nur noch vegetarisches Essen ausgeteilt wird, ___

4. Wenn man das Image des vegetarischen Essens verbessern will, ___

a. wären mehr als 15 Millionen Menschen gezwungen, fünf Tage in der Woche zumindest mittags auf Fleisch zu verzichten.

b. hätten sie keine Gäste mehr.

c. sollte die Regierung die Schulverpflegung bundesweit regeln.

d. müsste man schon in der Ausbildung ansetzen und der fleischlosen Kochkunst einen höheren Stellenwert einräumen.

Zur Diskussion und zum Schreiben

L. Vegetarier oder Veganer sein

Was glauben Sie, ist es gesünder, auf Fleisch oder sogar völlig auf Tierprodukte (inklusiv Milchprodukte, Eier, usw.) zu verzichten? Sind Sie schon, oder würden Sie gern, Vegetarier oder Veganer sein? Warum (nicht)? Beschreiben Sie den Speiseplan, den Sie am gesündesten finden und erklären Sie warum dieser Speiseplan gesund ist.

M. Leben Sie umweltfreundlich?

Erklären Sie, was Sie alles persönlich machen, um der Umwelt zu helfen, z. B.:

- wie Sie Wasser und Strom sparen
- wie oft Sie mit dem Bus oder Rad (statt mit dem Auto) fahren
- ob Sie zu Hause recyceln
- ob Sie Tüten mitbringen, wenn Sie einkaufen gehen
- ob Sie Tierprodukte in Maßen essen oder ganz auf Tierprodukte verzichten
- ob Sie lieber lokal angebaute Nahrungsmittel kaufen
- ob Sie lieber organisches Obst und Gemüse kaufen

Wie könnten Sie Ihre persönlichen Gewohnheiten ändern, um der Umwelt besser zu helfen?

Filmtipp:

"Gabel statt Skalpell: Gesünder leben ohne Fleisch" (2011)

Kapitel 16   Multikulti

Nicht die Anzahl der Ausländer,
sondern der Umgang mit ihnen macht die Weltstadt aus.
Martin Gerhard Reisenberg

A. Der Karneval der Kulturen

Schreiben Sie die passenden Wörter in die Lücken.

Ländern	Jahren	multikulturelles	toleranzbetonte
Hauptstadt	Wagen	Schmelztiegel	türkische

Berlin ist die _____ Deutschlands und zählt zu den angesagten Städten in Europa. Mit ihren 3,5 Millionen Einwohnern aus zahlreichen _____ hat sie sich zum _____ der Kulturen entwickelt.

Seit 1996 wird alljährlich um das Pfingstwochenende herum ein _____ Fest im Stadtteil Kreuzberg gefeiert. Die Umzüge, die Musik- und Theaterveranstaltungen dienen als eine bunte, friedliche und _____ Demonstration der kulturellen Vielfalt.

Zahlreiche Gruppen unterschiedlichster Nationalitäten bieten beim Karneval der Kulturen auf fahrenden _____ Musik, Tanz, Performance, bildende Künste und Akrobatik. Auch ein Kinderkarneval ist inzwischen im Standardprogramm enthalten.

In den letzten _____ lag die Besucherzahl zwischen 600.000 und einer Million, und die Teilnehmerzahl bei den Umzügen über 4.000 Akteure. Am Umzug sind neben deutschen vielfach afrikanische und südamerikanische Gruppen beteiligt. Obwohl Kreuzberg teilweise türkisch geprägt ist, sind _____ Gruppen bisher kaum vertreten.

B. Fragen zum Thema

Fragen Sie einen Partner/eine Partnerin.

1. Gehst du gern auf Straßenfeste?

2. Warst du schon mal bei dem Karneval der Kulturen in Berlin?

3. Hast du den **Ausdruck** "Multikulti" schon mal gehört?

4. Wie multikulturell ist dein **Heimatland**?

5. Gibt es Schwierigkeiten zwischen **Einwanderern** und den **Einheimischen** in deinem Heimat-land? (*Ja*: Was für welche?)

6. Hältst du kulturelle **Vielfalt** eher für **bereichernd** oder **lästig**?

Multikulturalismus

> *Quelle*: Der folgende Text von www.wikipedia.de, 2015, wurde teilweise geändert, hauptsächlich verkürzt.

1 **Multikulturalismus** (auch **Multi-Kulti** oder **Multikulti**) ist der Oberbegriff für eine Reihe sozialphilosophischer Theorieansätze mit Handlungsimplikationen für die Kulturpolitik eines Landes. Multikulturalisten treten für den Schutz und die Anerkennung kultureller Unterschiede durch den Staat ein. Multikulturalismus steht dem Gedanken einer
5 dominanten Nationalkultur ebenso entgegen wie dem in den USA weit verbreiteten Gedanken des „Melting Pot" (Schmelztiegel), der von einer Angleichung der verschiedenen Kulturen ausgeht.

Das Ziel der multikulturellen Gesellschaft
10 Ziel des Multikulturalismus ist die multikulturelle Gesellschaft, in der es keinen staatlichen oder auch nichtstaatlichen Anreiz oder „Druck" zur Assimilation geben soll. Die ethnischen und kulturellen Gruppen sollen hingegen einzeln existieren. Dabei beruht dieses Modell auf dem Postulat, dass die Angehörigen der jeweiligen Ethnien sich gegenseitig Verständnis, Respekt, Toleranz entgegenbringen und einander als
15 gleichberechtigt ansehen können.

***

"Multikulti" ist Interpretationssache

von Helen Hoffmann

Quelle: Kölnische Rundschau, 17. Oktober 2010

1 **Was genau bedeutet "multikulti"? – Die Wortbedeutung hängt vor allem mit dem Verständnishintergrund des Benutzers zusammen. Der Begriff der mulitkulturellen Gesellschaft ist zunächst einmal wert-neutral.**

5 BERLIN – "Multikulti" ist die Abkürzung für multikulturell. Eine Gesellschaft gilt als kulturell vielfältig, wenn sie aus Menschen mit unterschiedlicher Muttersprache, verschiedenen Traditionen und Religionen besteht. Manche empfinden das als bereichernd, andere nicht. So wird auch der Begriff auf zwei Arten interpretiert. Die einen verwenden ihn, um auf befürchtete Gefahren der Zuwanderung hinzuweisen, die anderen
10 thematisieren damit ein möglichst gutes Zusammenleben in einer pluralistischen Gesellschaft.

Die Bundeszentrale für politische Bildung nennt es eine Tatsache, dass moderne Gesellschaften aufgrund ihrer freiheitlich-offenen Ordnung multikulturell sind.
15 Multikulturalismus bezeichnet demnach zudem die politische Forderung, Wege zu finden, wie Menschen unterschiedlicher Herkunft respektvoll zusammenleben und voneinander profitieren können.

Das Wort kommt aus dem Englischen ("multiculturalism") und tauchte in den 60er Jahren
20 zunächst in Kanada, später auch in der politischen Diskussion anderer Einwanderungsländer wie Australien und den USA auf. In Deutschland spielte der Begriff "multikulturelle Gesellschaft" erstmals Ende der 70er Jahre in der sozialpädagogischen und kirchlichen Diskussion eine Rolle. Seit Ende der 80er Jahre wurde er mit Blick auf die Ausländerpolitik verstärkt als Gegenentwurf zu nationalistischen Strömungen verwendet.
25 In der politischen Diskussion in Deutschland wird "multikulti" oft als eine Art Kampfbegriff verwendet. Konservative prangern damit SPD und Grüne und ihre Vorstellungen von der Integration von Ausländern an, die sie für verfehlt halten.

***

Mikronesien ist nicht dabei

Multikulti ist in Deutschland Realität

von Sandra Trauner

Quelle: n-tv, Dienstag, 14. Januar 2014

1 In Deutschland leben Menschen aus nahezu allen Staaten der Erde. Laut
Ausländerzentralregister gibt es nur vier diplomatisch anerkannte Länder, aus denen
niemand offiziell in der Bundesrepublik wohnt: die Inselstaaten Osttimor, Palau,
Mikronesien und Marshallinseln. Aus allen anderen 190 Staaten gab es am 31. Dezember
5 2012 Einträge, wie das Statistische Bundesamt in Wiesbaden berichtet.

Kleinste Bevölkerungsgruppe in Deutschland waren Menschen aus Nauru, einem
Inselstaat mit 10.000 Einwohnern im Pazifik: Genau eine Person mit dieser
Staatsangehörigkeit war Ende 2012 in Deutschland registriert. Aus anderen Mini-Ländern
10 wie Vatikanstadt und von den Salomonen hielten sich immerhin zwei Personen in
Deutschland auf.

Die größten Bevölkerungsgruppen sind weniger überraschend: Von den 7,2 Millionen zum
Zeitpunkt der Stichprobe registrierten Ausländern hatten mit 1,6 Millionen die meisten
15 einen türkischen Pass, gefolgt von polnischen (532.000) und italienischen (529.000)
Staatsangehörigen.

***

Demografie Deutschlands

> *Quelle*: Der folgende Text von www.wikipedia.de, 2015, wurde teilweise geändert, hauptsächlich verkürzt.

1   In Deutschland leben heute etwa 82 Millionen Menschen.

Überblick
Die Geburtenrate der deutschen Bevölkerung befindet sich seit den 1970er Jahren auf
5   einem konstant niedrigen Niveau. Im Jahre 2012 betrug der Sterbeüberschuss 196.038
Personen. Dem stand im selben Jahr ein Zuwanderungsgewinn von 368.945 Personen
gegenüber, so dass die Bevölkerung zahlenmäßig um 195.846* Personen zunahm.

Knapp 6,6 Millionen in Deutschland lebender Menschen sind ausschließlich
10   ausländische Staatsbürger. 15 Millionen Einwohner Deutschlands hatten im Jahr 2011 einen
Migrationshintergrund.

Die Anzahl der *nicht registrierten* Personen anderer Staatsangehörigkeit in Deutschland,
die meist mit dem Terminus illegale Einwanderung bezeichnet werden, ist amtlich nicht
15   erfasst. Es wird aber geschätzt, dass die wirkliche Anzahl zwischen 415.000 und
1.660.000 liegen könnte.

Bevölkerungsentwicklung durch Geburt
In den westdeutschen Bundesländern geht die Zahl der Geburten seit Ende der 60er
20   Jahre zurück (sog. 'Pillenknick'). Die Geburtenrate Deutschlands ist somit die niedrigste
innerhalb der Europäischen Union, mit 8,4 Neugeborenen pro 1.000 Einwohner im Jahr
2012. Im gleichen Jahr lag die Geburten pro Frau im gebärfähigen Alter bei 1,38. Dabei
zeigt sich, dass die Geburtenrate der Frauen mit Migrationshintergrund
überdurchschnittlich ist. Im Jahr 2008 hatten Frauen der Jahrgänge 1959–1973 ohne
25   Migrationserfahrung im Schnitt 1,44 Kinder, diejenigen mit Migrationserfahrung 1,95
(darunter Frauen türkischer Staatsangehörigkeit durchschnittlich 2,60 Kinder).

Bevölkerungsentwicklung durch Migration
2013 lebten insgesamt 15.913 Millionen Personen mit Migrationshintergrund in
30   Deutschland. Dies entspricht 19,7% der Bevölkerung. Als Personen mit
Migrationshintergrund zählen im Mikrozensus 2013 alle Ausländer/-innen sowie alle
Deutschen, die nach 1955 auf das Gebiet der heutigen Bundesrepublik Deutschland
zugewandert sind oder mindestens einen nach 1955 zugewanderten Elternteil haben.

35   Die Großstädte mit dem höchsten Anteil der Personen mit Migrationshintergrund sind
Frankfurt am Main (43%), Stuttgart (38%), Nürnberg (37%), München (36%) und
Düsseldorf (32%), jeweils der Stand 2011.

Die Zuwanderer stammen in der Mehrzahl aus Vorderasien (wie Türkei, Syrien, Irak),
40   Südeuropa (wie Italien, Griechenland, Spanien), und Mittel- und Osteuropa (Österreich
und ehemaligen Ostblock-Ländern, wie Polen, Bulgarien, Ungarn, Rumänien, usw.).

Im Jahre 2013 wurde im Zuge einer stark gestiegenen Zuwanderung der höchste
Wanderungsgewinn seit 1996 erreicht. Es wanderten insgesamt etwa 1.226.943 Menschen
45   nach Deutschland ein bei gleichzeitig etwa 797.886 Auswanderern. Somit ergibt sich ein
positiver Wanderungssaldo von 450.464* Personen.

---

*Kleinere rechnerische Korrekturen am Bevölkerungsbestand haben den Gesamtgewinn etwas erhöht.

Nach dem Lesen

C. Richtig (R) oder Falsch (F)?

1. ___ Multikulti war ursprünglich ein Kult in den USA.

2. ___ Ein anderes Wort für Multikulti ist "Schmelztiegel".

3. ___ "Multikulti" wird oft in der politischen Diskussion als Kampfbegriff verwendet.

4. ___ In Deutschland leben Menschen aus 190 diplomatisch anerkannten Ländern.

5. ___ 2012 wohnten 10.000 Menschen aus Nauru in Deutschland.

6. ___ Die größten ausländischen Bevölkerungsgruppen in Deutschland sind die Türken, Griechen und Spanier.

7. ___ In Deutschland haben Frauen im gebärfähigen Alter immer mehr Kinder.

8. ___ Im Jahre 2013 sind mehr Menschen nach Deutschland eingewandert als aus dem Land ausgewandert.

9. ___ Fast 20% der Bevölkerung in Deutschland hat einen Migrationshintergrund.

10. ___ Die Großstadt mit dem höchsten Anteil der Personen mit Migrationshintergrund ist Berlin.

D. Fragen zum Text

1. Wie unterscheiden sich die Konzepte von "Multikulturalismus" und "Schmelztiegel"?

2. Auf welchem wichtigen Postulat beruht Multikulturalismus?

3. Wofür steht die Abkürzung "Multikulti"?

4. Woher kommt das Wort "Multikulti"?

5. Wann und wo tauchte das Wort zunächst auf?

6. Womit hängt die Wortbedeutung für "Multikulti" zusammen?

7. Seit wann wird der Begriff "Multikulti" in Deutschland verwendet?

8. Aus welchen vier diplomatisch anerkannten Ländern wohnte 2012 niemand offiziell in der Bundesrepublik?

9. Was sind die größten Bevölkerungsgruppen unter den registrierten Ausländern in der Bundesrepublik?

10. Nahm die Bevölkerung in Deutschland 2012 zahlenmäßig zu oder ab?

11. Aus welchem Grund geht die Geburtenrate seit Ende der 60er Jahre zurück?

12. Welche fünf Großstädte in Deutschland haben den höchsten Anteil der Personen mit Migrationshintergrund?

E. Fragen zur Diskussion

1. Welches Modell finden Sie besser: "Multikulti" oder den "Schmelztiegel"?

2. Wie kann kulturelle Vielfalt bereichernd und wünschenswert sein?

3. Was für Probleme kann die kulturelle Vielfalt verursachen?

4. Gibt es Statistiken in den Artikeln, die Sie überraschend finden?

Wortschatzübungen

F. Zusammensetzungen

Zu welcher Kategorie oder zu welchem Konzept gehören diese Sachen?

Inselstaaten	Bundesländer	Mini-Länder	Religionen	Sprachen	politische Parteien

1. Griechisch, Türkisch, Deutsch = _____

2. Bayern, Berlin, Thüringen = _____

3. Osttimor, Palau, Mikronesien = _____

4. SPD, FDP, die Grünen = _____

5. Christentum, Islam, Judentum = _____

6. die Salomonen, die Vatikanstadt, Liechtenstein = _____

G. Synonyme

Welche Wörter haben die gleiche (oder eine ähnliche) Bedeutung? Verbinden Sie.

1. ____ befürchten   a. beeinflussen

2. ____ berichten   b. repräsentieren

3. ____ bezeichnen   c. benutzen

4. ____ bieten   d. widersetzen

5. ____ entgegenstehen   e. aufweisen

6. ____ prägen   f. Angst haben vor

7. ____ vertreten   g. benennen

8. ____ verwenden   h. erzählen

H. Redewendungen

Formulieren Sie die unterstrichenen Ausdrücke anders.

> außerdem   erst einmal   während   zunehmend   hauptsächlich

1. Die Wortbedeutung hängt **vor allem** mit dem Verständnishintergrund des Benutzers zusammen. = _____

2. Der Begriff der multikulturellen Gesellschaft ist **zunächst einmal** wert-neutral.= _____

3. Multikulturalismus bezeichnet demnach **zudem** die politische Forderung, Wege zu finden, wie Menschen unterschiedlicher Herkunft respektvoll zusammenleben und voneinander profitieren können. = _____

4. Im Jahre 2013 wurde **im Zuge** einer stark gestiegenen Zuwanderung der höchste Wanderungsgewinn seit 1996 erreicht. = _____

5. Seit Ende der 80er Jahre wurde er mit Blick auf die Ausländerpolitik **verstärkt** als Gegenentwurf zu nationalistischen Strömungen verwendet. = _____

Grammatik im Kontext

I. Adverbien des Grundes

Adverbien des Grundes erfragen wir mit: *Warum? Wieso? Weshalb?*

Unterstreichen Sie die Adverbien des Grundes in den folgenden Sätzen.

1. Die Bundeszentrale für politische Bildung nennt es eine Tatsache, dass moderne Gesellschaften aufgrund ihrer freiheitlich-offenen Ordnung multikulturell sind.

2. Multikulturalismus bezeichnet demnach zudem die politische Forderung, Wege zu finden, wie Menschen unterschiedlicher Herkunft respektvoll zusammenleben und voneinander profitieren können.

3. In den westdeutschen Bundesländern geht die Zahl der Geburten seit Ende der 60er Jahre zurück. Die Geburtenrate Deutschlands ist somit die niedrigste innerhalb der Europäischen Union.

4. Nach der grundlegenden Theorie der amtlich-offiziellen Interpretation des "Multikulturalismus" gibt es auf der Welt keine "Völker" oder "Nationen", sondern nur "Kulturen". Diese "Kulturen" basieren auf erlernten Verhaltensmustern und sind folglich beliebig austauschbar.

Zur Diskussion und zum Schreiben

J. Die Integration von Zuwanderern

Inwieweit sollen sich Einwanderer der Kultur des Gastlandes anpassen? Sollen sie die Sprache lernen? Sollen sie auch in der Familie die Sprache des Gastlandes sprechen? Sollen Einwanderer die Sitten und Lebensart des neuen Landes annehmen? Inwiefern sollen sie ermutigt werden, ihre Kultur und Tradition auch weiterhin zu pflegen?

Kapitel 17   Glücklichsein

Das Glück klopft nur bei dem an, der ihm die Tür öffnet.
Anke Maggauer-Kirsche

12 Sachen, die nicht glücklich machen

Quelle: "Freundin" 13. April 2005 (S.122)

"Freundin" ist eine Frauenzeitschrift, die seit 1948 in München veröffentlicht wird. Sie erscheint zweiwöchentlich und hat 2,830 Millionen Leser.

Vor dem Lesen

A. Glück und Stimmungskiller

Was bringt Ihnen Glück? Was bereitet Ihnen Stress oder wirkt als Stimmungskiller? Diskutieren Sie im Kurs.

Humor   Familie   Selbstwert   Gesundheit   Liebesbeziehung   Schuldgefühle   Kreativität   Akzeptanz   Alkohol- oder Drogenprobleme   Meditation   Krankheit   Partnerschaft   Freunde   Arbeit   Intelligenz   Sport   Entspannung   Kinder   Urlaub   Spiritualität   Hobbys   Einsamkeit   Besitz   Depressionen   Lernen   das Denken an eine bessere Zukunft   das Leben im Hier und Jetzt   ??

Glück	Stimmungskiller

B. Fragen zum Thema

Diskutieren Sie mit einem Partner/einer Partnerin.

1. Wer ist der glücklichste Mensch, den du kennst? **Woran liegt es**, dass er/sie so glücklich ist?

2. Bist du ein glücklicher Mensch? Woran liegt es, dass du (un)glücklich bist?

3. Bist du eher optimistisch oder pessimistisch?

4. Meinst du, dass Geld glücklich macht?

5. Ist es dir wichtig, in einer **schicken Gegend** zu wohnen?

6. Was meinst du: Was wirst du in der Zukunft brauchen, um glücklich(er) zu sein?

C. Fragen zur Vorbereitung

Fragen Sie einen Partner/eine Partnerin.

1. Hast du oft **heftige Lachanfälle**? (*Ja*: Wann?)

2. Was findest du besonders lustig?

3. Gibt es sowas wie schlechte **Erfahrungen** im Leben, oder sind alle Erfahrungen gut?

4. **Stellst** du **dir** oft **vor**, was alles **schief gehen** könnte?

5. Wann spürst du **Kribbeln** im **Bauch**?

6. Möchtest du lieber in der teureren **Stadtmitte** oder am billigeren **Stadtrand** wohnen?

7. **Siehst** du mehr als dreimal die Woche **fern**?

8. Was hältst du von **Hausarbeit**? Macht sie dich überhaupt glücklich?

9. Hast du eine **sorglose Frohnatur** oder **machst** du **dir** oft **Sorgen**?

10. Was hältst du von **Schönheitsoperationen**?

11. Möchtest du gern **das Lotto** gewinnen?

12. Möchtest du einen Partner mit den gleichen **Grundstrukturen** der Persönlichkeit finden?

13. Schaust du dir jeden Tag die **Nachrichten** an?

14. Glaubst du an die Liebe? Kann die Liebe große **Gegensätze überbrücken**?

15. Könntest du ganz ohne **Fernsehen** leben?

16. Willst du jedem **Risiko ausweichen**, nur damit du nicht als **Verlierer** dastehst?

12 Sachen, die nicht glücklich machen

1   In eine schicke Gegend ziehen
Vielleicht träumt man davon, im Szenenviertel zu leben, statt im Wohnblock am Stadtrand zu hausen. Nur: Glücklicher wird man dadurch nicht. US-Forscher Erzo Luttmer fand heraus: Je mehr die Nachbarn sich leisten können, desto unzufriedener wird man selbst, wenn der Preis fürs schicke Lifestyle-Feeling ist, dass man sich alles vom Mund absparen muss.

2   Endlich im Lotto gewinnen
Der Jackpot, auf den Millionen jede Woche hoffen, ist mit Sicherheit keine Zauberformel für Zufriedenheit. US-Wissenschaftler Robert Frank stellte fest: Das Verlangen nach mehr Besitz lässt sich nie stillen. Sobald ein Wunsch befriedigt ist, verspürt man den nächsten. Experten wissen auch, dass die seelische Belastung bei einem Geldgewinn enorm ist und oft psychische Probleme auftreten.

3   Sich Lästiges abnehmen lassen
Eine Haushaltshilfe z.B. erleichtert zwar fraglos das Leben, mindert aber kleine Glücksmomente. Diesen Schluss könnte man zumindest aus einer Studie des Soziologieprofessors Jean-Claude Kaufmann ziehen. Abwaschen, Staubsaugen, Bügeln, sei nämlich vergleichbar mit einer Meditation – all das kann die verstärkte Produktion von Glückshormonen hervorrufen.

4   Cocooning vor dem TV
Endlich abschalten, Füße hoch, Fernseher an – beliebt, aber leider keine Quelle wahrer Entspannung. Auch wenn man die News- und Talkflut nur an sich vorbeiflimmern lässt – wir sind glücklicher, wenn wir öfter einen TV-freien Abend einplanen, sagt Psychologe Jeff Davidson. Denn: Die Masse der Unglücksmeldungen verstärkt unterschwellig das Gefühl, in einer unsicheren, bösen Welt zu leben.

5   Bloß kein Loser sein
Jedem Risiko ausweichen, damit man nie als Verlierer dasteht? Kein ideales Rezept zum Glücklichsein. Forscherin Susan Assman erbat von zehntausend alten Menschen ein Resümee ihres Lebens. Dabei zeigte sich, dass 98 Prozent der 70- und 85-Jährigen auch Krisen, Krankheiten oder Niederlagen rückblickend positiv sahen – oft hätten sie sogar neue Stärke und eine Wende zum Guten mit sich gebracht.

6   Nur an sich selbst glauben
Auf die eigenen Kräfte, Fähigkeiten und die Ratio vertrauen – diese Einstellung ist sicher gut. Besser ist aber, auch aus den philosophischen und spirituellen Aspekten des Lebens Stärke zu gewinnen. Laut Experte David Myers hilft jede Form von Vertrauen in einen allumfassenden Daseinssinn, den Glückslevel zu heben.

7   Darauf hoffen, dass Liebe auch große Gegensätze überbrückt
Forscher der Universität von Iowa haben herausgefunden: Je mehr Partner in wesentlichen Eigenschaften übereinstimmen, desto glücklicher verläuft die Beziehung. Wobei es jedoch nicht auf die gleiche Wertvorstellungen und Lebensstile ankommt, sondern auf die Grundstrukturen der Persönlichkeit wie z.B. Risikobereitschaft, Kreativität oder Friedfertigkeit.

8   Unbegrenzte Möglichkeiten haben
Alles ist drin – oder muss man eher sagen: Qual der Wahl? Letzteres darf man durchaus wörtlich nehmen: Der US-Psychologe Barry Schwartz hat bewiesen, dass Menschen, die zu viele Optionen haben, diese Freiheit nicht genießen können, sondern sich davon gestresst fühlen.

9   Das Glück festhalten wollen

Forscher wissen: Die meisten Menschen erwarten zu viel vom Glück. In Studien wurde nachgewiesen, dass tiefe Glücksgefühle (beschleunigter Puls, Kribbeln im Bauch, heftiger Lachanfall) meist nur wenige Sekunden anhalten. Von Dauer kann allerdings eine grundsätzliche Lebenszufriedenheit sein.

10   Immer „positiv denken"

Auch Pessimismus trägt phasenweise zur Zufriedenheit bei, so Psychologin Julie K. Norem. („Die positive Kraft negativen Denkens", Scherz Verlag). Wer darauf gefasst ist, was alles schief gehen könnte, kommt mit Rückschlägen besser klar and fällt nicht so schnell ins schwarze Loch wie sorglose Frohnaturen.

11   Schönheitsmakel beseitigen

Hier Cellulite, da Speck – Frauen glauben oft, dass Schönheit glücklich machen würde. Forscher konnten aber beweisen: Wahre Attraktivität ist eine Frage der inneren Einstellung. Und: Schönheits-OPs steigern das Glücksgefühl kaum.

12   Sexuellen Kick suchen

Stimmt schon, Sex ist eine prima Glücksquelle. Aber Studien haben gezeigt, dass Menschen, die ihre Erfüllung mit häufig wechselnden Partnern suchen, deutlich unglücklicher sind als Monogame.

Nach dem Lesen

D. Richtig (R) oder Falsch (F)?

1. ____ Es macht bestimmt glücklicher, in eine schicke Gegend zu ziehen.

2. ____ Wenn man im Lotto gewinnt, lässt sich das Verlangen nach Besitz endlich stillen.

3. ____ Hausarbeit ist vergleichbar mit einer Meditation.

4. ____ Fernsehen ist entspannend und macht meistens sehr glücklich.

5. ____ Nach Krisen und Krankheiten kann man neue Stärke gewinnen.

6. ____ Beziehungen verlaufen glücklicher, wenn die Partner die gleichen Grundstrukturen der Persönlichkeit haben.

7. ____ Tiefe Glücksgefühle halten meist jahrelang an.

8. ____ Pessimismus hat keine Vorteile.

9. ____ Wenn man Schönheitsmakel hat, steigern Schönheits-OPs das Glücksgefühl sehr.

10. ____ Monogame sind meistens glücklicher als Menschen, die viele Liebespartner haben.

E. Zum Leseverstehen

Nach diesem Artikel: Welche Sachen machen Menschen *nicht* unbedingt glücklicher? Unterstreichen Sie!

---

in einer schönen Gegend wohnen   viele Liebespartner   fernsehen   Hausarbeit
hauptsächlich an sich selbst glauben   viele Optionen haben   immer gesund sein
Vertrauen in einen allumfassenden Daseinssinn   das Lotto gewinnen
die gleichen Grundstrukturen der Persönlichkeit wie der Partner haben
immer zu gewinnen   eine sorglose Frohnatur   Schönheits-OPs
negatives Denken   die Monogamie   keine Krisen erleben

F. Zur Diskussion

Was denken Sie darüber? Stimmen Sie damit überein oder nicht? Geben Sie Beispiele!

z. B. In dem Artikel steht, dass X *nicht* glücklich macht. Aber ich glaube, X macht *doch* glücklich.

Wortschatzübungen

G. Gegensätze

Was ist das Gegenteil?

unendlich	friedfertig	vorsichtig	heftig	sorglos	gestresst

1. risikobereit / _____

2. beunruhigt / _____

3. streitsüchtig / _____

4. entspannt / _____

5. begrenzt / _____

6. leicht / _____

H. Zusammensetzungen

Zu welcher Kategorie oder zu welchem Konzept gehören diese Sachen?

> Besitz   Hausarbeit   Glücksgefühle   Schönheitsmakel
> Eigenschaften   Unglücksmeldungen

1. Cellulite, Pickel, Speck = _____

2. Autobahnunfall, Flugzeugabsturz, Überflutung = _____

3. Staubsaugen, Bügeln, Abwaschen = _____

4. beschleunigter Puls, heftiger Lachanfall, Kribbeln im Bauch = _____

5. Auto, Schmuck, Wohnung = _____

6. Kreativität, Friedfertigkeit, Humor = _____

I. Je . . . desto . . .

Verbinden Sie die passenden Satzteile.

1. Je mehr Partner in wesentlichen Eigenschaften übereinstimmen, = ____

2. Je mehr die Nachbarn sich leisten können, = ____

3. Je negativer man denkt, = ____

4. Je mehr Optionen Menschen haben, = ____

5. Je mehr man die News an sich vorbeiflimmern lässt, = ____

a. desto stärker wird das Gefühl, dass wir in einer unsicheren, bösen Welt leben.

b. desto gestresster fühlen sie sich.

c. desto glücklicher verläuft die Beziehung.

d. desto unzufriedener wird man selbst, wenn der Preis fürs schicke Lifestyle-Feeling ist, dass man sich alles vom Mund absparen muss.

e. desto besser kommt man mit Rückschlägen klar.

Grammatik im Kontext

J. Die Suffixe "-heit", "-keit" und "-ung"

Substantive mit den Endungen "-heit", "-keit" und "-ung" sind immer *Femininum*.

Schreiben Sie die richtigen Suffixe in die Lücken und vollenden Sie die Sätze unten mit dem passenden Suffix.

1. die Belast_____

2. die Bezieh_____

3. die Einstell_____

4. die Entspann_____

5. die Erfüll_____

6. die Fähig_____

7. die Friedfertig_____

8. die Sicher_____

9. die Vorstell_____

10. die Zufrieden_____

11. Das Suffix -_____ dient als Mittel zur Substantivierung von *Verben*.

12. Die Suffixe -_____ und -_____ dienen zur Substantivierung von *Adjektiven*.

K. Textsuche: Die "zu"-Konstruktion mit Verben (zu + Infinitivform)

- Diese Konstruktion bezieht sich auf das Subjekt oder Objekt in dem vorigen Satzteil
- Eine "zu"-Konstruktion hat kein Subjekt, also das Verb wird nicht konjugiert
- "zu" und das Verb werden getrennt geschrieben (z. B. *zu lesen*)
- Bei trennbaren Verben kommt "zu" zwischen dem Präfix und dem Verbstamm und die Wörter sind zusammengeschrieben (z. B. *mitzumachen*)

Es gibt fünf "zu"-Konstruktionen mit Verben in diesem Text. Schreiben Sie die "zu"-Konstruktionen und notieren Sie die Nummern der Teile, in denen sie gefunden wurden:

z. B. Teil _1_ : im Szeneviertel zu leben

1. Teil ___: _____

2. Teil ___: _____

3. Teil ___: _____

4. Teil ___: _____

Zur Diskussion und zum Schreiben

L. Die Qual der Wahl

Finden Sie es einfach, Entscheidungen zu treffen? Wann erfahren Sie die Qual der Wahl? Welche finden Sie einfacher, die kleinen oder die großen Entscheidungen? Vertrauen Sie bei Entscheidungen eher dem Bauch (Gefühl) oder dem Gehirn (Verstand)? Geben Sie Beispiele.

M. Jeder ist seines Glückes Schmied

Die meisten Forscher behaupten: Unser Glückspotential können wir unabhängig von Veranlagung und Lebensumständen beeinflussen. Was meinen Sie: Wie kann man am Glück arbeiten? Was könnten Sie selber machen, um ein glücklicheres Leben zu führen?

Kapitel 18   Die Eisbach-Welle

Surfen ist kein Sport, sondern eine Lebenseinstellung.

Quelle: www.merkur.de, 4. Januar 2013
Der "Münchner Merkur" ist eine bayrische Abonnemont-
Tageszeitung, die erstmals 1946 erschien.

Vor dem Lesen

A. Der Englische Garten

Ergänzen Sie die folgenden Sätze mit Hilfe des Internets, wenn nötig.

Anfänger	Spaziergänge	Seiltänzer	ungefährlich
größten	Bach	beobachten	riesige

Der Englische Garten ist eine _____ Grünanlage in München, Bayern. Er wurde 1789 von dem in Massachusetts geborenen bayrischen Kriegsminister Benjamin Thompson (seit 1792 "der Reichsgraf von Rumsford") konzipiert. Mit seinem 3,7 km^2 [1.4 sq. mi.] ist der Englische Garten einer der _____ öffentlichen Parkanlagen der Welt – größer, zum Beispiel, als New Yorks Central Park. Unzählige Besucher kommen jeden Tag hierher, um _____ zu machen und den Ausblick zu genießen.

Der Englische Garten ist ein Mekka für Freizeitsportler. Jogger und Radfahrer trainieren auf 78 Kilometer Wegen. Es gibt auch Frisbee-Freaks, _____, Amateurkicker, Ruder- und Tretbootfahrer. Hier treffen sich auch die Surfer das ganze Jahr über am Eisbach, dem stärksten _____ im Park.

Die künstliche Eisbachwelle ermöglicht das Surfen mitten in der Stadt. Sie befindet sich direkt an der Prinzregentenstraße beim Haus der Kunst. Von der Brücke aus kann man die Surfer ganz nah _____. Ins Wasser wagen sollen aber keine _____, denn das Surfen ist weder einfach noch _____.

B. Fragen zum Thema

Diskutieren Sie mit einem Partner/einer Partnerin.

1. Bist du sportlich? (*Ja*: Welche **Sportarten treibst** du am liebsten?)

2. Kannst du gut schwimmen?

3. Surfst du? (*Ja*: Wo und wie oft? *Nein*: Möchtest du surfen lernen?)

4. Bist du, oder kennst du, einen **Herzblutsurfer** bzw. eine **Herzblutsurferin**?

5. Ist **Wellenreiten** populär, wo du wohnst?

6. Hast du schon mal vom **Fluss**-Surfen gehört?

7. Würdest du gern Fluss-Surfen probieren?

8. Warst du schon mal in München? (*Ja*: Wie findest du diese Stadt?)

C. Fragen zur Vorbereitung

Fragen Sie einen Partner/eine Partnerin.

1. Bist du ein **Möchtegern-Wellenreiter**?

2. Hast du ein **Surfbrett**? (*Ja*: Was für eins? z. B. ein Longboard, ein Shortboard)

3. Hast du einen **Neoprenanzug**? Warum (nicht)?

4. Gibt es schöne Surf**strände**, wo du wohnst?

5. Wo kann man große **Wellen** surfen?

6. Hast du schon von Duke Kahanamoku, dem **Erfinder** des modernen Surfsports, gehört?

7. Gibt es einen **Fluss** in deinem Wohnort?

8. Gibt es viele **Brücken** in deinem Wohnort?

9. Bist du eher **vorsichtig** oder **waghalsig**?

10. Wer ist der größte **Selbstdarsteller**, den du kennst?

11. Hast du **ein sicheres Gespür für** zukünftige Trends?

12. Worüber **zerbrichst** du **dir den Kopf**?

13. Findest du es einfach, andere Wertvorstellungen oder Lebensstile zu **dulden**?

14. Würdest du gern mal einen **Zwischenstopp** in München machen?

15. Kennst du einen **Motorradrocker**?

16. Hast du schon mal ein **Didgeridoo** gesehen?

Was ist wahr an der Legende?

So entstand die Eisbach-Welle

von Corinna Erhard

(www.stadttour-muenchen.de)

1 **München – An heißen Sommertagen lockt die Eisbach-Welle unzählige Surfer in den Englischen Garten. Doch wie entstand eigentlich das kalifornische Feeling mitten in der bayerischen Landeshauptstadt?**

5 Es war einmal ein amerikanischer Soldat, der in München stationiert war. Vor lauter Heimweh nach Kalifornien und seinen Stränden nahm er eines Tages sein Surfbrett und rannte los – vorbei an Autos und Radlfahrern von seiner Kaserne über den Altstadtring zum Englischen Garten, wo er eine surfbare Stromschnelle fand. Das Wellenreiten am Eisbach war geboren.

10
Auch wenn das oft erzählte Märchen liebenswert klingt: Ob sich tatsächlich ein Amerikaner als Erfinder des Eisbach-Surfens rühmen darf, wird in München bezweifelt. Zumal es ein großer Zufall gewesen sein müsste, dass er genau den Moment erwischt hat, als die Welle einen guten Tag hatte. Denn früher funktionierte sie insgesamt höchstens
15 sechs Wochen im Jahr, zum Beispiel wenn es Kies ins Flussbett geschwemmt hatte und damit die Strömung auf ein Hindernis stieß. Kaum hallte das Geschrei „Die Welle geht! Die Welle geht!" wie Buschgetrommel durch den Englischen Garten, rannten die Surf-Freaks wie Wahnsinnige zum Spot und sprangen mit ihren Brettern in die Fluten. Immer wieder experimentierten sie und zerbrachen sich den Kopf, wie man es schaffen könnte, dass
20 sich die Welle dauerhaft öffnet und nicht gleich wieder in sich zusammenfällt.

Die zukunftsweisende Initiative ergreift schließlich der arbeitslose Tankschutzmonteur und Motorradrocker Walter Strasser. In den 1980er Jahren startet der findige Urbayer eine geheime Aktion: Er rückt mit dem Jeep an, packt einen Presslufthammer aus, sperrt
25 die viel befahrene Prinzregentenstraße, damit kein Auto über seine ausgelegten Kabel fahren kann, und montiert eine Eisenbahnschwelle ins seitliche Flussbett. Ein Werk für die Ewigkeit. Seither erzeugt der Fluss rund um die Uhr eine etwa eineinhalb Meter hohe stehende Welle, die die wahren Herzblutsurfer zu jeder Tages- und Nachtzeit nutzen.

30 Außerdem verfügt eine Gruppe aus Insidern über eine mobile Rampe, die die Welle noch besser stabilisiert. Des Öfteren ziehen sie die Rampe per Seil heraus und nehmen sie mit, um einem Massenauflauf vorzubeugen. Denn zehn bis 20 Surfer in Warteposition sind an einem Sommertag eh schon mehr als genug. Ist der Wellengang zu lasch, muss so mancher unverrichteter Dinge wieder abziehen. Das schreckt ab.

35

Es kommt nicht selten vor, dass einem mitten in der Millionenstadt, hunderte Kilometer
vom Meer entfernt, im Bus, auf dem Radl oder zu Fuß ein junger Mann im Neoprenanzug
oder in Badeshorts mit Surfbrett unter dem Arm begegnet. Touristen sind dank der
Reiseführer-Rubrik „Attraktionen" darauf vorbereitet: München – die Stadt des Bieres,
40   der Wiesn und des Surfens! Betört vom Rauschen der Fluten beobachten täglich
zahlreiche Einheimische sowie staunende Gäste aus Abu Dhabi, Tokio oder auch Madrid
von der Steinbrücke aus, wie die Wellenreiter ihre Freiheit genießen. An keinem Meer der
Welt lässt sich ein solches Spektakel so nah bewundern. Auf Tahiti muss man Boote
mieten, um Surfer zu bestaunen, in München reicht ein Busticket zum Haus der Kunst.
45

Wer hier das Surfen gelernt hat, bekommt ein sicheres Gespür für Kurven-Technik und
lernt raffinierte Tricks. Riversurfen ist ein Kunststück. Im Fluss kommt die Welle von
vorne, im Meer von hinten. Im Meer muss der Surfer die Welle erst anpaddeln und fährt
dann in eine Richtung, im Fluss steht er nach seinem Sprung auf die Wasseroberfläche
50   sofort auf der Welle und fährt auf der Stelle hin und her. Dass es dabei eine spezielle
Technik braucht, davon hat sich auch der Musiker Jack Johnson überzeugt, der schon auf
der ganzen Welt gesurft war und vor seinem München-Konzert einen Zwischenstopp am
Eisbach eingelegt hat.

55   Surfer-Legende Kelly Slater bremste Werner Strasser, der „Hausmeister vom Eisbach",
allerdings aus. Als während der Sportmesse ISPO eine Menge Möchtegern-Wellenreiter
und Selbstdarsteller den großen Macker markierten, machte er die weltbekannte
Eisbachwelle flach – und Kelly Slater hatte das Nachsehen.

60   Beinahe wäre der Welle vor ein paar Jahren das Wasser dauerhaft abgedreht worden.
2008 wollte der Freistaat das Surfen verbieten, weil er für mögliche Unfälle keine
Haftung übernehmen wollte. Außerdem hatten die Behörden keine Rechtsgrundlage, das
Surfen im Park zu erlauben. Während die Polizei in den Anfangsjahren rigoros den
Surfern ihre Bretter wegnahm, galt das Surfen auf der Eisbachwelle die längste Zeit als
65   Sport im Graubereich: nicht erlaubt, aber geduldet. Münchner trommelten zur Rettung
der Welle, ein Deal musste her: Da übernahm die Stadt 2009 im Tausch gegen einen
unbedeutenden Grünstreifen an der Königinstraße den Flussabschnitt und erlaubte „für
geübte Surfer" den Ritt auf der Welle.

70   Mit der Floßlände in Thalkirchen verfügt die Stadt insgesamt über zwei stehende Wellen.
Nur bei Hochwasser ist die ganze Isar ein Surfer-Paradies. Dann geht es mit waghalsigen
Sprüngen von der Reichenbachbrücke hinab in den reißenden Strom. Jetzt prüft die
Stadt mittels Machbarkeitsstudie einen Umbau der Flusslandschaft, so dass im Bereich
der Wittelsbacherbrücke eine Ganzjahres-Welle entstehen kann. Auf Tipps vom Eisbach-
75   Unikum muss das Baureferat verzichten: Walter Strasser, „Hausmeister der
Eisbachwelle", ist nach Sardinien ausgewandert und baut dort Didgeridoos.

Nach dem Lesen

D. Richtig (R) oder Falsch (F)?

1. _____ Die Eisbach-Welle ist eine künstliche Flusswelle.

2. _____ Amerikanischer Soldat Jack Johnson hat die Eisbach-Welle entdeckt.

3. _____ In den 1980er Jahren war Walter Strasser der Bürgermeister von München.

4. _____ Die Eisbach-Welle ist etwa eineinhalb Meter hoch.

5. _____ Man kann die Eisbach-Welle zu jeder Tages- und Nachtzeit nutzen.

6. _____ Manchmal gibt es mehr als 20 Surfer in der Warteposition.

7. _____ 2009 hat Kelly Slater die Eisbach-Welle Weltmeisterschaft gewonnen.

8. _____ Auf Tahiti gibt es auch Flusswellen, wo man die Surfer nah bewundern kann.

9. _____ Das Surfen im Fluss und das Surfen im Meer sind sehr ähnlich.

10. _____ Das Surfen auf der Eisbach-Welle war eine lange Zeit nicht erlaubt, aber trotzdem geduldet.

E. Fragen zum Text

1. Wer laut der Legende hat die Eisbach-Welle entdeckt?

2. Wie oft im Jahr funktionierte die Welle in den frühen Jahren?

3. Was wissen wir über Walter Strasser?

4. Was hat Walter Strasser ins Flussbett montiert, und warum?

5. Wer hat eine mobile Rampe dazu verfügt? Warum wird die Rampe von ihnen manchmal herausgezogen und weggenommen?

6. Wohin sollen Touristen fahren, um die Surfer am Eisbach nah zu bewundern?

7. Ist es gefährlich im Eisbach zu surfen? Warum (nicht)?

8. Wie sind die Wellen im Meer anders als die Wellen im Fluss?

9. Welcher berühmte Musiker hat mal am Eisbach gesurft?

10. Wer ist Kelly Slater? Hat er am Eisbach gesurft?

11. Warum wollte der Freistaat 2008 das Surfen am Eisbach verbieten?

12. Für wen ist jetzt der Ritt auf der Eisbach-Welle offiziell erlaubt?

F. Fragen zur Diskussion

1. Was halten Sie von der Legende über wie die Eisbach-Welle entstanden ist?

2. Würden Sie gern die Surfer am Eisbach nah beobachten?

3. Würden Sie gern am Eisbach surfen? Warum (nicht)?

4. Wäre solch eine künstliche Fluss-Welle in ihrer Heimatstadt möglich oder erlaubt?

Wortschatzübungen

G. Lehnwörter

Ein Lehnwort ist ein Wort, das aus einer anderen "Gebersprache" (hier = Englisch) in die Nehmersprache (hier = Deutsch) übernommen wurde. Die Gebersprache muss aber nicht die Ursprungsprache sein.

Finden Sie die folgenden Lehnwörter (aus dem Englischen) in diesem Text (a–h) und verbinden Sie die Lehnwörter mit den passenden Definitionen (1–8).

1. ___ das Gefühl
2. ___ der Wellenreiter
3. ___ die Begeisterten
4. ___ der Ort
5. ___ der Hinweis
6. ___ der Streich
7. ___ die Abmachung
8. ___ der Eingeweihte

a. der Su_____
b. der Sp_____
c. der **Tipp***
d. das Fe_____
e. die (Surf-)Fr_____
f. der De_____
g. der In_____
h. der Tr_____

*das englische Wort wird mit einem "p" buchstabiert.

H. Zusammensetzungen

Welches Wort passt nicht zu den anderen? Streichen Sie durch.

1. Flut, Welle, Strömung, Strom
2. Strand, Bereich, Spot, Fleck
3. Surf-Profi, Möchtegern-Surfer, Herzblutsurfer, Surf-Freak
4. Bach, Fluss, Brücke, Meer
5. Surfbrett, Boot, Kanu, Kajak
6. Macker, Herr, Kerl, Typ

I. Redewendungen

Formulieren Sie die unterstrichenen Ausdrücke anders.

a.	dachten angestrengt darüber nach
b.	24 Stunden lang
c.	aufgrund von
d.	häufig
e.	Feingefühl
f.	nichts bekommen

1. **Des Öfteren** ziehen sie die Rampe per Seil heraus und nehmen sie mit, um einem Massenauflauf vorzubeugen = ____

2. Wer hier das Surfen gelernt hat, bekommt ein **sicheres Gespür** für Kurven-Technik und lernt raffinierte Tricks = ____

3. Kelly Slater hatte **das Nachsehen** = ____

4. Seither erzeugt der Fluss **rund um die Uhr** eine etwa eineinhalb Meter hohe stehende Welle = ____

5. Immer wieder experimentierten sie und **zerbrachen sich den Kopf**, wie man es schaffen könnte, dass sich die Welle dauerhaft öffnet = __

6. **Vor lauter** Heimweh nach Kalifornien und seinen Stränden nahm er eines Tages sein Surfbrett und rannte los = ____

Grammatik im Kontext

J. Das Partizip Präsens

Das Partizip Präsens Aktiv drückt ein bestimmtes Zeitverhältnis aus: *die Gleichzeitigkeit*. Die Bildung dieser Form lautet: Infinitiv eines Verbs + **d** + Endung (wo nötig).

Identifizieren Sie die Verben im Partizip Präsens und notieren Sie die Infinitivformen der entsprechenden Verben.

1. Seither erzeugt der Fluss rund um die Uhr eine etwa eineinhalb Meter hohe **stehende** Welle . . . (**stehen**)

2. Betört vom Rauschen der Fluten beobachten täglich zahlreiche Einheimische sowie staunende Gäste . . . (_____)

3. Mit der Floßlände in Thalkirchen verfügt die Stadt insgesamt über zwei stehende Wellen. (_____)

4. Dann geht es mit waghalsigen Sprüngen von der Reichenbachbrücke hinab in den reißenden Strom. (_____)

K. Das Partizip Perfekt als Adjektiv

Identifizieren Sie die Partizipien, die wie Adjektive funktionieren, und notieren Sie die Infinitivformen der entsprechenden Verben.

1. Auch wenn das oft **erzählte** Märchen liebenswert klingt: . . . (**erzählen**)

2. . . . [er] sperrt die viel befahrene Prinzregentenstraße, damit kein Auto über seine ausgelegten Kabel fahren kann, . . . (_____), (_____)

3. Wer hier das Surfen gelernt hat, bekommt ein sicheres Gespür für Kurven-Technik und lernt raffinierte Tricks. (_____)

4. Touristen sind dank der Reiseführer-Rubrik „Attraktionen" darauf vorbereitet . . . (_____)

Zur Diskussion und zum Schreiben

L. Sportarten

Golf   Tennis   Eishockey   Schlittschuhlaufen   Langlaufen   Skilaufen Snowboardfahren   Skateboardfahren   Reiten   Mountain-Biking Drachenfliegen   Paragliding   Laufen   Fallschirmspringen Surfen   Kitesurfen   Windsurfen   Baseball   Fußball Football   Rugby   Cricket   ??

1. Welche Sportarten treiben Sie gern/nicht gern? Warum?

2. Welche Sportarten würden Sie gern probieren?

3. Welche Sportarten schauen Sie sich gern im Fernsehen an?

4. Welche Sportarten finden Sie langweilig oder blöd?

M. Legenden, Mythen und Märchen

Legenden, Mythen und Märchen sind verwandte Formen der Folklore. Die meisten von denen hat eine Generation an die andere weitergegeben:

- Legenden sind normalerweise auf eine Art historischen Fakt basiert. Die Figuren oder Ereignisse sind aber mit der Zeit ausgeschmückt worden.

- Märchen haben meistens ein fantastisches Element wie Magie oder Fantasiefiguren und handeln oft von einem Konflikt zwischen Gut und Böse.

- Mythen sind auf Religion basiert und erzählen von übernatürlichen Wesen oder Schöpfern. Oft wird dadurch ein natürliches Phänomen erklärt.

1. Schreiben Sie eine kurze Zusammenfassung von der "Legende" in diesem Artikel. Erklären Sie auch, warum die Legende bezweifelt wird.

2. Welche deutschen Legenden, Mythen und Märchen kennen Sie?

Kapitel 19 Das Oktoberfest

O'zapft is!

A. Therese von Sachsen-Hildburghausen

Ergänzen Sie die folgenden Sätze mit Hilfe des Internets, wenn nötig.

Oktoberfest		Ludwig	München	Pferderennen	
Bayern	1854	Prinzessin	1810	Thüringen	1792

Therese von Sachsen-Hildburghausen wurde am 8. Juli _____ in Seidingstadt geboren und ist _____ in _____ gestorben. Sie war eine _____ von Sachsen-Hildburghausen, ein Herzogtum im heutigen Freistaat _____ (Zentraldeutschland).

Am 12. Oktober _____ heiratete Therese von Sachsen-Hildburghausen _____ I. in München. Die Hochzeit wurde am 17. Oktober mit einem großen _____ auf einer Wiese am Rande der Stadt gefeiert. Diese Feier war Vorläufer zum heutigen _____. Wer aber mit Bier auf das Brautpaar anstoßen wollte, musste etwas weit laufen. Der Bierverkauf wurde erst ein paar Jahre später direkt auf der Wiese erlaubt.

Durch ihre Heirat wurde Therese von Sachsen-Hildburghausen seit 1825 Königin von _____.

B. Fragen zum Thema

Fragen Sie einen Partner/eine Partnerin.

1. Woran denkst du, wenn du "Oktoberfest" hörst?
2. Warst du schon mal beim Oktoberfest in München?
3. Würdest du (noch mal) gern das Oktoberfest in München besuchen? Warum (nicht)?
4. Hast du schon bayrische **Schmankerln** probiert? (*Ja*: Welche?)
5. Hörst du gern **Blasmusik**?
6. Fährst du gern mit dem **Riesenrad**?
7. Fährst du gern **Achterbahn**?
8. Gibt es ein Oktoberfest in deiner **Heimatstadt**?

Die Geschichte des Oktoberfests

Quelle: www.oktoberfest.de, 23. Januar 2015

1   **Hier ist die einmalige Gelegenheit für Sie, am Biertisch so richtig auf die Pauke zu hauen: Wer weiß schon genau wann und wie das größte Volksfest der Welt seinen Anfang nahm? Lesen Sie weiter und werden Sie schlauer.**

5   **Die Idee**
Kein König, kein Minister, Nein, ein bürgerlicher Unteroffizier legte mit seiner Idee den Grundstein für das Oktoberfest. Eben dieser, seines Zeichens Mitglied der bayerischen Nationalgarde, schlug vor, die Hochzeit von Ludwig von Bayern und Prinzessin Therese von Sachsen-Hildburghausen mit einem großen Pferderennen zu feiern.
10
Der Bankier und Kavallerie-Major Andreas von Dall'Armi übermittelte den Vorschlag an König Max I. Joseph von Bayern – dieser war sofort Feuer und Flamme.

Das erste Oktoberfest
15 Am 17. Oktober 1810 war es soweit: Zu Ehren des königlichen Brautpaares, das am 12. Oktober 1810 geheiratet hatte, fand das erste Pferderennen und damit der Vorläufer zum Oktoberfest auf der Theresienwiese, damals noch am Stadtrand, statt. Der Name für diese "Wiese" wurde übrigens damals von der Braut Prinzessin Therese übernommen und heißt seitdem Theresienwiese.
20
Und weiter geht's
Ein Jahr später waren sich alle einig: Das Fest soll weiterhin stattfinden. Veranstalter war diesmal der "Landwirtschaftliche Verein in Bayern", der Fest und Pferderennen zur gleichzeitigen Präsentation bäuerlicher Leistungen nutzte. 1813 musste das Oktoberfest
25 das erste Mal ausfallen wegen der napoleonischen Kriege.

Jahr für Jahr fand daraufhin die Wiesn als privat finanzierte Veranstaltung statt, bis dann 1819 die Münchner Stadtväter die Sache in die Hand nahmen. Künftig sollte das Oktoberfest jedes Jahr und ohne Ausnahme gefeiert werden, unter Leitung der Stadt
30 München. Immer mehr Buden und Karusselle kamen dazu, was der Wiesn ihren Volksfestcharakter zubrachte.

1850 gab es dann wieder richtig was zu betrinken: Die Wächterin über das Oktoberfest, die Statue der "Bavaria", wurde enthüllt und ein Teil der Ruhmeshalle eingeweiht. In den
35 Folgejahren musste das Oktoberfest abermals wegen Choleraepidemien und Kriegen ausfallen.

1881 galt es, eine weitere Geburtsstunde zu feiern: Die erste Hendlbraterei wurde eröffnet und das mittlerweile traditionelle Wiesnhendl an die hungrigen Besucher
40 verkauft.

Im späten 19. Jahrhundert wurde das Oktoberfest immer mehr zu dem Fest wie wir es heute kennen. Elektrisches Licht erleuchtete die Buden und Karusselle, immer mehr

Schausteller wurden von dem Rummel angezogen und die Brauereien errichteten aufgrund
45 der großen Nachfrage große Bierzelte mit Musikkapellen anstelle der kleinen Bierbuden.

Das 20. Jahrhundert
Zum 100. Jubiläum im Jahre 1910 wurden in der Pschorr-Bräurosl, dem mit 12.000 Plätzen
damals größten Wiesn-Zelt 12.000 Hektoliter Bier ausgeschenkt. Immer mehr neuere und
50 aufregendere Fahrgeschäfte wurden eröffnet.

Während des ersten und zweiten Weltkrieges sowie in der Zeit der großen Inflation in
den 20er Jahren und in den Nachkriegsjahren fiel das Oktoberfest aus und wurde
bisweilen durch kleinere Herbstfeste ersetzt. Nach dem zweiten Weltkrieg wurde die
55 Tradition der Pferderennen mit Ausnahme des 150. Jubiläums 1960 und des 200.
Jubiläums 2010 nicht wieder aufgenommen.

1950 zapfte erstmals der Münchner Oberbürgermeister Thomas Wimmer das erste
Oktoberfestfass im Schottenhamel an. Seitdem ist es Tradition, dass jedes Oktoberfest
60 durch den Anstich des erstes Fasses durch den Oberbürgermeister und mit den Worten
"O'zapft is" eröffnet wird.

Am 26. September 1980 explodierte eine Bombe am Haupteingang des Oktoberfestes, die
13 Menschen tötete und über 200 Besucher verletzte. Einer der Toten war der
65 Attentäter Gundolf Köhler selbst. Das Oktoberfestattentat gilt als einer der
schlimmsten Anschläge in der deutschen Geschichte.

Das Oktoberfest heute
Heute ist das Oktoberfest das größte Volksfest der Welt und zieht jährlich rund sechs
70 Millionen Besucher an. Immer zahlreicher werden auch die Gäste aus dem Ausland, wobei
nicht nur die Nachbarländer Italien, Österreich und Holland, sondern vor allem auch die
USA, Japan und Australien genannt seien.

Immer mehr entwickelte sich das Oktoberfest zum Bierfest: 2010 wurden rund sieben
75 Millionen Maß ausgeschenkt. Popmusik, Schlager und das Tanzen auf Bierbänken
bestimmen heute die Festzeltstimmung. Damit das Oktoberfest nicht völlig zum
"Ballermann" wird, wurde 2005 die "ruhige Wiesn" eingeführt: Demnach werden
Festzeltwirte dazu angehalten, erst ab 18:00 Uhr Partymusik zu spielen und davor bei
bayerischer Blasmusik zu bleiben. So wird das Volksfest auch für Familien und ältere
80 Gäste nicht unattraktiv.

Zum 200. Jubiläum 2010 fand auf dem Südteil der Theresienwiese zusätzlich eine
historische Wiesn statt, die an vergangene Zeiten erinnern sollte. Es gab ein gemütliches,
familienfreundliches Festzelt, ein reiches Kulturprogramm, alte Karusselle und
85 Pferderennen wie in den Anfangsjahren.

***

Oktoberfest 2012 endet mit Bierleichen-Rekord

Quelle: www.focus.de, 7. Oktober 2012

"Focus" ist ein deutsches wöchentlich erscheinendes Nachrichtenmagazin. Es erschien erst 1993 und hat mehr als 5 Millionen Leser.

1 **Das Bayerische Rote Kreuz und die Polizei haben in den zwei Oktoberfest-Wochen mehr zu tun gehabt als je zuvor: Unter den 6,4 Millionen Besuchern gab es 800 Alkoholopfer. 2000 Mal musste die Polizei ausrücken.**

5 Viele Besucher, aber auch mehr Polizeieinsätze und Alkoholopfer auf der Wiesn 2012: Das Bayerische Rote Kreuz versorgte in den zwei Festwochen mehr als 800 Bierleichen und damit deutlich mehr Betrunkene als im Vorjahr. Auch die Polizei bekam mehr zu tun als 2011. Mehr als 2000 Einsätze hätten die Beamten ans „Limit und auch darüber hinaus" gebracht, sagte ein Polizeisprecher am Sonntag zum Abschluss des größten
10 Volksfestes der Welt.

Oktoberfest-Chef Dieter Reiter (SPD) sprach von einer bayerischen, gemütlichen Wiesn mit guten Besucherzahlen. 6,4 Millionen strömten trotz einiger Regentage auf die Theresienwiese, tranken dabei 6,9 Millionen Maß Bier und verspeisten umgerechnet 116
15 Ochsen sowie 57 Kälber.

***

250 Flöhe fürs Oktoberfest gesucht

Quelle: www.krone.at, 12. September 2006

"Die Neue Kronen Zeitung" (allgemein nur kurz "Krone" genannt) ist die auflagen-
stärkste österreichische Boulevardtageszeitung. Sie erschien erst 1900 in Wien und
hat mehr als 2,5 Millionen Leser.

1 **Wenige Tage vor dem Start des 173. Münchner Oktoberfestes sucht der Flohzirkus**
   dringend 250 Mini-Artisten. Zum "Casting" gebeten werden Hundeflöhe, die im
   Schnellkurs zu Floh-Artisten ausgebildet werden sollen, so der Direktor des
   Flohzirkus, Robert Birk. Im vergangenen Jahr war der Flohzirkus erstmals nach
5 **mehrjähriger Pause wieder auf die Wiesn gekommen und hatte zahlreiche Zuschauer**
   angelockt. Jedoch leidet der Zirkus immer wieder unter Nachwuchsmangel.

   "Wenn wir keine Flöhe bekommen, werden wir nur einen Film zeigen – das ist nicht Sinn
   und Zweck der Veranstaltung", sagt Birk. Problem: Die Hunde einer Münchnerin, die im
10 vergangenen Jahr die Flöhe brachten, sind dieses Jahr flohfrei. Der Zirkus ruft alle
   Hundehalter im Umkreis von 100 Kilometern von München auf, sich zu melden. "Die
   Direktion des Flohzirkus scheut keine Mühen und holt die Hundeflöhe persönlich ab",
   heißt es in einer Mitteilung. Geeignet als Artisten sind theoretisch auch Menschenflöhe –
   Katzenflöhe hingegen haben zu lange Beine und sind zu schwach für die schwere Arbeit.
15 An einen feinen Golddraht gekettet müssen die Flöhe unter anderem ein Karussell, eine
   Kutsche und die Bayernfahne ziehen. Flöhe können laut Birk bis zum 20.000-fachen ihres
   eigenen Gewichts ziehen. Pro Show treten zwar nur zwölf Flöhe auf, dennoch werden 250
   Tiere gebraucht: Die Arbeit ist anstrengend, nach zwei, spätestens drei Stunden müssen
   sie abgelöst werden, und jeden zweiten Tag haben sie frei. "Ich möchte den Floh nicht
20 überbelasten. Ich möchte, dass er nicht total entkräftet ist und nicht einmal mehr
   fressen kann." Zu den Mahlzeiten gibt der Direktor den kleinen Blutsaugern persönlich
   seinen Arm.

   Zu ihren ungewöhnlichen Kunststücken bringt Birk die Tierchen mit Licht, Schall und
25 Wärme. Die Wärme bringt die rund 0,2 Milligramm schweren Flöhe erst einmal in
   Bewegung. Dann reagieren sie auf angenehme und unangenehme Reize. Licht und Schall
   sind unangenehm, Dunkelheit und Ruhe sind angenehm und damit eine Belohnung. Für die
   Dressur, die normalerweise vier Wochen dauert, bleibt nur wenig Zeit. "Da werden eben
   Sonderschichten eingelegt – das kriegen wir schon hin."

Nach dem Lesen

C. Richtig (R) oder Falsch (F)?

1. _____ König Ludwig von Bayern hatte die Idee fürs erste Oktoberfest.

2. _____ Das erste Oktoberfest war eigentlich eine große Hochzeitsfeier.

3. _____ Schon 1810 gab es einen Bierausschank auf der Theresienwiese.

4. _____ Oberbürgermeister Schottenhamel hat 1950 die erste Hendlbraterei eröffnet.

5. _____ Beim Oktoberfest wird jedes Fass mit den Worten "O'zapft is!" angestochen.

6. _____ 1980 explodierte eine Bombe am Haupteingang des Oktoberfestes, die 13 Menschen tötete.

7. _____ Das Oktoberfest lockt jedes Jahr 6 Millionen Besucher.

8. _____ Die Gäste aus dem Ausland werden immer zahlreicher.

9. _____ 2012 versorgte das Rote Kreuz mehr als 800 Bierleichen.

10. _____ Die Flöhe im Flohzirkus haben jeden zweiten Tag frei.

11. _____ Katzenflöhe sind zu schwach für die schwere Arbeit im Flohzirkus.

12. _____ Die Dressur der Flöhe dauert normalerweise acht Wochen.

D. Fragen zum Text

1. Seit wann wird das Oktoberfest gefeiert?

2. Was war der Anlass des ersten Oktoberfests?

3. Wie heißt die Wiese, auf der das Oktoberfest stattfindet?

4. Warum musste das Oktoberfest 1813 ausfallen?

5. Aus welchen Gründen musste das Oktoberfest noch im 19. Jahrhundert ausfallen?

6. Wann wurde die erste Hendlbraterei eröffnet?

7. Für wie viele Menschen hatte das "Pschorr-Bräurosl" Bierzelt 1910 Platz?

8. Wann musste das Oktoberfest im 20. Jahrhundert ausfallen?

9. Was passierte am 26. September 1980?

10. Was dürfen die Festzeltwirte nun erst ab 18 Uhr machen? Warum?

11. Wie viele Leute haben das Oktoberfest 2012 besucht?

12. Wie viele Bierleichen gab es?

13. Wie viel Bier tranken die Besucher 2012?

14. Wie viele Ochsen und Kälber verspeisten die Besucher 2012?

15. Wie viele Mini-Artisten werden für den Flohzirkus gesucht?

16. Was für Flöhe werden zum "Casting" gebeten?

17. Wieviel Gewicht können Flöhe ziehen?

18. Was fressen die Flöhe zu den Mahlzeiten?

Wortschatzübungen

E. Definitionen

Finden Sie die richtigen Definitionen unten für diese Nomen.

1. ___ die Achterbahn   6. ___ die Lederhose

2. ___ die Bierleiche   7. ___ die Mass

3. ___ das Bierzelt   8. ___ das Riesenrad

4. ___ das Brathendl   9. ___ der Schottenhamel

5. ___ das Dirndl   10. ___ die Weißwurst

a. der Name des berühmten Bierzelts, in dem das Oktoberfest eröffnet wird

b. ein gebratenes Hähnchen

c. die Menge von einem Liter Bier

d. eine Hose aus Leder

e. eine Wurst aus Kalbsfleisch und Kräutern von weißlicher Farbe

f. eine Art Bahn mit steil ansteigenden und abfallenden Kurven, auf der Gäste in kleinen Wagen
    fahren

g. jemand, der sich mit sehr viel Bier betrunken hat und tot aussieht

h. ein großes Zelt, in dem vor allem Bier ausgeschenkt wird

i. ein Trachtenkleid aus buntem Stoff, das meistens mit einer weißen Bluse und einer
    Halbschürze getragen wird (Bayern, Österreich, die Schweiz)

j. eine elektrisch betriebene Anlage in Form eines sehr großen, drehenden Rades, an dem
    Gondeln für Fahrgäste sind

F. Wortgruppen

Zu welcher Kategorie oder zu welchem Konzept gehören diese Sachen und Personen?

> Biersorten – Bierzelte – Fahrgeschäfte – Fleischgerichte – Süßigkeiten – Trachtenmode

1. Achterbahn, Hexenschaukel, Riesenrad = _____

2. Dampfnudeln mit Vanillesauce, Mohnstrudel, Kaiserschmarren = _____

3. Hendl, Leberkäs, Ochs am Spieß = _____

4. Pschorr-Bräurosl, Löwenbräu, Schottenhamel = _____

5. Dirndlkleid, Lederhosen, Filzhut = _____

6. Bock, Pils, Märzen = _____

G. Ausdrücke mit dem Verb "kriegen"

Finden Sie die richtigen Definitionen unten für diese Ausdrücke.

1. ____ einen auf die Gurke kriegen
2. ____ ein Baby kriegen
3. ____ die Kurve kriegen
4. ____ etwas in den Griff kriegen
5. ____ eine Erkältung kriegen
6. ____ Manschetten kriegen
7. ____ etwas in die Finger kriegen
8. ____ den Hintern voll kriegen
9. ____ eins aufs Dach kriegen
10. ____ Zustände kriegen

a. krank werden
b. Angst bekommen
c. Schläge auf das Gesäß bekommen
d. einen Schlag auf die Nase bekommen
e. etwas Schwieriges unter Kontrolle bringen, bewältigen
f. wütend oder ärgerlich werden
g. den Besitz von etwas zufällig bekommen
h. etwas erreichen, schaffen
i. ein Baby bekommen
j. kritisiert werden oder einen Schlag auf den Kopf bekommen

Grammatik im Kontext

H. Adverbien der Zeit

Adverbien der Zeit erfragen wir mit: *Wann? Wie lange? Wie oft? Bis wann? Seit wann?*

Formulieren Sie die unterstrichenen Ausdrücke mit einem der folgenden Adverbien.

bisweilen	abermals	damals	erstmals	seitdem	weiterhin

1. 1950 zapfte **zum ersten mal** der Münchner Oberbürgermeister Thomas Wimmer das erste Oktoberfestfass an. = _____

2. Ein Jahr später waren sich alle einig: Das Fest soll **in der Zukunft** stattfinden. = _____

3. Der Name für diese "Wiese" wurde übrigens damals von der Braut Prinzessin Therese übernommen und heißt **seither** Theresienwiese. = _____

4. Während des 20. Jahrhunderts fiel das Oktoberfest aus und wurde **manchmal** durch kleinere Herbstfeste ersetzt. = _____

5. 1813 musste das Oktoberfest das erste Mal ausfallen wegen der napoleonischen Kriege. Künftig sollte das Oktoberfest jedes Jahr und ohne Ausnahme gefeiert werden. In den Folgejahren musste das Oktoberfest **noch mal** wegen Choleraepidemien und Kriegen ausfallen. = _____

6. Zu Ehren des königlichen Brautpaares, das am 12. Oktober 1810 geheiratet hatte, fand das erste Pferderennen und damit der Vorläufer zum Oktoberfest auf der Theresienwiese, **zu der Zeit** noch am Stadtrand, statt. = _____

Zur Diskussion und zum Schreiben

I. Oktoberfestbesuch: gern *oder* lieber nicht?

Gehen Sie auf die Seite www.oktoberfest.de, klicken Sie oben auf Oktoberfest und dann links auf Fahrgeschäfte, usw. Was meinen Sie, würden Sie gern zum Oktoberfest fahren? Warum oder warum nicht?

Geben Sie Ihre Gründe *dafür* oder *dagegen*, z. B.:

> **dafür**: das Fest ist weltberühmt, tolle Stimmung, lustige Fahrgeschäfte, leckeres Essen
>
> **dagegen**: zu viele (betrunkene) Menschen, es ist zu laut, es ist zu teuer

Erklären Sie auch, was sie beim Oktoberfest (nicht) gern machen würden!

Gehen Sie auch auf die Seite www.muenchen.de – was würden Sie noch (oder lieber) in München tun?

Kapitel 20   Freikörperkultur

Wenn wir es recht überdenken,
so stecken wir doch alle nackt in unseren Kleidern.
Heinrich Heine

Vor dem Lesen

A. Die Insel Usedom

Ergänzen Sie die folgenden Sätze mit Hilfe des Internets, wenn nötig.

Ostsee	Grund	zweitgrößte	zahlreiche	1906
zwölf	kleinere	Inselbevölkerung	Region	Bundesland

Usedom ist nach Rügen die _____ deutsche Insel, und liegt in der südlichen _____. Der größte Teil der Insel gehört zum deutschen _____ Mecklenburg-Vorpommern. Der _____, östliche Teil gehört Polen, einschließlich der Hafenstadt Swinemünde, wo über die Hälfte der _____ lebt.

Usedom hat durchschnittlich _____ Sonnenstunden im Jahr und ist die sonnenreichste _____ Deutschlands. Aus diesem _____ wird Usedom für den Tourismus als Sonneninsel beworben. Sie hat auch einen feinen Sandstrand mit 42 km Länge und _____ Seebäder. Die "Europa-Promenade" auf Usedom ist die längste Strandpromenade Europas und erstreckt sich über eine Länge von mehr als _____ Kilometern, von Bansin (im deutschen Teil) bis Swinemünde.

B. Fragen zum Thema

Fragen Sie einen Partner/eine Partnerin.

1. Hast du mal die norddeutschen Inseln besucht?

2. Würdest du gern nach Usedom reisen?

3. Was hältst du von **Nudismus**?

4. Wird öffentliche **Nacktheit** in deiner **Heimat erlaubt** oder **geduldet**?

5. Hast du schon den **Ausdruck** "Freikörperkultur" oder "FKK" gehört?

6. Was hältst du von der Idee, einen "Nacktflug" **anzubieten**?

Hunderte wollen nackt nach Usedom

> *Quelle*: www.welt.de, 31. Januar 2008
>
> "Die Welt" ist eine deutsche überregionale Tageszeitung, die erstmals 1946 erschien und hat 700.000 Leser.

1 **Usedom, ich bin so frei! Völlig hüllenlos in einem Flugzeug zu verreisen, hat offenbar seinen besonderen Reiz. Der Ansturm auf den ersten FKK-Flieger reißt angeblich nicht ab. Am 5. Juli geht es erstmals gänzlich nackt an die Ostsee. Tragen Stewardessen und Piloten etwa auch nichts?**

5 Glaubt man Enrico Heß, hätte er im Traum nicht an einen solchen Ansturm gedacht. "Die Leute rennen mir die Bude ein. Minütlich rufen Kunden an, die Tickets für unseren ersten FKK-Flieger auf die Insel Usedom kaufen wollen", berichtet der 34-jährige Chef des erst vor zwei Wochen gegründeten Erfurter Reisebüros "Ossi-Urlaub.de".

10 Der gewiefte Reisekaufmann, der die Branche schon mit anderen Ideen wie "billigfliegen.de" durcheinander wirbelte, gibt sich im Gespräch unschuldig. "FKK-Flüge sind kein Schwerpunkt unseres Reiseprogrammes." Vielmehr würden Ostdeutschen online beliebte Ferienziele wie Bulgarien, Ungarn, Türkei oder Kuba angeboten und das

15 ausschließlich von ostdeutschen Flughäfen aus. "Ein Reiseportal von Ossis für Ossis", erklärt Heß seine Marktidee. Der erste Nacktflug ist für den 5. Juli geplant.

Noch nicht einmal der Einfall für hüllenloses Fliegen kam von ihm, geschweige denn, dass er selbst mitmachen würde. "Ein Kunde sprach mich auf das Nacktfliegen an. Ich bin kein

20 FKK-Anhänger und habe keine Ahnung, was den Leuten daran gefällt, ihren Urlaub unbekleidet zu verbringen." Deshalb kann der Mann aus Gotha auch nicht darüber mutmaßen, welches grenzenlose Freiheitsgefühl den Passagier im Zustand wie Gott ihn schuf über den Wolken beflügeln könnte.

25 **Der nackte Tagesausflug hat allerdings auch seinen Preis**

Vergleichbar unverständlich ist für Heß der bei Nudisten ebenfalls immer beliebter werdende Trend, sich in FKK-Hotels einzumieten und dort nackt in Restaurants zu speisen und in Boutiquen zu bummeln. "Das war vor Jahren eine Marktlücke, so wie jetzt unsere

30 Nacktflüge eine Marktlücke sind", bekennt Heß. Er räumt ein, dass ihm der geplante Nackedei-Jungfernflug schon jetzt Kopfschmerzen bereitet, nicht nur, weil er – wegen des "Medienrummels, Anrufen aus Neuseeland, Japan und was weiß ich noch woher" – kaum zum Organisieren kommt, sondern vor allem, weil der kleine Flieger mit 50 Plätzen mehr als fünf Monate vor dem Ereignis quasi schon völlig ausgebucht ist.

35

"Wir könnten jetzt schon mehrere große Flugzeuge mit Fans der Freikörperkultur füllen."
Deshalb überlegt Heß, bei der Ostfriesischen Luftfahrt- und Transportgesellschaft
(OLT), die den ersten Nacktflug chartern will, abzuspringen und bei einer größeren
Fluggesellschaft anzuheuern. Lediglich die Rahmenbedingungen stehen jetzt schon fest:
40 Das Flugpersonal bleibt aus Sicherheitsgründen bekleidet und wegen der Hygiene werden
die Sitzplätze mit Wechselauflagen ausgestattet. Außerdem dürfen die Fluggäste erst im
Flieger die Hüllen fallen lassen und müssen sich kurz vor der Landung wieder anziehen.
Dass der luftige Tagesausflug dennoch 499 Euro kosten soll, begründet Heß mit dem
geringen Platzangebot.

45

Angesichts der großen Nachfrage, die sich laut Heß jetzt schon abzeichnet, sei es
vorstellbar, nackt bald andere Ziele anzusteuern, Mallorca oder Ibiza, zum Beispiel. "Dann
könnten sich schließlich auch die Flughäfen auf die Marktlücke einstellen, abgetrennte
Eincheck-Bereiche einrichten und die Nackten hinter einem Vorhang kontrollieren, um
50 bekleidete Passagiere nicht zu stören." Eines Tages käme dann vielleicht noch der Abhol-
und Zubringerdienst für FKK-Fans nach dem Motto: Nackt und ohne Gepäck von Haustür
zu Haustür. Heß ist hundertprozentig von seinem Konzept überzeugt: "Natürlich gab es
auch viele Anrufer, die glauben, das Ganze sei ein Gag. Aber nein, wir wollen nichts
Anrüchiges machen, aber wir meinen es ernst."

***

Freikörperkultur

> *Quelle*: Der folgende Text von www.wikipedia.de, 2015, wurde teilweise geändert,
> hauptsächlich verkürzt.

1   Die **Freikörperkultur (FKK)** (auch: *Nacktkultur*, *Naturismus*, *Nudismus*; für Unterschiede
siehe unten) bezeichnet die gemeinschaftliche Nacktheit, meistens in der Natur. Anliegen
dabei ist die Freude am Erlebnis der Natur oder auch am Nacktsein selbst, ohne direkten
Bezug zur Sexualität.

5

Die Anhänger dieser Kultur heißen traditionell Naturisten, FKKler oder Nudisten (lat.
nudus „nackt"). Seit der weitgehenden Enttabuisierung der öffentlichen Nacktheit – in
der Bundesrepublik Deutschland ungefähr seit den 1980er Jahren – wird auf einen
besonderen Begriff für nackte Menschen zunehmend verzichtet.

10

Geschichte
Anfänge im 18. Jahrhundert
In weiten Teilen Mitteleuropas badeten die Menschen bis ins 18. Jahrhundert hinein in
Flüssen und Seen nackt, wenn auch oft nach Geschlechtern getrennt. Erst im späten 18.
15 Jahrhundert begann hier die wirksame Tabuisierung der öffentlichen Nacktheit, die im
dünner besiedelten Skandinavien nie durchgesetzt wurde. Parallel dazu propagierte und

praktizierte Lord Monboddo (1714–1779) bereits im 18. Jahrhundert das Nacktbaden als Wiedererwachen der altgriechischen Nacktkultur.

20 "Nacktkultur" und Lebensreform-Bewegung bis zum Ersten Weltkrieg

1898 entstand in Essen der erste FKK-Verein. Um 1900 kam das *Schwedisch-Baden* im Raum Berlin und an Nord- und Ostsee immer mehr auf. Wenige Jahre zuvor war vielerorts ein gemeinsames Baden in der Öffentlichkeit – selbst in zeitgemäß umfänglicher Badebekleidung – offiziell verboten oder galt als unmoralisch. Ebenfalls um 1900 begann
25 die naturistische Bewegung in Frankreich.

Hinter der Freikörperkulturbewegung stand – jedenfalls in Deutschland – eine Lebenseinstellung, nach welcher der nackte Körper kein Grund für Schamgefühle ist. Die Nacktheit der FKK sollte nicht das Bedürfnis nach Sexualität ansprechen. In diesem Sinne gehört die Nacktheit unter der Dusche oder in der Sauna auch nicht zur
30 *Freikörperkultur*, da sie hier praktisch notwendig ist. Sie setzte hier auch früher schon keinen besonderen Gruppenkonsens voraus und erforderte deswegen keine reservierten Zonen, wie etwa abgetrennte Strände oder Vereinsgelände.

Noch lange Zeit nach der politischen Liberalisierung versuchten konservative Kreise das besonders unter urbanen Intellektuellen zunehmend populäre Nacktbaden als
35 Sittenverfall zu bekämpfen. Als Gegenbewegung dazu formierten sich vor allem in Preußen, das traditionell toleranter war als andere Länder des Deutschen Reiches, lebensreformerische und naturistische Nacktkultur (FKK)-Vereinigungen, von denen es bereits 1913 über 50 gab.

Die frühen Protagonisten der FKK hatten unterschiedliche politische Ausrichtungen. Man
40 wollte – pointiert formuliert – mit der Nacktheit entweder die Gleichheit aller Menschen erreichen oder aber die Rückkehr zu den abgehärteten, nackten Germanen, von denen der römische Schriftsteller *Tacitus* in seiner *Germania* berichtet. Wirklich ideologiefreie FKK-Vereine, die das Nacktsein einfach als die angenehmere und intensivere Art des Naturerlebnisses betrachtet hätten, gab es zu dieser Zeit kaum.
45

Der Naturismus in der Weimarer Republik und dem Dritten Reich

Nachdem 1920 in Deutschland der erste offizielle Nacktbade-Strand auf Sylt entstand, wurde das Nacktbaden außerhalb geschlossener Vereinsgelände ab 1931 wieder generell verboten und die FKK-Vereine nach 1932 entweder aufgelöst oder als Sportverbände in
50 nationalsozialistische Organisationen integriert. Am Ende der Weimarer Republik hatten die FKK-Vereine ca. 100.000 Mitglieder.

Generell machte der Naturismus in den 1930er Jahren jedoch Fortschritte: Es entstand das „*Lichtschulheim Lüneburger Land*" (LLL) in Glüsingen (Lüneburger Heide). Am 5. Mai 1931 wurde in Leipzig das erste öffentliche FKK-Schwimmfest durchgeführt, Anfang
55 August 1939 fanden in Thielle (heutige Gemeinde La Tène, Schweiz) die 1. Naturistischen „Olympischen Spiele" statt. In Deutschland wurde das Verbot des Nacktbadens per Reichsverordnung vom 10. Juli 1942 gelockert, indem das Nacktbaden abseits von Unbeteiligten gestattet wurde. Es gab im Dritten Reich jedoch auch eine „rassistische Nacktkultur", deren bekanntester Vertreter Hans Surén war und die die
60 nationalsozialistischen Körperideale verherrlichte.

1945 bis 1980

1953 wurde in Hannover unter dem Einfluss der Jugendbewegung die fkk-jugend

65 gegründet. Allerdings nahm die Tabuisierung des Nacktseins ab, nachdem um 1950 die ersten FKK-Urlaubsanlagen entstanden (1949/50 Centre Hélio-Marin in Montalivet-les-Bains, Südfrankreich).

Ab Mitte der 1960er Jahre kam es zu einem starken Aufschwung des Naturismus, die Mitgliederzahlen der Vereine nahmen sprunghaft zu. Besondere Popularität erlangte durch ausgiebige Berichterstattung in den Medien der Nacktbadestrand bei Kampen auf
70 Sylt; die FKK-Strände und -Anlagen in Jugoslawien (heute Kroatien), Frankreich und an der Ostseeküste wurden zu beliebten Urlaubszielen. Der Aufschwung der FKK-Bewegung ging zeitlich mit der gesellschaftlichen Liberalisierung der 68er-Bewegung einher. Seit Ende der 1960er Jahre ist die Nacktheit ein selbstverständliches Ausdrucksmittel etwa des Theaters und der Aktionskunst. Diese kulturelle Entwicklung kann als Teil der FKK-
75 Bewegung bezeichnet werden.

Entwicklung seit etwa 1980

Ab dem Jahr 1979/80 sorgten die „Nackerten" vom Englischen Garten in München für Aufsehen. Immer öfter nutzten in den Sommermonaten Münchner aller Altersgruppen
80 den zentral gelegenen Ort, um nackt zu sonnen oder im Eisbach zu schwimmen. Nach kurzen und eher halbherzigen Versuchen der Münchner Stadtverwaltung und Polizei, den spontanen Naturismus zu unterbinden, wurde das Nacktbaden in zwei recht großen Bereichen des Englischen Gartens offiziell erlaubt. Der Englische Garten wurde damit zum weltweit ersten frei zugänglichen (und auch nicht durch Sichtschutz abgegrenzten)
85 innerstädtischen Nacktbadegebiet. Es folgten ähnliche Bereiche an Berliner Seen (Badewiese Halensee) und eine starke Zunahme inoffizieller, aber geduldeter Nacktbademöglichkeiten an Seen, Stränden und Flüssen. Auch die spontane Nacktheit etwa auf Rockkonzerten und Festivals (Roskilde, Burning Man, Nambassa u. a.) nahm zu. Zur gleichen Zeit nahm auch in der DDR das Nacktbaden weiter zu und fand teilweise
90 allgemeine Verbreitung. Mehrere Reiseanbieter gingen dazu über, ihre FKK-Angebote nicht mehr separat zu präsentieren, sondern sie in ihre allgemeinen Kataloge zu integrieren; ähnlich verfuhren die Verleger von Campingführern.

Parallel mit dieser weitgehenden Enttabuisierung wurde es für FKK-Vereine immer schwieriger, Mitglieder zu werben.
95

Gegenwart

In neuester Zeit gibt es seitens Gruppen von Nackt-Aktivisten, so genannten Nacktivisten, Bestrebungen, möglichst in jeder Lebenslage *nacktiv* zu sein und die Zulässigkeit des Nacktseins auch auf den gesamten öffentlichen Raum auszudehnen. Die
100 Erwartung an ihre Umgebung sind dabei hoch: "Nur sehr wenige stören sich an uns – und die, die es tun, müssen eher was an ihrer Einstellung ändern". Zunehmend werden über Internet-Foren *Nacktivitäten* organisiert wie Nacktwander- und Nacktradeltouren, Nacktrudern oder Nacktreiten.

Ob und in welcher Höhe ein Bußgeld verhängt wird, ist nicht bundesweit einheitlich
105 geregelt und hängt oft von den kommunalen Behörden ab. Die Reaktion von Öffentlichkeit und Justiz ist uneinheitlich. Während durch Gerichtsurteile die Nacktheit an Stränden faktisch legalisiert ist, und Aktivitäten wie Nacktwandern oder -reiten in gemischten Gruppen und ländlicher Umgebung kaum auf Widerstände stoßen, wurden nackte Radtouren in letzter Zeit (bis 2006) wiederholt gerichtlich untersagt. Je nach sozialer
110 Situation sind auch Nacktjoggen, Nacktbalgen (ein Ringsport) oder Nacktgärtnern (außerhalb des privaten Gartens) nicht generell erlaubt.

Nacktsein in der Öffentlichkeit wird auch als Protesthaltung bei Demonstrationen eingesetzt (etwa gegen Studiengebühren, gegen die Globalisierung oder für mehr
115 Tierschutz). Jedoch ist hier ein ähnlicher Effekt wie im Theater erkennbar: Das Ausdrucksmittel verliert durch Alltäglichkeit an Kraft. Also muss wieder das Argument oder die schauspielerische Leistung überzeugen. Die Nacktheit ist nicht mehr dominantes, sondern nur noch beiläufiges oder ergänzendes Ausdrucksmittel.

120 Begriff "Freikörperkultur"

Die Bezeichnung *Freikörperkultur* ist erweitert aus *Körperkultur*, worunter Anfang des 20. Jahrhunderts die Hinwendung zum Körperlichen durch Sport, Wandern und andere Freizeitgestaltung in der Natur verstanden wurde. Dies galt als Gegenbewegung zu einem als „muffig" empfundenen Bürgertum und einer beengten, städtischen Lebens- und
125 Wohnsituation mit wenig Luft und Licht. Diese Bewegung mit bequemer und gesunder Kleidung vollzog dann zum Teil den Schritt zur Nacktheit und wählte den Zusatz *frei-* zum Hauptbegriff *Körperkultur*. Der Begriff *Freikörperkultur* trat dann zunehmend an die Stelle des zunächst bevorzugten Begriffs „Nacktkultur", der auf starke Tabuschranken stieß. Als Reflex des früheren Tabus sind noch heute Formulierungen
130 verbreitet wie, „wir haben FKK gemacht", statt „wir haben nackt gebadet". Der Ausdruck *FKK* hat als Synonym für *nackt* auch sonst in viele Wortschöpfungen Eingang gefunden, zum Beispiel in *FKK-Baden* für *Nacktbaden*, *FKK machen* (oder . . . *treiben*) für *Nacktsein* generell.
135 Der Begriff *Freikörperkultur* umfasst im deutschsprachigen Raum heute zwei Ausprägungen. Neben dem *Nudismus*, der unabhängig von weiteren positiven Zielen die Lebensgestaltung ohne Kleidung bevorzugt, steht der *Naturismus*. Der Begriff *Nudisten* wird zuweilen abwertend gebraucht und ihr Nacktsein in die Nähe von Exhibitionismus gerückt. Jedoch lässt sich auch eine klare Trennung ziehen: der Exhibitionismus,
140 zumindest im klinisch-pathologischen Sinne, besteht in der Lust an den schockierten Reaktionen anderer Menschen. Gerade im klassischen FKK-Kontext ist mit solchen Reaktionen nicht zu rechnen. Der Nudismus dringt jedoch zunehmend auch in die normale Öffentlichkeit vor, auch hier steht aber vielmehr die Lust am Nacktsein im Vordergrund. Der teilweise Missbrauch des Begriffs „FKK" zu pornografischen Zwecken – nicht zuletzt
145 im Internet – hat dazu geführt, dass der Begriff des Naturismus auch in Deutschland den Begriff „FKK" zunehmend ersetzt.

Rechtliche Aspekte öffentlicher Nacktheit

In Deutschland wird öffentliche Nacktheit strafrechtlich nicht geahndet, jedoch
150 gelegentlich wegen *Belästigung der Allgemeinheit* als Ordnungswidrigkeit mit Bußgeld belegt. In skandinavischen Ländern und neuerdings auch Spanien ist Nacktheit an allen öffentlichen Orten implizit (durch ein fehlendes Verbot) oder sogar explizit erlaubt.

Regionale Unterschiede

155 In der DDR war das Nacktbaden an offenen Badeseen und Gewässern (beispielsweise der Ostsee) seit den 1970er Jahren altersunabhängig weit verbreitet. Nach der Wiedervereinigung wurde das Nacktbaden in den neuen Bundesländern aber zurückgedrängt. Besonders an den Ostseestränden kam es in den 1990er Jahren zu Konflikten um das Nacktbaden, in deren Folge einige Kommunen die FKK-Strände wieder
160 verkleinerten.

In vielen Kulturen der Welt wird Nacktheit in der Öffentlichkeit als anstößig betrachtet und ist – außer in bestimmten Zusammenhängen – verboten. Unter dieses Verbot kann
165   auch schon die Entblößung des Oberkörpers bei Frauen fallen.

Naturismus als Wirtschaftsfaktor

In Deutschland wird der Markt für FKK-Ferien auf etwa zehn Millionen Urlauber jährlich geschätzt. Führende Reiseziele in diesem Segment sind derzeit Frankreich und Kroatien.
170   Allein in Frankreich gibt es über 100 naturistische Feriendörfer und Campingplätze, der jährliche Umsatz erreicht einen dreistelligen Millionenbetrag.

Nach dem Lesen

C. Richtig (R) oder Falsch (F)?

1. _____ FKK-Flüge sind der Schwerpunkt des Ossi-Urlaub Reiseprogrammes.

2. _____ Ossi-Urlaub.de ist ein Reiseportal von Ossis für Wessis.

3. _____ Enrico Heß ist kein FKK-Anhänger, aber würde es gern mal erleben, einen Urlaub unbekleidet zu verbringen.

4. _____ Enrico Heß und seine Frau Ulrike haben auf der Insel Usedom ein FKK-Hotel eröffnet.

5. _____ Wegen der Hygiene tragen die Fluggäste im FKK-Flieger durchsichtige Plastikunterhosen.

6. _____ Aus Sicherheitsgründen bleibt das Flugpersonal im FKK-Flieger bekleidet.

7. _____ 2025 wird eine FKK-Reise ins Weltall geplant.

8. _____ Um 1900 begann die naturistische Bewegung in Finnland.

9. _____ Vor dem zweiten Weltkrieg war Preußen toleranter als andere Länder des Deutschen Reiches.

10. _____ Der römische Schriftsteller Tacitus hat in seinem Werk "Germania" über die abge-härteten nackten Germanen berichtet.

11. _____ Nacktsein in der Öffentlichkeit wird auch manchmal als Protesthaltung bei Demonstrationen eingesetzt.

12. _____ Während des zweiten Weltkrieges wurde die fkk-jugend gegründet.

13. _____ August 1939 fanden die ersten Naturistischen "Olympische Spiele" in der Schweiz statt.

14. _____ Bis ins 18. Jahrhundert badeten viele Europäer in Flüssen und Seen nackt.

15. ____ Kurz nach 1980 wurde der Englische Garten in München das erste frei zugängliche innerstädtische Nacktbadegebiet auf der Welt.

16. ____ Im Jahre 1898 entstand in Essen der erste FKK-Verein.

17. ____ Nacktsein in der Öffentlichkeit als Ausdrucksmittel verliert durch Alltäglichkeit an Kraft.

18. ____ In Deutschland wird der Markt für FKK-Ferien auf etwa 10 Millionen Urlauber geschätzt.

D. Textverständnis

Welche Antwort passt zu welcher Frage?

Heißer Tipp: *Nicht alle Antworten benutzen; es ist erlaubt, Antworten mehr als einmal zu benutzen.*

1. ___ Hat FKK einen direkten Bezug zur Sexualität?

2. ___ Wie hießen die Anhänger dieser Kultur vor 1980?

3. ___ Wann begann die Tabuisierung der öffentlichen Nacktheit in Mitteleuropa?

4. ___ Wurde diese Tabuiserung in Skandinavien durchgesetzt?

5. ___ Wann entstand das erste FKK-Verein in Essen?

6. ___ Wann begann die naturistische Bewegung in Frankreich?

7. ___ Gehört die Nacktheit in der Sauna zur FKK?

8. ___ Welches Land des Deutschen Reiches war toleranter als die anderen vor dem ersten Weltkrieg?

9. ___ Auf welcher Insel entstand 1920 der erste offizielle Nacktbadestrand in Deutschland?

10. ___ In welchem Land fanden die ersten naturistischen "Olympischen Spiele" 1939 statt?

11. ___ Wann wurde die "fkk-jugend" gegründet?

12. ___ Was war das weltweit erste frei zugängliche innerstädtische Nacktbadegebiet?

13. ___ Wer hat "Germania" geschrieben?

14. ___ Was ist heutzutage generell nicht erlaubt?

15. ___ Warum müssen die Flugbegleiter im FKK-Flieger Kleider tragen?

16. ___ Warum gibt es Plastik auf den Sitzplätzen im FKK-Flieger?

a. im Jahre 1898

b. wegen Sicherheitsgründen

c. um 1900

d. Usedom

e. wegen der Hygiene

f. die Ausgeflippten, oder Nacktvögel

g. im späten 18. Jahrhundert

h. im Jahre 1953

i. Ja, natürlich!

j. der Englische Garten in München

k. FKKler, oder Nudisten

l. Tacitus

m. Nein

n. Sylt

o. Preußen

p. Bayern

q. Nacktjoggen, nackte Radtouren

r. in der Schweiz

s. in Griechenland

t. Johann Wolfgang von Goethe

Wortschatzübungen

E. Definitionen

Finden Sie die richtigen Definitionen unten für diese Nomen.

1. ___ der Ansturm

2. ___ die Berichterstattung

3. ___ das Bußgeld

4. ___ der Jungfernflug

5. ___ die Leistung

6. ___ der Reiz

7. ___ der Schwerpunkt

8. ___ der Vertreter

a. das Berichten und Weitergeben von Informationen

b. eine Geldstrafe, die man für eine Ordnungswidrigkeit zahlen muss

c. jemand, der eine andere Person oder eine Gruppe vertritt

d. der allererste Flug eines Flugzeugs

e. der wichtigste Punkt

f. ein großer Andrang von vielen Personen, die gleichzeitig etwas wollen

g. etwas, das Interesse weckt oder eine verlockende Wirkung hat

h. der Prozess, bei dem jemand etwas (fertig) macht, oder das Ergebnis dieser Arbeit

F. Zusammensetzungen

Welche *zwei* Wörter gehören nicht in die Reihe? Streichen Sie durch.

1. Naturisten, Nachtvögel, FKKler, Nudisten, Nackedeien, Nachbarn
2. Gegenbewegung, Gesetz, Gespräch, Regelung, Verordnung, Vorschrift
3. Duldung, Kampf, Konflikt, Krieg, Verständnis, Widerstand
4. Gruppe, Klub, Mannschaft, Mitglied, Personal, Verein
5. s. auskleiden, s. freuen, s. ausziehen, s. entblößen, s. freimachen, s. schämen
6. bekommen, dulden, erhalten, erlangen, kriegen, mutmaßen

G. Zuordnungen

Was passt zusammen? Verbinden Sie.

1. ein Bußgeld _____   a. ziehen
2. einen Flug _____   b. verhängen
3. Fortschritte _____   c. chartern
4. die Hüllen _____   d. machen
5. eine Trennung _____   e. beitreten
6. einem Verein _____   f. fallen lassen

Grammatik im Kontext

H. Adverbien der Art und Weise

Adverbien der Art und Weise erfragen wir mit: *Wie? Wie sehr? Wie viel?* Sie können auch Angaben über die Menge machen. Beispiele sind: *gern, leider, fast, hauptsächlich, sehr.*

Unterstreichen Sie die Adverbien der Art und Weise in den folgenden Sätzen.

Heißer Tipp: Es gibt 10 insgesamt.

1. Völlig hüllenlos in einem Flugzeug zu verreisen, hat offenbar seinen besonderen Reiz.
2. Am 5. Juli geht es erstmals gänzlich nackt an die Ostsee.
3. Eines Tages käme dann vielleicht noch der Abhol- und Zubringerdienst für FKK-Fans nach dem Motto: Nackt und ohne Gepäck von Haustür zu Haustür.
4. Die Anhänger dieser Kultur heißen traditionell Naturisten, FKKler oder Nudisten.

5. Wirklich ideologiefreie FKK-Vereine, die das Nacktsein einfach als die angenehmere und intensivere Art des Naturerlebnisses betrachtet hätten, gab es zu dieser Zeit kaum.

6. Der Nudismus dringt jedoch zunehmend auch in die normale Öffentlichkeit vor, auch hier steht aber vielmehr die Lust am Nacktsein im Vordergrund.

I. Erweiterte Adjektivkonstruktionen

Erweiterte Adjektivkonstruktionen gehören zum erhobenen Sprachgebrauch und finden meist in wissenschaftlichen und juristischen Texten Verwendung, obwohl sie auch manchmal in Zeitungen und Zeitschriften vorkommen. In dieser Struktur können mehrere Wörter (wie Adverbien, Partizipien, Prepositionalphrasen) zwischen dem Artikel und dem entsprechenden Nomen stehen, z. B.:

*   **das** von mir wenig gefahrene **Auto**
*   **ein** schlecht erzogener, ständig bellender **Hund**

Setzen Sie die erweiterten Adjektivkonstruktionen in den folgenden Sätzen in Klammern.

1. Vergleichbar unverständlich ist für Heß der bei Nudisten ebenfalls immer beliebter werdende Trend, sich in FKK-Hotels einzumieten und dort nackt in Restaurants zu speisen und in Boutiquen zu bummeln.

2. Noch lange Zeit nach der politischen Liberalisierung versuchten konservative Kreise das besonders unter urbanen Intellektuellen zunehmend populäre Nacktbaden als Sittenverfall zu bekämpfen.

3. Der Englische Garten wurde damit zum weltweit ersten frei zugänglichen (und auch nicht durch Sichtschutz abgegrenzten) innerstädtischen Nacktbadegebiet.

Zur Diskussion und zum Schreiben

J. Nacktheit

Schreiben Sie ein vernünftiges Gesetz über die öffentliche Nacktheit, das die Nacktheit in bestimmten Situationen und an vorgesehenen Orten erlaubt. Es soll aber auch die Umstände beschreiben, in denen die Nacktheit verboten wird;

oder:

Wurden Sie schon mal von Nacktheit – entweder Ihre Nacktheit oder die Nacktheit einer anderen Person – überrascht? Beschreiben Sie die Situation.

German–English Glossary

Kapitel 1: Fernweh und Flucht

Substantive

der Alltag, -e   everyday life, daily routine
die Angst, Ängste   fear, anxiety; ~ haben vor (+ *dat.*)   to be afraid of
das Ausland   abroad; ins Ausland   to a foreign country
die Bedeutung   meaning
der Beton, -s   concrete
die Beziehung, -en   relationship
der Boden, Böden   floor
der Darm, Därme   intestine (*organ*)
die Eingeweide (*pl.*)   bowels, guts (*all innards, organs*)
die E-Mail, -s (*also* **das E-Mail** *in Austria, Southern Germany, Switzerland*)   email
die Enttäuschung, -en   disappointment
die Ferne   distance
das Fernweh   wanderlust; desire to travel
der Fluchtpunkt, -e   place of refuge
das Gefühl, -e   feeling
das Geländer, –   banister, railing
das Gericht, -e   dish (*food*)
das Heimweh   homesickness
das Insekt, -en   insect
die Klatschgeschichte, -n   gossip
das Land, Länder   country
die Lust, Lüste   desire; ~ **haben auf** (+ *acc.*)   to feel like doing sth.; ~ **haben, etwas** (*acc.*) **zu tun**   to feel like or fancy doing sth.

der Magen, Mägen   stomach (*organ*)
die Magenschmerzen (*pl.*)   stomach ache
die Meerkatze, -n   long-tailed monkey, vervet monkey
die Neonleuchte, -n   neon light
die Obacht   attention, heed
die Pension, -en   small hotel
der/die Prominente, -n   celebrity
der Schatten, –   shadow
der Sonnenbrand, Sonnenbrände   sunburn
der Traum, Träume   dream
der Umstand, Umstände   condition, circumstance
der Ventilator, -en   fan
der Wasserbüffel, –   water buffalo
die Wolldecke, -n   woolen blanket
das Zeichen, –   sign

Verben

anfassen   to touch
austragen (**trug aus, ausgetragen**)   to slug out, carry out
drücken   to press, push
eintauchen   to plunge
(he)rumbekommen (**bekam herum, herumbekommen**)   to get through (*e.g. a certain time*)
huschen   scurry, flit
leiden (**litt, gelitten**)   to suffer; **unter etwas** (*dat.*) ~   to suffer from sth.
schlagen (**schlug, geschlagen**)   to beat
(sich) sehnen; ~ **nach** (+ *dat.*)   to long for
übereinstimmen   to match
überwinden (**überwand, überwunden**)   to overcome
umfallen (**fiel um, umgefallen**)   to fall over
verbringen (**verbrachte, verbracht**)   to spend (*time*)
verreisen   to go away, make a journey
verschwimmen (**verschwamm, verschwommen**)   to become indistinct, blurred
versenden (**versandte, versandt**)   to send
weinen   to cry
werfen (**warf, geworfen**)   to throw

Adjektive und Adverbien

allein(e)   alone
anders   else
ausländisch   foreign
blass   pale
einheimisch   native, home-grown
einsam   alone, lonely

eng   narrow, cramped
fremd   foreign, alien
großartig   great
irgendwo   somewhere
tot   dead
unterdessen   meanwhile, meantime
unterwegs   on the road, in transit
verschwimmt   blurred
völlig   totally
weich   soft

***

Kapitel 2: Alltag und Traum

Substantive

das Abwasser, Abwässer   wastewater
der Alltag   everyday life, daily routine
der Alptraum, Alpträume (*auch:* **der Albtraum, Albträume**)   nightmare
der Ärger   aggravation
der Augenwinkel, –   corner of the eye
die Betonung, -en   emphasis
das Damoklesschwert   sword of Damocles
der Dreck   muck, crap
die Erleichterung, -en   relief (*feeling one has when sth. bad doesn't happen*)
der Flügelschlag, Flügelschläge   flap, wing beat
der Fühler, –   antenna
der Grund, Gründe   reason
der Kern, -e   core
der Lufthauch   puff of air
die Nachricht, -en   news, piece of information
die Pappfahrkarte, -n   paper ticket
der Plastebecher, – (*East German*)   plastic cup
die Plörre   dishwater; a thin, tasteless drink
der Pott, Pötte   pot
der Radiowecker, –   radio alarm
die S-Bahn (Stadtbahn, Schnellbahn)   commuter train, rapid-transit railway
der Schalter, –   counter (*at post office, bank, railway station, etc.*)
der Scherz, -e   joke
der Schluck   sip
der Schmetterling, -e   butterfly
die Stirn, -en   forehead
der Traum, Träume   dream
der Tresen, –   counter (*in bakery, bar, etc.*)

die Verärgerung   irritation
die Verwunderung   astonishment
die Weltherrschaft, -en   world supremacy, global dominance
die Wiese, -n   meadow
die Wut   rage

Verben

anlangen   to arrive
anspringen (sprang an, angesprungen)   to start up
ausdrücken   to express
beenden   to end
belügen (belog, belogen); jdn. ~   to lie to s.o.
benötigen   to need, require
drohen   to threaten
erobern   to seize, capture
flüstern   to whisper
gießen (goss, gegossen)   to pour
herüberreichen; etwas ~   to hand sth. over
kitzeln   to tickle
kleben   to stick
kriegen   to get
kuscheln   to snuggle
merken   to notice
schütten   to pour
schweben   to float
spiegeln   to reflect
(sich) sputen   to hurry
streichen (strich, gestrichen)   to sweep, spread
träumen   to dream; ~ von (+ *dat.*)   to dream of
(sich) überwinden (überwand, überwunden)   to overcome; ~ **etwas zu tun**   to bring oneself to do sth.
verschlafen (verschlief, verschlafen)   to oversleep
verzichten; auf etwas (*acc.*) **~**   to do without sth.
wach werden (wurde wach, wach geworden)   to wake up
zwingen (zwang, gezwungen)   to force

Adjektive und Adverbien

abwechslungslos   monotonous
abwechslungsreich   varied
ausgeschlafen   well-rested
doll (*alternative form of* **toll** *used in Northern and East-Middle German*)   great, very
duftig   aromatic
erleichtert   relieved

erschöpft   exhausted, worn out
flach   flat
friedlich   peaceful
plattgeklatscht   smacked flat
sanft   soft, gentle
schließlich   after all
spannend   exciting, suspenseful
urst   great, very
werktätig   working
widerlich   yucky, gross, disgusting

Sonstiges

Anklang finden   to catch on, prove popular
Echt?   For real?
Hau, ruck!   Heave, ho!
Igitt!   Yuck! Blech!
Mist!   Rats! (*lit.* dung)
Nee   Nah, Nope
Puh!   Phew! Whew!
an etwas (*dat.*) **schuld sein**   to bear the blame for sth.
Mir wird speiübel   I'm getting terribly nauseous, My stomach is churning
tote Oma   'dead grandma', an East German dish made of blood sausage
Verdammt!   Damn!
zwischen den Zeilen   between the lines

***

Kapitel 3: Gesellschaft und Einsamkeit

Substantive

der Abstand, Abstände   distance
die Bedingung, -en   condition
die Bewegung, -en   movement, exercise
der Blumenkohl   cauliflower
das Brettspiel, -e   board game
der Daumen, –   thumb
der Einbrecher, –   burglar
die Einladung, -en   invitation
der Ellbogen, –   elbow
das Erdbeben, –   earthquake
der Fußknöchel, –   ankle
der Gastgeber, –   host
das Geplauder   chit-chat
der Hundedresseur   dog trainer

das **Kalbskotellett, -s**   veal chop
die **Kette, -n**   chain
der **Liebling, -e**   darling
die **Mauer, -n**   wall (*outside*)
der **Satz, Sätze**   *here:* leap
der **Scheitel, –**   part, parting (*in hair*)
das **Schloss, Schlösser**   castle; lock
die **Schnauze, -n**   snout
die **Schweinshaxe, -n**   pork knuckle
der **Stahlring, -e**   steel ring
der **Verleger, –**   publisher
das **Vorhängeschloss, Vorhängeschlösser**   padlock
der **Witz, -e**   joke

Verben

anfahren (fuhr an, angefahren)   to approach
ankündigen   to announce, herald
aufatmen   to breathe, breathe a sigh of relief
aufklinken   to unlatch, open
beschnüffeln   to sniff
bevorzugen   to prefer
bücken   to bend over
bürsten   to brush
eilen   to hurry
einladen (lud ein, eingeladen)   to invite
eintreten (trat ein, eingetreten)   to enter
erfahren (erfuhr, erfahren)   to experience, find out
humpeln   to hobble
klopfen   to knock
knurren   to growl
krachen   to make noise
mitteilen   to inform, notify; **jdm. etwas ~**   to inform s.o. about sth.
mustern   to examine
pflegen   to care for, nurse; *here:* **~ zu**   to be in the habit of
plaudern   to chat
schlendern   to stroll
schreiten (schritt, geschritten)   to step, stride, pace
streicheln   to stroke, pet
verlaufen (verlief, verlaufen)   to pass (*a period of time*)
(sich) verstauchen; sich (*dat.*) **etwas** (*acc.*) **~**   to strain or sprain sth. (*limb, body joint*)
verzehren   to consume (*eat or drink*)
wagen   to dare, risk, venture
zanken   to quarrel, scold
zuschnappen   to snap shut

Adjektive und Adverbien

ächzend   groaning
allenfalls   if need be, at the most
bedrohlich   threatening
beispielsweise   for example
besorgt   worried
entzückend   charming, delightful
feuchtfröhlich   convivial, boozy (*lit.* wet-merry; *typically used to refer to people drinking socially*)
gebildet   well-educated, cultured
gemessen   measured
hausmusikalisch (*word presumably created by author*)   perform their own music at home
heftig   intense, violent
munter   alert, lively
restlos   completely
schmal   narrow
stattdessen   instead of that
stöhnend   moaning
ungetrübt   undisturbed
verbittert   embittered
weltoffen   cosmopolitan
zärtlich   tenderly
zwinkernd   winking

Sonstiges

hübsch abgehangen   *here:* well-aged (*like a sausage*)
dann hieß es, es sei serviert   then dinner was served
jdm. zu Hilfe eilen   to come to the aid of s.o.
hinterrücks   from behind
Der Hund ist auf den Mann dressiert   The dog is trained to attack people
in allen Nähten krachen   to burst at the seams
Nanu!   Hey!
mit angelegten Ohren   with ears laid back
quer durch   diagonally, across
Es ist mir schlecht/nicht gut   I feel nauseated/sick
sich einen Schnupfen holen   to catch a cold
ungetrübt verlaufen   to pass untroubled, undisturbed
nicht ums Verrecken   not to save one's life
Vorsicht!   careful!
weder . . . noch   neither . . . nor
wie ein Hannoveraner Dressurpferd   like a Hanoverian dressage horse

***

Kapitel 4: Verliebtheit und Sehnsucht

Substantive

der Aufzug, Aufzüge elevator, lift
der Außenbezirk, -e suburb
der Automat, -en machine
die Behutsamkeit caution
die Dämmerung, -en dawn, twilight
der Eiswürfel, – ice cube
die Entfernung, -en distance
die Ewigkeit eternity
die Flocke, -n flake
die Fluggesellschaft, -en airline
das Gefrierfach, Gefrierfächer freezer
die Gegenliebe requited love
der Gehweg, -e sidewalk, pavement, footpath
das Gerücht, -e rumor, report
das Gleis, -e rail track
der Gummistiefel, – rubber boots, wellies
der Hausmeister, – caretaker, maintenance man
das Hochwasser, – floodwater
der Kanal, Kanäle channel
die Kapuze, -n hood
der Konvoi, -s convoy
der Langläufer, – cross-country skier
die Leuchtreklame, -n illuminated advertising
die Luft air
die Meldung, -en announcement, message
der Moderator, -en emcee, host
der Rücken, – back
das Schild, Schilder sign
der Schneepflug, Schneepflüge snow plow
der Schneesturm, Schneestürme blizzard
das Schritttempo walking pace
die Sehnsucht, Sehnsüchte longing, desire
die Stimmung atmosphere
die Strecke, -n distance
der Unterschied, -e difference
die Verliebtheit amorousness, infatuation
der Windschutz wind deflector
das Wohngebiet, -e residential area

Verben

abholen   to fetch, pick up
(sich) anfühlen; sich (*acc.*) ~   to feel
aufgeben (gab auf, aufgegeben)   to give up
ausladen (lud aus, ausgeladen)   to unload
bedecken   to cover
berichten   to report
dringen (drang, gedrungen)   to penetrate
einkehren   to stop for a bite to eat
halten (hielt, gehalten); ~ (+ *expression of time*)   to last for
kehren   to sweep
klingeln   to ring
lächeln   to smile
leiten   to lead, manage
nippen   to sip; **an etwas (*dat.*) ~**   to sip on/at sth.
pflügen   to plow
räumen   to clear
reichen   to reach
scheinen (schien, geschienen)   to seem
schleppen   to drag, carry, schlep
schmelzen   to melt
schneien   to snow
steckenbleiben (blieb stecken, steckengeblieben)   to get stuck
überreden   to convince; **jdn. zu etwas ~**   to talk s.o. into sth.
umarmen   to hug
umleiten   to divert, detour
verlangen   to ask for, demand
(sich) verlieben; sich in jdn. ~   to fall in love with s.o.
verwerfen (verwarf, verworfen)   to reject, ditch
vorsagen   to say

Adjektive und Adverbien

beiseite   aside
dicht   dense, thick
erleuchtet   illuminated
erstaunt   surprised, amazed
ewig   forever
festlich   festive
gespenstisch   eerie, spooky
gleichzeitig   simultaneously, at the same time

heftig   intense, heavy
immer wieder   again and again
lecker   delicious
nötig   necessary
stetig   constant
unaufhörlich   ceaseless
vergeblich   futile
zuvor   prior to this

Sonstiges

sich (einen Tag) freinehmen   to take (a day) off
guter Laune sein   to be in a good mood
sich (*dat.*) Mühe machen   to make an effort
eine Nachricht hinterlassen   to leave a message
Pass auf dich auf!   Take care of yourself!
mit jdm. Schluss machen   to break up with s.o.
sich gegen etwas stemmen   to fight against sth.
sich etwas (*acc.*) zurechtlegen   to concoct

*** * ***

Kapitel 5: Liebeskummer und Melancholie

Marita

Substantive

die Ablenkung, -en   distraction, diversion
die Abteilung, -en   department, section
der Anrufbeantworter   answering machine
die Art   way, kind
die Begegnung, -en   encounter
die Beziehung, -en   relationship
der Brotkorb, Brotkörbe   bread basket
das Drehbuch, Drehbücher   screenplay
die Eigenschaft, -en   characteristic, quality
das Feuer   fire
das Gerät   appliance, device
die Herkunft   origin, ancestry
die Holzdiele, -n   floorboard
die Kassiererin, -nen   female cashier
die Kerze, -n   candle
der Ladenschluss   store closing

das Leid   sorrow, suffering
der Liebeskummer   lovesickness
der Mund, Münder   mouth
die Pflanze, -n   plant
der Putz   plaster
der Sack, Säcke   bag
das Schicksal   destiny, fate
der Schritt, -e   step
die Sendung, -en   TV program
die Spur, -en   hint, trace
das Standesamt   civil registry office
das Stockwerk, -e   floor (*of building*)
die Tankstelle, -n   gas station, petrol station
der Ton, Töne   volume, sound
die Träne, -n   tear
der Turnschuh, -e   sneakers, trainers
die Wange, -n   cheek
der Wasserkocher   kettle
das Weichei, -er   wimp, wuss (*lit.* soft egg)
das Wesen, –   creature, being

Verben

abfinden (fand ab, abgefunden) *here:* **sich mit etwas ~**   to accept sth.
ahnen   to have a premonition of, suspect
(sich) ändern   to change
ankündigen   to announce, advertise
anlächeln   to smile at
anspringen (sprang an, angesprungen)   to start up, activate
anzünden   to light
aufbegehren   to rebel, revolt
einschalten   to turn on
erkennen (erkannte, erkannt)   to recognize
(sich) fragen   to wonder
gelingen (gelang, gelungen)   to succeed; **jdm. gelingt es, etwas zu tun**   s.o. manages to do sth.
grübeln   to brood, mull over
jammern   to whine, moan
klagen   to complain
leiden (litt, gelitten)   to suffer; **unter etwas** (*dat.*) **~**   to suffer from sth.
piepen   to squeal, peep
schütteln   to shake
spucken   to spit
starren   to stare
streichen (strich, gestrichen)   to paint
tauschen   to exchange, trade
(sich) täuschen   to err, be mistaken

(sich) unterhalten (unterhielt, unterhalten) *here:* **sich mit jdm. ~**   to talk with s.o.
(sich) vorstellen *here:* **sich** (*dat.*) **etwas** (*acc.*) **~**   to imagine, picture sth.
weinen   to cry
(sich) wünschen   to want
zugeben (gab zu, zugegeben)   to admit
zusammenzucken   to wince

Adjektive und Adverbien

abwesend   absent
albern   stupid, foolish
beschwipst   tipsy
deprimiert   depressed
durchdringend   piercing, shrill
ewig   forever
fest   solid, permanent
genervt   irritated, bothered; **von etwas ~ sein**   to be irritated by sth.
geteilt   shared
hinterher   after, afterwards
klug   clever
nass   wet
nüchtern   sober
sauer   angry, sulky
trocken   dry
verletzt   injured, hurt
vorläufig   short-term, temporary

Sonstiges

ab jetzt   from now on
eine feste Beziehung   a steady, solid, committed relationship
dabei sein   to be present
Das geht einfach nicht   That just won't work
Es hat zwischen ihnen gefunkt   There was a connection between them
Es liegt daran, dass   It's due to the fact that
immer besser   better and better
kurz darauf   shortly thereafter
Liebe auf den ersten Blick   love at first sight
rot sehen   to see red, be furious
sauer sein   to be angry, upset (*lit.* sour)
Staub saugen   to vacuum
an deiner Stelle   in your place, position
laut stellen   to turn up (*volume*)
Es ist X Wochen her   it was X weeks ago
die ganze Zeit über   the whole time, all along

***

Die Katze

Substantive

der Ausflug, Ausflüge   trip
die Decke, -n   cover, blanket
die Depression, -en; unter Depressionen leiden   to suffer from (episodes of) depression
der Eindruck, Eindrücke   impression
die Erlösung, -en   deliverance, salvation
die Finsternis, -se   darkness, gloom
der Frauenheld, -en   womanizer
das Geräusch, -e sound, noise
der Hautfehler, –   blemish
der Hügel, –   hill
die Kakerlake, -n   cockroach
der Lärm   noise, racket, fuss
der Lebensgefährte/die Lebensgefährtin   longtime companion, partner
das Lid, -er   (eye)lid
die Mattscheibe, -n   telly, the tube
die Möbelpolitur, -en   furniture polish
das Nastuch, Nastücher   handkerchief
das Nervenbündel   bundle of nerves
das Raubtier, -e   predator, beast of prey
das Rudel, –   pack, pride (*of animals*)
die Schlaflosigkeit   insomnia
die Schuld guilt
die Schwelle, -n   threshold, doorstep, sill
die Spinne, -n   spider
die Stimmung, -en   mood, atmosphere
der Tagesanbruch   daybreak
der Traum, Träume   dream
das Verfallsdatum   expiry date, use-by date
die Vergänglichkeit   transitoriness, transience
der Wachsfleck, -e   wax spot
die Waschtrommel, -n   wash drum
die Wiese, -n   meadow
der Witz, -e   joke
der Zipfel, –   corner, end (*of a towel, blanket*)

Verben

antigern (*word presumably created by author*)   to approach like a tiger
aufstellen   to position, set up, realign
(sich) begeben (begab, begeben) *here:* **sich auf eine Reise ~**   to embark on a trip

behalten (behielt, behalten)   to keep
blicken   to look, glance
decken   to cover
einnehmen (nahm ein, eingenommen)   to ingest (*e.g. pills*)
erhellen   to lighten up, illuminate
hassen   to hate
hocken   to crouch, squat
huschen   to scurry, scamper
kauern   to crouch down, cower
kratzen   to scratch
kriechen (kroch, gekrochen)   to creep
lächeln   to smile
lecken   to lick
leiden (litt, gelitten)   to suffer; **unter etwas** (*dat.*) ~   to suffer from sth.
pflücken   to pick, gather
rupfen   to pluck, pick
rutschen   to slip, slide, skid
schleppen   to drag, carry, schlep
springen (sprang, gesprungen)   to jump, leap
(sich) übergeben (übergab, übergeben)   to heave, throw up
(sich) überlegen   to reflect; sich (*dat.*) **etwas** (*acc.*) ~   to think about sth.
vorgehen (ging vor, vorgegangen)   to go on
zupfen   to pluck, pick
zurückkehren   to return, revert
zurückziehen (zog zurück, zurückgezogen)   to withdraw

Adjektive und Adverbien

bescheiden   humble
bleich   pale, waxen
ermüdet   exhausted
fremd   unknown, foreign
gruselig   scary, creepy
hilflos   helpless
matt   dull, sick, droopy
nirgendwo   nowhere
seltsam   odd, strange
sinnlos   meaningless
stolz   proud
überall   everywhere
unsichtbar   invisible
wahrhaftig   truly

Sonstiges

ab und zu   now and then
jdm. den Appetit nehmen   to take one's appetite away
es ist mir egal   it doesn't matter to me; I don't care
im Gegenteil   on the contrary
gut gelaunt   in a good mood
helahopp   whoosh
an Kraft verlieren   to lose energy
ins Leere glotzen   to stare into space
im doppelten Sinn des Wortes   in both senses of the word
den Tränen nah sein   to be near tears
weder . . . noch   neither . . . nor

***

Kapitel 6: Misstrauen und Obsession

Substantive

das Ablenkungsmanöver, –   diversionary tactic
der Adressat/die Adressatin   addressee
die Art   way
der Aufwand, Aufwände   time and effort
der Augapfel, Augäpfel   eyeball
die Beziehung, -en   relationship
das Bürstchen, –   little brush
der Duft, Düfte   smell, perfume, fragrance
die Eifersucht   jealousy
die Erinnerung, -en   memory
der Eyeliner, –   eyeliner
der Feldherr, -en   commander; general in the military
der Gedanke, -n   thought, idea
der/die Geliebte   lover
das Geräusch, -e   noise, sound
das Gewand, Gewänder   clothing, garments
das Gewissen   conscience
der Glassplitter, –   shard of glass
der Grund, Gründe   reason, cause
das Hautöl, -e   skin oil
der Höhepunkt, -e   climax

die Hülle, -n   casing, cover
die Inszenierung, -en   production, staging
der Irrtum, Irrtümer   mistake, error
der Kajalstift, -e   eyeliner pencil
die Klinge, -n   blade
die Leidenschaft, -en   passion
der Liebhaber, –   lover
der Lippenstift, -e   lipstick
das Misstrauen   distrust, mistrust, suspiciousness
das Publikum   audience
der Rahmen, –   frame
die Reinigung   dry-cleaner
das Schicksal, -e   destiny
der Schlafzimmerblick   bedroom eyes
das Schwert, -er   sword
der Seitensprung, Seitensprünge   affair; infidelity
der Spitz, -e   spitz (*a type of watchdog*)
die Stimme, -n   voice
der Streifen –   strip, band, tape
die Telefonrechnung, -en   phone bill
die Telefonzelle, -n   phone booth
der Tesafilm   adhesive tape (*e.g. Sello- or Scotch tape*)
der Tiegel, –   pot, cup (*container*)
das Türblatt, Türblätter   door 'leaf' (*i.e. the part of door that moves*)
der Umgang   contact; **~ mit etwas**   exposure to sth.
das Unrecht   injustice
das Vertrauen   trust
der Vorgang, Vorgänge   process, activity
die Wangenhaut   skin of cheeks
der Wannenrand   rim of the bathtub
die Wimpern (*pl.*)   eyelashes
der Zuhörer, –   listener, hearer

Verben

abschließen (schloss ab, abgeschlossen)   to lock up
abstreiten (stritt ab, abgestritten)   to dispute, deny
aufführen   to perform
aufgeben (gab auf, aufgegeben)   to give up
aufschrauben   to unscrew
ausrutschen   to slip
befestigen   to secure
(sich) benehmen (benahm, benommen); sich (*acc.*) **~**   to behave, act
beobachten   to observe
bestimmen   to dictate, determine
beten   to pray
betrügen   to cheat, swindle; **jdn. ~**   to deceive, betray s.o.

bilden   to form, make, constitute
erdrosseln *here:* **jdn. ~**   to strangle s.o.
erstechen (erstach, erstochen)   to stab, kill with a knife
erwischen   to catch off guard, red-handed
folgen (+ *dat.*)   to follow
führen   to lead
gelingen (gelang, gelungen)   to succeed; **jdm. gelingt es, etwas zu tun**   s.o. manages to do sth.
gleiten (glitt, geglitten)   to glide
herabrinnen (rann herab/herabbrann, herabgeronnen)   to trickle down
hervorrufen (rief hervor, hervorgerufen)   to evoke, elicit
knipsen   to click
loswerden (wurde los, losgeworden)   to get rid of
mischen   to mix
nachdenken (dachte nach, nachgedacht)   to ponder, contemplate, think
richten   to direct; **etwas an jdn. ~**   to address sth. to s.o.
träumen   to dream
(sich) überlegen   to ponder, consider
überwinden (überwand, überwunden)   to overcome
überzeugen;   jdn. von etwas ~   to convince s.o. of sth.
verbringen (verbrachte, verbracht)   to spend (*time*)
verraten (verriet, verraten)   to betray, to rat (s.o.) out
verschließen (verschloss, verschlossen)   to cap, shut
verwenden (verwendete/verwandte, verwandt)   to use, utilize
vorgeben (gab vor, vorgegeben)   to pretend
zuschrauben   to screw down/on
zweifeln; an jdm./etwas (*dat.*) **~**   to doubt s.o./sth.

Adjektive und Adverbien

argwöhnisch   suspicious
bescheiden   humble, modest
boshaft   malicious, spiteful, vicious
eifersüchtig   jealous; **krankhaft ~**   insanely jealous
elend   miserable
ergreifend   touching, moving
fremd   foreign, strange, unknown
gemeinsam   shared, mutual
gerissen   shifty, astute, savvy
hauptsächlich   primarily, mainly
heimlich   secret
hörbar   audible, hearable
leidenschaftlich   passionate
lesbar   readable
merkwürdig   strange
misstrauisch   distrustful, leery, suspicious
neuerdings   of late
nötig   necessary
rätselhaft   puzzling, mysterious

schmal   narrow
selbst   even
seltsam   strange, odd
sinnlos   useless, futile, pointless
unauffällig   inconspicuous
unverletzt   intact, unharmed
verdächtig   suspect, suspicious
vertrauensvoll   trusting
vorläufig   for the time being
wahnhaft   delusional
weiblich   female

Sonstiges

nach eigener Aussage   in his own words, according to his own statement
etwas auf Eis legen   to put sth. on hold
gespitzte Lippen   puckered lips
na, und?   So?, Who cares?
Hast du zur Nacht gebetet?   Did you pray tonight?
die Ohren spitzen   to prick up or strain one's ears
ein Telefongespräch führen   to conduct a telephone conversation
Was treibt sie da?   What's she up to?
jdm. treu sein   to be faithful to s.o.
im Umgang mit Menschen   in dealing with people
seelische Vorgänge   psychological processes, internal thought processes

***

Kapitel 7: Ehrlichkeit und Betrug

Substantive

das Anmeldeformular, -e   registration form
der Atem   breath
der Atemzug, Atemzüge   breath of air
der Augenblick, -e   moment
der Bahnhof, Bahnhöfe   train station
die Bedenken (*pl.*)   misgivings
die Befürchtung, -en   fear
der Bengel, –   rascal, boy
der Betrug   deception, fraud
der Bettpfosten, –   bedpost
der Dolmetscher, –   interpreter
die Ehrlichkeit   honesty
das Elend   misery
die Erde   ground

der Fahrstuhl, Fahrstühle   elevator, lift
die Fingerkuppe, -n   fingertip
der Frauenheld, -en   womanizer
der Frechdachs, -e   rascal, cheeky devil
der Fremde, -n   stranger
die Fröhlichkeit   cheerfulness
die Geburt, -en   birth
das Geräusch, -e   noise
das Gewissen   conscience
die Glasseele   *lit.* glass soul (*word presumably created by author*)
das Gleis, -e   track, platform
die Hintergehung   deception
die Kladde, -n   notebook
die Klinke, -n   handle
die Kriegsgefangenschaft   captivity as prisoner of war
die Krücke, -n   crutch
der Lausejunge   little rogue
der Lichtschalter   light switch
das Lügenmärchen   made-up story, fabrication
der Nachtportier, -s   evening clerk, night porter
die Notlüge, -n   white lie (*lit.* necessary lie)
die Rückkehr   return
der Schatten, –   shadow
der Schenkel, –   thigh
der Schmeichler, –   flatterer
die Schranke, -n   crossing barrier, gate
der Schritt, -e   step
der Schwamm, Schwämme   sponge
die Stimme, -n   voice
der Stock, Stöcke   (walking) stick, cane
der Stoff, -e   fabric
das Taschentuch, Taschentücher   handkerchief
die Treppe, -n   stair
das Verhalten   behavior
das Vertrauen   trust
die Vorschrift, -en   regulation
die Vorsicht   caution

Verben

anhalten (hielt an, angehalten)   to hold, stop
aufsaugen   to soak up
ausfüllen   to fill out
ausweichen   to give way; **jdm./etwas** (*dat.*) ~   to avoid s.o./sth.
bedauern   to regret
betreffen (betraf, betroffen)   to concern, relate to, apply to; **jdn.** ~   to concern s.o.
betrügen (betrog, betrogen)   to cheat; **jdn.** ~   to deceive or betray s.o.
dienen   to serve

dirigieren   to direct
einweisen (wies ein, eingewiesen); jdn. in etwas ~   to admit s.o. to sth.
entlasten   to release, discharge
erlassen (erließ, erlassen)   to pass, decree
feststellen   to determine
fortgehen (ging fort, fortgegangen)   to leave
etwas fürchten   to be afraid of sth.
handeln   to act
hassen   to hate
herabdrücken; etwas ~   to press sth. down
heucheln   to pretend
innehalten (hielt inne, innegehalten)   to pause
lügen (log, gelogen)   to lie
nachfragen   to inquire
rangieren   to change from one track to another (*of a train*)
reichen; jdm. etwas ~   to hand s.o. sth.
schließen (schloss, geschlossen)   *here:* to conclude
schlüpfen   to slip, slide
(sich) spannen   to tighten, tauten
spüren   to sense
stolpern   to stumble, trip
stützen   to prop up
tasten   to grope
teilen   to share
veranlassen   to cause, prompt
verbringen (verbrachte, verbracht)   to spend (*time*)
verpassen   to miss (*e.g. a train*)
verschlafen (verschlief, verschlafen)   to oversleep
verursachen   to cause
vorhaben (hatte vor, vorgehabt)   to intend, plan
winken; jdm. ~   to wave to s.o.
zittern   to shake
zugeben (gab zu, zugegeben)   to admit

Adjektive und Adverbien

aalglat   slippery
abgebissen   bitten off
allmählich   gradually
aufgebracht   angry, resentful
aufrichtig   candid, honest
äußerst   extremely, utterly
bang   anxious
bedauernd   regretful
bedroht   threatened
bereits   already
bleich   pale
diesbezüglich   to this effect
ehrlich   honest

enttäuscht   disappointed
ergebnislos   without result
erschrocken   startled, scared
fähig   capable
gebräunt   tanned
gefährdet   in danger
geschäftlich   on business
gewiss   of course
glatt   plain, downright
lächerlich   absurd, ridiculous
merkwürdig   strange
mimosenhaft   sensitive, delicate (*lit.* like a mimosa flower)
niedergeschlagen   despondent, depressed
offenherzig   open-hearted
selbstverständlich   of course, to be sure
überlegend   calculating
ungereift   unmatured
unverblümt   blunt, direct
vertrauenswürdig   trustworthy
vorerst   for the moment
wahrhaftig   true
zögernd   hestitant
zuverlässig   reliable

Sonstiges

Das geht mich nichts an   That's no concern of mine
Was erlauben Sie sich!   How dare you!
jdm. einen Gefallen tun   to do s.o. a favor
Gott bewahre   God forbid!
in jeder Hinsicht   in every respect
in der Lage sein   to be in a position, able
mit jdm. Mitleid haben   to have sympathy with s.o.
Quatsch mit Soße!   total nonsense! (*lit.* nonsense with sauce on top)
Selbstmord begehen (beging, begangen)   to commit suicide
Es steht Ihnen frei   It is your option
jdm. Vorwürfe machen   to reproach s.o., blame s.o.

∗∗∗

Kapitel 8: Gesellschaftsordnung und Identität

Substantive

die Abwertung, -en   inflation, devaluation
der Aschenbecher, –   ashtray

das Aufsehen   civil commotion, sensation
der Barmann/die Barfrau   bartender
die Bedienung   waiter/waitress
die Beete, -n   beetroot
die Beziehung, -en   relationship
der Blumentopf, Blumentöpfe   flower pot
die Brieftasche, -n   wallet
der Dreiräderwagen   *here:* a three-wheeled delivery cart
das Eigentum, Eigentümer   property, belongings
die Einbildung, -en   illusion
der Einfluss, Einflüsse   influence
die Erfindung, -en   invention, concept
die Gemeinde   community, township
das Geschlecht, -er   gender
die Gesellschaftsordnung   social order
das Glück   luck
der Glückspilz   lucky devil (*lit.* lucky mushroom)
die Identitätskrise   identity crisis
das Idol, -e   idol
das Irrenhaus   loony bin, madhouse
der Kleidungsstil   dress style
die Kneipe, -n   pub
das Korn, Körner   grain
der Lebensstil   lifestyle
die Lotterie   lottery
der Lottogewinn   lottery prize
das Opfer, –   victim
das Pech   bad luck, misfortune
der Pechvogel   unlucky person (*lit.* unlucky bird)
die Pfeife, -n   pipe
das Reiheneigenheim, -e   townhouse
der Ringer, –   wrestler
die Scherbe, -n   shard, broken fragment
der Schlag, Schläge   blow
der Turner, –   gymnast
der Umstand, Umstände   condition, circumstance
die Umwelt   environment
das Unglück   bad luck, misfortune
der Verlust, -e   loss
das Vorbild, Vorbilder   role model
das Vorkommnis, -se   incident, event
die Weise, -n   manner, way
die Wirtin, -nen   landlady, innkeeper
der Witwer, –   widower
das Wunder   miracle, wonder
der Ziegel   brick
das Zink   zinc; *here:* countertop (*colloquial or idiosyncratic usage*)
der Zug, Züge   *here:* trait

Verben

ärgern   to bother
begießen (begoss, begossen)   to water
(sich) betrinken (betrank, betrunken)   to get drunk
(sich) einbilden; sich (*dat.*) **etwas** (*acc.*) **~**   to imagine sth.
einliefern; jdn. in etwas (*acc.*) **~**   to admit s.o. to sth.
(sich) einsetzen; sich für jdn./etwas ~   to take a stand, lobby for sth./s.o.
erfinden (erfand, erfunden)   to invent
erkundigen   to inquire
ersparen; etwas ~   to save sth.; **jdm. etwas ~**   to spare s.o. sth.
ertragen (ertrug, ertragen)   to bear, tolerate
erwarten   to expect
erwerben (erwarb, erworben)   to acquire
fassen; etwas ~   to grasp, believe
fordern   to demand, claim
gefährden   endanger
gelten als (galt, gegolten)   to be presumed to be sth., be regarded as sth.
genießen (genoss, genossen)   to enjoy
halten (hielt, gehalten); jdn. für etwas/jdn. ~   to perceive s.o. as sth. or s.o.
klagen   to complain
lächeln   to smile
leugnen   to deny, repudiate
reden   to talk
sammeln   to collect
schmettern   to throw violently
trösten   to comfort, console
(sich) verausgaben   to go for broke
verdrießen (verdross, verdrossen)   to annoy, chagrin
vergehen (verging, vergangen)   to pass (*time*)
vermuten   to suspect
verstummen   to become silent
verursachen   to cause
werfen (warf, geworfen)   to throw
zerquetschen   to squash, smush
zustoßen (stieß zu, zugestoßen); jdm. ~   to befall, happen to s.o.

Adjektive und Adverbien

abstinent   abstinent, on the wagon, teetotal
andernfalls   or else
angemessen   appropriate
begabt   talented
begünstigt   favored, advantaged
beiläufig   incidental, random
beliebt   popular

beschäftigt   busy, occupied
bloß   only
dereinst   someday
dermaßen   to such an extent
einigermaßen   to some degree
entsetzlich   abysmal, horrendous
fabelhaft   fabulous
fassungslos   stunned
friedlich   peaceful
geradezu   almost, virtually
hemdärmlig   shirt-sleeved, in shirt sleeves
jemals   ever
kostspielig   costly, expensive
lächerlich   ridiculous, absurd
nebenbei   casually, along the way
redlich   honest
sagenhaft   unbelievable, fantastic
sämtlich   all
schlicht   simple, plain
schließlich   finally, eventually
schwärmerisch   enthusiastic
senkrecht   vertical
tapfer   brave, courageous
tatsächlich   actually, in fact
tüchtig   able, competent
unbestritten   unquestioned, uncontested
verblüfft   bewildered
vergeblich   in vain
verlässlich   reliable, dependable
verschlossen   blocked, occluded
vertrauenswürdig   trustworthy
verwirrt   confused
ziemlich   quite, rather
zumal   above all, especially

Sonstiges

ein schlimmes Ende nehmen   to come to a bad or sad ending
Feuer geben   to give (s.o.) a light (*cigarette*)
im Gegenteil   rather, on the contrary
Es ist nicht zum Lachen   It's not a laughing matter
das große Los   the jackpot
mit jdm. Mitleid haben   to have sympathy with s.o.
etwas tapfer tragen   to bear sth. courageously
in der Tat   in actuality
mit etwas versehen sein   to be furnished with sth.

***

Kapitel 9: Außenseiter und Unterdrücker

Substantive

der Absatz, Absätze paragraph
die Angabe, -n description
das Angebot, -e offer
die Angelegenheit, -en issue, matter, case
die Auffahrt, -en driveway
der Augenblick, -e moment
der Ausgeflippte freaked-out person, weirdo
der Ausländer, – foreign national
der Außenseiter, – outsider
der Autohändler, – car dealer
die Bank, Bänke bench
der Barkeeper, – bartender, barman
das Baumaterial building material
der Behälter, – container
der Beton concrete, cement
das Betongebäude, – concrete building
der Betrieb business, factory, shop
der Chef/die Chefin boss
die Couchkartoffel, -n couch potato
das Dach, Dächer roof
das Ehejahr, -e year of marriage
der Eigenbrötler/die Eigenbrötlerin maverick, loner, solitary person
die Einfahrt, -en drive, slip road (*place for a car to enter house from street*)
das Etikett, -en label
die Feder, -n feather
der Feierabend quitting time, knocking-off time (*at work*)
der Feigling, -e wuss, coward
die (Fenster)scheibe, -n (car) window
der Garten, Gärten garden, yard
die Gegend, -en area, neighborhood, region
das Geheimnis, se secret
das Gelände, – area, site, compound
das Genie, -s genius
das Geräusch, -e noise, sound
das Gesicht, -er face
die Größe, -n size
das Grundstück, -e property, land
das Holz wood
das Huhn, Hühner chicken, hen
der Japaner *here:* a Japanese car
der Jasager/die Jasagerin yes-man/woman, yeasayer

der Käfig, -e   cage
der Kasten, Kästen   case, box
der Kioskbesitzer, –   kiosk owner
der Kofferraum, Kofferräume   trunk, boot (*of car*)
das Lager, –   storage, warehouse
das Lenkrad, Lenkräder   steering wheel
die Limonade, -n   lemonade, soda
die Luft   air
das Mitglied, -er   member
die Mittagspause   lunch hour, lunch break
der Mixbecher, –   (*drinks, cocktail*) shaker
der Papagei, -en   parrot
der Rasen   lawn, grass
der Ratschlag, Ratschläge   advice, tip, suggestion
die Redundanz   redundancy, repetition of the same information
der Reifen, –   tire, tyre
die Schlampe, -n   bitch, slut
der Schluck, -e   gulp, swallow, mouthful
die Siedlung, -en   settlement, housing estate
der Sonderling   eccentric, oddball, odd person
der Spiegel, –   mirror
der Stahl   steel
der Tyrann, en   tyrant, bully
die Überlegung, -en   consideration, deliberation, thought
der Unterdrücker, –   oppressor
der Unterschenkel, –   lower leg
der Vollidiot/die Vollidiotin   complete idiot, blithering idiot
die Weile, -n   while, spell
der Wendepunkt, -e   turning point
der Witz, -e   joke
das Zeug   stuff, junk
der Zucker   sugar

Verben

achten; auf etwas (*acc.*) ~   to pay attention to sth.
anschauen   to look at
anschließen (schloss an, angeschlossen); sich etwas/jdm. ~   to join sth./s.o.
aufatmen   to breathe, breathe a sigh of relief
aufgeben (gab auf, aufgegeben)   to give up
ausleihen (lieh aus, ausgeliehen); jdm. etwas (*acc.*) ~   to lend s.o. sth.
aussteigen (stieg aus, ausgestiegen)   to get out, disembark
beißen (biss, gebissen)   to bite
beisteuern   to contribute
(sich) benehmen (benahm, benommen); sich (*acc.*) ~   to behave, act
besorgen   to provide, procure
betreffen (betraf, betroffen)   to concern

(sich) bewegen   to move
dabei sein (war dabei/dabeiwar, dabeigewesen)   to be present, take part
drohen   to threaten
einbiegen (bog ein, eingebogen)   to enter; **in etwas ~**   to turn into
erscheinen (erschien, erschienen)   to appear
gackern   to cluck, cackle
greifen (griff, gegriffen)   to grasp, grab, take hold of; **~ nach**   to reach for
halten (hielt, gehalten); etwas von jdm. ~   to think sth. of s.o.
herumkommandieren   to order about, bully
hinzufügen   to add
holen   to fetch
hüpfen   to hop, jump
jonglieren   to juggle
kichern   to snicker, chuckle, giggle
klarkommen (kam klar, klargekommen); mit jdm. ~   to get along with s.o.
klopfen   to knock
kribbeln   to tickle, tingle, prickle
meinen   to think, believe
nerven   to annoy, bother
passen   to fit, mesh, suit
schenken; jdm. etwas ~   to give s.o. sth. (*as a present*)
schikanieren   to harass, bully
schlagen (schlug, geschlagen)   to hit, strike
schmunzeln   to grin, smirk, chuckle
schnarchen   to snore
stören   to bother
töten   to kill
tyrannisieren   to oppress, tyrannize, bully
überlegen   to ponder, reflect
umdrehen   to look back, to turn around
umziehen (zog um, umgezogen)   to move (*residence*), relocate
unterdrücken   to oppress, subdue, smother
vermeiden (vermied, vermieden)   to avoid
verstummen   to become silent
vorschlagen (schlug vor, vorgeschlagen)   to suggest, recommend
werfen (warf, geworfen)   to throw, toss
zeigen   to point
zurechtfinden (fand zurecht, zurechtgefunden)   to get along, find one's way
zurückerwarten   to expect sth. in return
zwinkern   to blink, wink

Adjektive und Adverbien

abgestoßen   disgusted
beiläufig   casual, incidental, in passing
besonders   especially
durchschnittlich   on average

eigentlich   actually
erleichtert   relieved
ernsthaft   serious, earnest, sincere
erwartungsvoll   expectant, eager
folgendermaßen   in the following way
gefährdet   vulnerable, endangered
geizig   stingy
gerade   currently, just
geradeaus   straight ahead
getönt   tinted
gewöhnlich   usually
großzügig   generous
kleinlich   petty
klug   clever
naiv   naive, innocent, unsophisticated
nirgendwo   nowhere
nötig   necessary
plötzlich   suddenly
schadenfroh   gleeful, spiteful, mischievous
selbstironisch   self-deprecating
spießig   bourgeois, middle-class, square, narrow-minded
überall   everywhere
überhaupt   at all
überrascht   surprised
unabhängig   independent
unterrichtet   well-informed, briefed, knowledgeable
verheiratet   married
verwöhnt   spoiled, pampered
weiterhin   still
woanders   somewhere else
wütend   furious, enraged, livid
zufrieden   content, pleased, happy

Sonstiges

sich etwas anmerken lassen   to let sth. show
mit jdm. gut auskommen (kam aus, ausgekommen)   to get along with s.o.
Würde es dir etwas ausmachen . . . ?   Would you mind . . . ?
ein tiefergelegtes Auto   a lowered car (*i.e. like a new sportscar or a 'lowrider'*)
es geht um . . .   it's about . . .
Das geht dich nichts an   That's none of your business
getönte Scheiben   tinted windows
He!   Hey!
in dieser Hinsicht   in this respect
in die Hocke gehen   to squat down, crouch down
Er ist ein feiges Huhn   He's a chicken (*fig.*)

einen Job schmeißen   to quit a job, chuck a job, resign
Macht es dir etwas aus, wenn . . . ?   Does it bother you if . . . ?, Do you mind if . . . ?
eine Menge   a great deal, plenty, lots
Otto-Normalbürger   Joe Blow, Joe Bloggs, Joe Six-Pack, average man
Wir sind quitt   We're even
seine Ruhe haben   to have some peace and quiet
eine Runde drehen   to go for a spin
Du machst Sachen!   The things you do!
Hier steckst du also!   So there you are!
Mir ist übel   I'm nauseated, I feel ill

***

Kapitel 10: Freiheit und Wende

Substantive

die Abschiedsparty, -s   going away party
die Ahnung, -en   idea, notion
der Ausweis, -e   I.D.
die Bewegungsfreiheit   freedom of movement
das Bündel, –   bunch
der Döner, –   doner kebab
die Einheimischen (*pl.*)   indigenous peoples, natives
der Feind, -e   enemy
die Freiheit   freedom
das Gedränge, –   crowd, throng
das Gitter, –   grate, fence
die Grenze, -n   border, limitation; (*pl.*)   constraints
der Grenzer, –   customs official
der Grenzübergang, Grenzübergänge   border crossing
die Häme   malice
das Hupen   honking
der Kiez, -e   neighborhood within a city (*especially Berlin*)
die Laune, -n   mood
die Mangelwirtschaft, -en   economy of scarcity
der Münzautomat, -en   coin operated machine
die Narkose, -n   sedation
die Neuigkeit   (piece of) news
der/die Ossi, -s   person from the former East Germany (*sometimes pejorative*)
die Postleitzahl   zip code, postal code
die Rührung   emotion
das Schummerlicht   subdued light, twilight
die Sehne, -n   tendon
der Sekt, -e   sparkling wine
die Spielwiese, -n   playground, playing field
die Stimme, -n   voice

die Stimmung   atmosphere
der Stolz   pride
der Trabant (Trabi)   the most common car produced in the GDR
der Tresen, –   bar, counter
der Übergang, Übergänge   transition, change
die Unschuld   innocence
die Verwirrung, -en   confusion
die Volksrepublik   People's Republic (*political term*)
die Volksverdummung   misleading or brainwashing of the people
die Wahrnehmung, -en   perception, sense
die Wende   turning point, change; a turning point in German history (1989–1990)
der/die Wessi, -s   person from the former West Germany (*sometimes pejorative*)
die Wiedervereinigung   reunification
die Wirklichkeit   reality
der Zaun, Zäune   fence
der Zoll, Zölle   customs
die Zollanlage, -n   customs facility

Verben

anstrahlen   to beam
(sich) auftun   to appear, open up
beschneiden (beschnitt, beschnitten)   to restrict
fixieren   to fixate on
fließen (floss, ist geflossen)   to flow
greifen (griff, gegriffen)   to grasp, grab
nähen   to stitch, sew
pendeln   to commute (*e.g. to work*)
prägen   to shape, affect
rufen (rief, gerufen)   to call
schmeißen (schmiss, geschmissen)   to toss, throw, chuck
spüren   to sense, feel
steigen (stieg, gestiegen)   to climb
tauschen   to exchange
(sich) überschlagen (überschlug, überschlagen)   to overlap, tumble over (each other)
übersehen (übersah, übergesehen)   to overlook, lose sight of
verbergen (verbarg, verborgen)   to hide (sth.)
verschenken   to give away
(sich) vorstellen *here:* **sich** (*dat.*) **etwas** (*acc.*) ~   to imagine, picture sth.
weinen   to cry

Adjektive und Adverbien

ausgelassen   boisterously, exuberantly
ausgereist   departed (*from a country*)
begeistert   excited, stoked
beliebt   popular, favored
besiedelt   populated

breit   wide
bunt   colorful
bürgerlich   middle-class
ehemalig   former, one-time, past
eigenständig   independent, self-contained
einfarbig   monotone, single-colored
entschlossen   determined, resolute
enttäuscht   disappointed, crestfallen
erschüttert   shocked, appalled, unsettled
gültig   valid, in effect
hingegen   on the other hand, in contrast
lediglich   only, solely, merely
riesig   huge
schmal   narrow
sowieso   anyway, in any event
ständig   constant, permanent, all the time
stolz   proud
tapfer   brave, courageous
überhaupt   at all, in the first place
umgeschlagen   changed
umsonst   in vain, for nothing
vermutlich   presumably
verschüchtert   intimidated
verschwenderisch   wasteful, extravagant
vertraut   familiar
winzig   tiny, minuscule, puny
wohlhabend   affluent, wealthy, well off
zertrennt   separated, severed
zufällig   by chance

Sonstiges

etwas bekannt geben   to announce sth.
etwas zum Besten geben   to share or perform sth. publicly
einen Bogen um etwas (*acc.*) machen   to steer clear of sth. or give sth. a wide berth
Es ist mir egal   I don't care; it doesn't matter to me
jdn. für X erklären   to consider s.o. to be X
nicht zu fassen   incredible, unbelievable
gut dran sein   to be well off, doing well
in dieser Hinsicht   in this regard
je näher . . . , desto größer   the closer . . . , the bigger
X kommt mir Y vor   X seems Y to me
meines Öfteren   many a time
unter Schock stehen   to be in shock
sich Sorgen machen   to worry
in Strömen fließen   to flow like water

***

Kapitel 11: Stereotypen und Humor

Substantive

der Antrag, Anträge   application
die Arbeitslosigkeit   unemployment
die Asylantragstellung, -en   status of application for asylum
die Aufenthaltserlaubnis   visa, residence permit
das Aufenthaltsrecht   right of residence
die Auseinandersetzung, -en   argument, dispute, debate
der Ausländer/die Ausländerin   foreigner, resident alien
die Ausländerbehörde   aliens department
das Auswärtige Amt   foreign affairs office
der Autounfall, Autounfälle   car accident
die Beschwerde,-n   complaint
der Blumenstrauß, Blumensträuße   bunch of flowers, bouquet
die Braut, Bräute   bride
der Bräutigam, -e   groom
der Buchstabe, -n   alphabetic character, letter
der Bühnenkomiker/die Bühnenkomikerin   stand-up comic, comedian
der Bundeskanzler, –   Federal Chancellor
der BVG-Angestellte   Berliner Verkehrsbetriebe (public transport) employee
die Eigenschaft, -en   quality, characteristic
die Einkommenserklärung   statement of income
die Empfindlichkeit   sensitivity
der/die Erwachsene   adult, grown-up
der Fehler, –   fault, mistake
der Feind, -e   enemy
die Flüchtlingsaufnahme, -n   acceptance or accommodation of refugees
die Gehaltserhöhung, -en   salary increase
die Geldsache, -n   money matter
der/die Geliebte   beloved, lover
der Gesang   singing
die Geschlechterrolle, -n   gender role
das Heimatland, Heimatländer   homeland, native country
das Hindernis, -se   obstacle
die Hochzeit, -en   wedding
der Jurist, -en   lawyer
der Kampf, Kämpfe   fight, battle, struggle
der Minderwertigkeitskomplex, -e   inferiority complex
das Mittel, –   means
die Mode, -n   fashion, style
die Pflege   nurturing, care
der Pickel, –   pimple, zit
der Ratschlag, Ratschläge   advice

die **Rechtsgrundlage, -n**   legal basis
die **Schulden** (*pl.*)   debts
die **Selbstironie**   self-mockery
der **Sinn**   meaning
die **Spannung**   suspense
der **Standesamt**   civil registry office
die **Stellung, -en**   job, position, status
der **Umgang**   contact, association
der **Unterschied, -e**   difference
die **Verwendung, -en**   use
die **Wahl**   choice
das **Werk, -e**   work, creation
die **Wirkung, -en**   effect, impact, outcome
der **Witz, -e**   joke
der **Zorn**   rage

Verben

angehören   to be a member of
basieren   to be based on
beilegen   to reconcile, settle
beruhen; auf etwas (*dat.*) ~   to be based on
beschaffen   to procure, obtain, find
beschützen; jdn./etwas vor etwas (*dat.*) ~   to protect from, guard against sth.
besorgen   to procure, obtain
bestehen (bestand, bestanden); auf etwas (*dat.*) ~   to insist on sth.; **in etwas** (*dat.*) ~   to consist in sth.
bevorzugen   to prefer
beweisen (bewies, bewiesen)   to show, demonstrate
bombardieren   to bombard
einreichen   to submit
erlösen   to release (*e.g. from pain*)
ermutigen   to encourage, embolden, hearten
festigen   to strengthen, reinforce
fördern   to promote, support, foster
(sich) fügen   to fall in line, comply
gleichen; jdm./etwas ~   to resemble
(sich) hingeben (gab hin, hingegeben); sich etwas (*dat.*) ~   to devote oneself to
(sich) leisten; sich (*dat.*) **etwas** (*acc.*) ~   to afford
schaffen (schuf, geschaffen)   to create, establish
sterben (starb, gestorben)   to die; **an etwas** (*dat.*) ~   to die of sth.
stimmen   to be right
überwinden (überwand, überwunden)   to overcome
verbringen (verbrachte, verbracht)   to spend (*time*)
verdienen   to earn
(sich) verlieben; sich in jdn. ~   to fall in love with s.o.
vermasseln   to bungle, screw up

vermeiden (vermied, vermieden)   to avoid
verwenden (verwendete/verwandte, verwandt)   to use, utilize
vorankommen (kam voran, vorangekommen)   to get ahead, make headway
(sich) widmen; sich etwas (*dat.*) ~   to devote oneself to sth.
zustoßen (stieß zu, zugestoßen); jdm. ~   to befall or happen to s.o.

Adjektive und Adverbien

anscheinend   apparently
anspruchsvoll   demanding
anständig   decent
bescheiden   humble, modest
besonders   especially, particularly
betrügerisch   deceitful, dishonest
daneben   in addition
dickhäutig   thick-skinned
empfindsam   sensitive
erfolgreich   successfully
friedlich   peaceful, amicable
geschlechtsbezogen   gender-based
gleichzeitig   at the same time, simultaneously
günstig   inexpensive
häufig   frequently, often
inwiefern   to what extent, in what way
komisch   funny, comical
laufend   constantly, continually
plötzlich   suddenly
schäbig   shabby, ragged
sogar   actually, even
sonst   otherwise
sparsam   thrifty, canny, economical
treu   faithful, loyal, true
überhaupt   at all
verschwenderisch   wasteful, extravagant
vorformuliert   preformulated
wahrgenommen   perceived
zornig   angry, wrathful

Sonstiges

Man muss sich selbst zur Disposition stellen   One has to make oneself the focus
erst einmal   first of all, for a start
sich etwas voll hingeben   to devote oneself totally to
Karriere machen   to have a career, climb the social ladder
etwas kenntlich machen   to indicate sth.
ums Leben kommen   to lose one's life

etwas lohnt sich   sth. is worth it, pays off
Minderwertigkeitskomplexe überwinden   to overcome feelings of inadequacy
Mist bauen   to screw up
auf einen Schlag   in one fell swoop
nach dem letzten Schrei gekleidet sein   to be dressed in the latest style
der Sinn für Humor   sense of humor
sowohl X als auch Y   both X and Y; X as well as Y
um nicht zu sagen   not to say, if not
zu jdm. ziehen   to move in with s.o.

***

Kapitel 12: Wahrnehmung und Verstand

So groß ist der Unterschied nicht

Substantive

das Amtsgericht, -e   local court, district court
die Anklage, -n   accusation, indictment
die Aussage, -n   statement
die Autodroschke, -n   taxi, cab
die Begrüßung, -en   greeting, welcome, reception
die Behauptung, -en   assertion, allegation, statement
das Beileid   condolence, sympathy
die Behörde, -n   government agency, public authority
der/die Bekannte, -n   acquaintance
der Blumenladen, Blumenläden   flower shop
die Erwartung, -en   expectation
die Fahrt, -en   journey, trip
der Feinkostladen   delicatessen
der Fleiß   industriousness
der Freispruch   acquittal
die Fußspitzen (*pl.*)   tiptoes
die Gabe, -n   gift, offering
der Gang, Gänge   corridor, hallway
das Gedächtnis   memory
der Gerichtssaal, Gerichtssäle   courtroom
das Gespenst, -er   ghost, apparition
der Gruß, Grüße   greeting
der Häusermakler, –   realtor, estate agent
der Herzschlag, Herzschläge   heart attack
der Irrtum, Irrtümer   error

der Klaps, -e   slap, pat
der Korb, Körbe   basket
der Kranz, Kränze   wreath
der Merkzettel, –   notepad
die Miene, -n   face, look
das Leichenbegängnis, -se   funeral, burial
der Leichenwagen   hearse
die Lösung, -en   solution
die Nachbarschaft, -en   neighborhood
das Polster, –   cushion
die Redlichkeit   integrity, honesty
der Rücksitz, -e   back seat
der Sargträger, –   coffin/pall bearer
das Schluchzen   sobbing
der Silberfuchsmantel   silver fox (fur) coat
der Sinn   sense of perception
der Speicher   storage, attic
das Sterbehaus   last residence
das Steuer   steering wheel
die Stimme, -n   voice
die Täuschung, -en   illusion, deception
das Treppenhaus   staircase, stairwell
die Überzeugung, -en   belief, conviction, persuasion
der Untermieter/die Untermieterin   lodger, boarder, sublessee
der Unterschied, -e   difference
die Verwechslung, -en   mix-up, mistake, confusion
die Vorhaltung, -en   expostulation, earnest and kindly protest
die Wahrnehmung, -en   perception, sense
die Willkür   arbitrariness
die Wirklichkeit   reality
der Wirrwarr   commotion, muddle
der Zeuge/die Zeugin   witness
der Zigarrenhändler, –   tobacconist
der Zufall, Zufälle   coincidence
der Zweifel, –   doubt, disbelief, question

Verben

aufhocken; auf etwas ~   to sit on sth.
(sich) bedanken   to thank; **sich bei jdm. für etwas ~**   to thank s.o. for sth.
beeinflussen   to influence, affect
begegnen   to meet, encounter
begleiten   to accompany
beistehen (stand bei, beigestanden); jdm. ~   to stand by s.o., support s.o.
besichtigen   to visit, inspect
dünken   to seem

duzen   to address informally with 'du'
(sich) einleben   to settle in
emporsteigen (stieg empor, emporgestiegen)   to ascend, climb up
entfallen (entfiel, entfallen); etwas (*nom.*) ist jdm. ~   sth. escapes s.o.
entgegnen   to answer, reply, counter
entlasten   to exonerate, free from guilt or blame
entlohnen; jdn. ~   to pay s.o.
erkennen (erkannte, erkannt)   to recognize
erleben   to experience
erwidern   to reply
flüstern   to whisper
gelangen; zu etwas ~   to arrive at sth., attain sth.
gleichen (glich, geglichen)   to resemble
halten (hielt, gehalten)   to stop
(sich) irren   to be mistaken
klirren   to clink, clank (*e.g. glasses during a toast*)
lüften   to lift, raise
(sich) melden   to answer, come forward
nachtragen (trug nach, nachgetragen)   to add, append
rühmen   to praise, extol, laud
schätzen; jdn. ~   to think highly of s.o.
schieben (schob, geschoben)   to move, thrust, push
schluchzen   to sob
schreiten (schritt, geschritten)   to stride, step
schütteln   to shake
sterben (starb, gestorben)   to die; **an etwas (*dat.*) ~**   to die of sth.
unterlaufen (unterlief, unterlaufen)   to occur, creep in
vermuten   to suspect, suppose
vernehmen (vernahm, vernommen)   to examine, to hear
verschieben (verschob, verschoben)   to switch or shift
(sich) versteigen (verstieg, verstiegen); sich zu etwas ~   to go as far as to say/do sth.
verwechseln   to confuse, mistake, mix up
vorkommen (kam vor, vorgekommen)   to appear
wähnen   to imagine; **sich etwas ~**   to consider or believe oneself to be
weisen (wies, gewiesen)   to point (*e.g. north, south*)
widmen   to devote; **sich etwas (*dat.*) ~**   to spend time on sth.
zuwerfen (warf zu, zugeworfen)   to slam
zwingen (zwang, gezwungen)   to force

Adjektive und Adverbien

abermals   again, once more
abweisend   stand-offish, unapproachable
alltäglich   trivial, common, banal
anhänglich   affectionate, clinging, attached
aufgeregt   agitated, flustered

ausgeschlafen   well-rested
bedeutungslos   meaningless
befriedigt   satisfied, contented
bescheiden   humble, meek, modest
betrügerisch   deceitful, dishonest
boshaft   malicious, spiteful, wicked
dereinst   someday
erheblich   significant, remarkable
erleichtert   relieved
fest   firm, solid
freilich   of course, however
geschmiegt   nestled
getreu   accurate, faithful, truthful
gutartig   innocent, good-natured, inoffensive
haltlos   unfounded, baseless
hartnäckig   persistent, dogged, insistent
herrisch   authoritative, bossy, overbearing
lediglich   merely, simply, only
misslich   awkward
missmutig   discontented, bad-tempered
munter   lively, chipper, animated
nämlich   namely, that is to say
nunmehr   now
offenbar   obviously, apparently
pflichtvergessen   irresponsible, undutiful
prächtig   splendid, magnificent
rasch   rapid, swift, fast
redlich   honest, fair
schattig   shadowy, shady
schelmisch   mischievous, impish
schnabelhaft   beak-like
schräg   diagonal, catty-corner
skurril   comical, whimsical, droll
stattdessen   instead, rather
tatsächlich   in fact, sure enough
unerheblich   negligible, irrelevant
unnütz   futile, useless
unterwegs   in transit, on one's way
verlegen   embarrassed, sheepish
verpfuscht   botched, bungled
verwirrt   confused, disoriented
verwundert   puzzled, astonished, bewildered
weinfeucht   *lit.* wine-moist, wine-wet
weinfroh   *lit.* wine-happy or wine-merry
widersinnig   preposterous, absurd
zögernd   hesitatingly
zumal   especially, above all
zuverlässig   dependable
zwar   in fact

Sonstiges

ach wo   certainly not, by no means
die Achseln zucken   to shrug one's shoulders
im Argen liegen   to be in disorder
um die Ecke biegen (bog, gebogen)   to turn the corner
etwas Ernst meinen   to mean sth., be serious about sth.
zu Fuß   on foot
auf den Fußspitzen   on tiptoes
gar so groß   all that big, so great
im Gegenteil   on the contrary
He!   Hey!
es wird sich herausstellen   time will tell
einen Irrtum eingestehen   to admit an error
na also!   there!
O weh!   Good God!
der Ordnung halber   as a matter of form
jdn. zur Rede stellen   to take s.o. to task
auf der Stelle   immediately, right away
mit jdm. verabredet sein   to have plans or a date with s.o.
einen Vertrag aufsetzen   to draw up a contract
den halben Vormittag unnütz verwarten   to waste half the morning waiting
Was soll X?   What's up with X?
nach Willkür   arbitrarily
durch reinen Zufall   purely by chance
etwas zuwege bringen (brachte, gebracht)   to accomplish sth.

***

Auflösung

Substantive

die Anforderung, -en   requirement, demand
die Anstalt, -en   institution, establishment
der Ast, Äste   branch, limb (*of a tree*)
die Auflösung, -en   disintegration
der Aufnahmeapparat, -e   recording device
das Aufnahmegerät   recording machine
die Aufzeichnung, -en   recording, record, videotaping
der Autolärm   car/traffic noise
die Autowerkstatt, Autowerkstätten   car repair shop
die Begierde, -n   ambition, eagerness, desire
das Bekenntnis, -se   avowal, confession, affirmation
der Besitzer, –   owner
die Bindung, -en   tie, bond, commitment

das Blatt, Blätter   leaf
der Blick, Blicke   view, sight
die Blüte, -n   blossom, flower
der Bürokomplex, -e   office block
der Chef/die Chefin   boss
die Decke, -n   ceiling
die Demenz   dementia
die Depression, -en   depression
der Durchbruch, Durchbrüche   breakthrough
der Eindruck, Eindrücke   impression
die Einigkeit   consensus, unity, agreement
die Einigung, -en   agreement, understanding, mutual consent
der Empfindlichkeitsregler, –   sensitivity regulator
die Entdeckung, -en   discovery
die Erinnerung, -en   memory
die Fähigkeit, -en   ability
das Fahrzeug, -e   vehicle
die Faulheit   laziness, idleness
das Fenstergitter, –   window grill, bars on the windows
die Fläche, -n   surface, area
die Flocke, -n   flake
die Folge, -n   consequence, result
die Forschung   research
das Gehalt, Gehälter   pay, salary
das Geheimreich   secret realm
die Geisteskrankheit, -en   mental illness
das Gerät   machine, device, equipment
die Gesellschaft, -en   company, society
der Glanz   brilliance, luster
der Glauben   belief, faith, religion
der Grad, -e   degree, level
die Grenze, -n   limitation, limit
das Gutachten, –   expert's report, approval certificate
die Heiterkeit   exhilaration, cheerfulness
der Hinterkopf   back of the head
das Interesse, -n   interest
die Kante, -n   edge, rim
die Kathedrale, -n   cathedral
die Kleinarbeit   detail work
der Konferenzsaal, Konferenzsäle   conference hall
der Kongress, -e   conference
der Kongresssaal, Kongresssäle   conference room, conference hall
die Kopfhörer (*pl.*)   headphones
die Kraft, Kräfte   strength, force, power
der Kumpel, -s   buddy, mate, pal
die Kündigung, -en   notice of termination
das Lächeln   smile
die Lautstärke   volume
die Leere   emptiness

das Magnetband magnetic tape
das Maß, -e proportion, degree, size
die Meinung, -en opinion
die Messe mass (*religious*)
das Mikrofon, -e microphone
der Mut courage, bravery
der Nebel fog, mist, haze
die Pfarre, -n parish
der Pfarrgemeinderat parish council
der Pfleger, – caregiver
der Posten, – post, position, appointment
das Referat, -e presentation, paper, talk
die Reihe, -n row
der Riss, -e crack, gap
die Sessellehne, -n back of a chair
der Stapel, – pile, stack, batch
die Stelle, -n position, job
die Stellung, -en position, job
der Stolz pride, ego
die Tagung, -en meeting, session, conference
die Tinte, -n ink
der Ton, Töne sound
das Tonband, Tonbänder tape
der Tonhöhenpegel pitch level, pitch gauge
die Überraschung, -en surprise
der Unglaube disbelief, faithlessness, skepticism
die Ursache, -n cause, reason
der Veranstalter, – organizer, host
die Verfehlung, -en delinquency, misconduct
die Verspätung, -en delay
der Verstärker, – amplifier, intensifier
die Verwirrung, -en confusion
die Vorbereitung, -en preparation
der Vortrag, Vorträge presentation, lecture, speech, talk
die Werbestrategie, -n advertising strategy
der Willen (*more commonly:* der Wille) will
der Winkel, – angle
die Wirkung, -en effect
die Zahnheilkunde dentistry
das Zeigerchen, – little hand (*e.g. of a watch*)
die Zuneigung, -en affection, fondness
der Zusammenhang connection, relationship

Verben

anbieten (bot an, angeboten); jdm. etwas ~ to offer s.o. sth.
angreifen (griff an, angegriffen) to attack
anschließen (schloss an, angeschlossen) to hook up, plug in

ansehen   to watch
anzeigen   to show, display
aufnehmen (nahm auf, aufgenommen)   to record
aufpassen   to pay attention
aufstehen (stand auf, aufgestanden)   to stand up, get up
auftauchen   to turn up
ausbreiten   to extend
ausdenken (dachte aus, ausgedacht); sich (*dat.*) **etwas ~**   to think sth. up, devise sth.
ausmalen; sich etwas ~   to envision sth.
begreifen (begriff, begriffen)   to grasp, comprehend
behalten (behielt, behalten)   to keep, retain
(sich) bemühen   to make an effort, try
berühren   to touch
bestehen (bestand, bestanden); auf etwas (*dat.*) **~**   to insist on sth.; **in etwas** (*dat.*) **~**   to consist in sth.
bezweifeln; etwas ~   to doubt sth.
durchschneiden (durchschnitt, durchschnitten)   to intersect, penetrate
(sich) einbilden; sich (*dat.*) **etwas** (*acc.*) **~**   to imagine sth.
einschalten   to switch on, turn on
einschränken   to control, curtail, limit
entgleiten (entglitt, entglitten); jdm. ~   to slip away from s.o.
entwickeln   to develop
(sich) ereignen   to happen, come about
erstellen   to develop, establish, generate
feststehen (stand fest, festgestanden)   to be certain
gelingen (gelang, gelungen)   to work, succeed
halten (hielt, gehalten); etwas von etwas/jdm. ~   to think sth. of sth./s.o.
handeln   to act, take action
heilen   to heal, cure
hingehören   to belong
kleben   to stick, glue, attach
(sich) konzentrieren   to concentrate
leihen (lieh, geliehen); jdm. etwas ~   to lend s.o. sth.
leuchten   to light, glow, shine
mischen   to mix
nachhallen   to reverberate, resonate
nachjustieren   to readjust
nachtragen (trug nach, nachgetragen)   to add, append
predigen   to preach
quieken   to squeal, squeak
riechen (roch, gerochen)   to smell
(sich) rühren   to budge, stir
schaffen   to succeed, accomplish
spazieren   to walk, stroll
spüren   to sense, feel
stempeln   to stamp
umspülen; etwas ~   to wash around sth. (*like the ocean around a rock*)
(sich) unterhalten (unterhielt, unterhalten); sich mit jdm. ~   to talk with s.o.
vergehen (verging, vergangen)   to pass (*time*)

verkünden   to declare, proclaim, pronounce
verschaffen; jdm. etwas ~   to provide sth. for s.o.
verschwinden (verschwand, verschwunden)   to disappear
versinken (versank, versunken)   to sink, go to the bottom
verstoßen; gegen etwas ~   to violate sth., infringe upon sth.
verwerfen (verwarf, verworfen)   to reject, repudiate
vorbeiziehen (zog vorbei, vorbeigezogen)   to pass, flash by
vorliegen (lag vor, vorgelegen)   to exist, be present
vortragen (trug vor, vorgetragen)   to recite, perform
wehen   to blow
widerlegen; etwas ~   to refute or disprove sth.
widersprechen (widersprach, widersprochen)   to contradict, dissent

Adjektive und Adverbien

abgewetzt   chafed, scuffed, worn away
allumfassend   all-encompassing
aufmerksam   attentive
ausgehöhlt   hollowed out
beeindruckend   impressive
bodenlos   abysmal, bottomless
dement   suffering from dementia
deprimiert   depressed
durchdringend   penetrating
ehemalig   previous, former
eigenartig   curious, odd, peculiar
endgültig   final
erstaunt   amazed, astonished
flammend   blazing, flaming
fristgerecht   timely, in a timely manner
geistesabwesend   inattentive
gestört   disturbed, deranged
gleichgültig   apathetic, indifferent
häufig   frequent
irgendwann   sometime, at some point
jedenfalls   anyway
lautlos   silent, without a sound
leise   quiet
matt   dull
offensichtlich   clear, obvious
regelmäßig   regularly
rotgezackt   jagged with red
schief   crooked
schlimm   bad
schmal   narrow
schmerzlich   painful
seltsam   strange
spärlich   sparse

starr   fixed, rigid, stark
stetig   constant, steady
störungsfrei   without interruption
tief   deep, low, profound
trüb   dull, dreary
üblicherweise   customarily, typically
unangenehm   unpleasant, uncomfortable
unbehaglich   awkward, uneasy, discomforting
ungeheuer   tremendous, enormous, immense
unterdessen   meanwhile, in the meantime
verschieden   different
verschwommen   blurry, fuzzy

Sonstiges

Alarm schlagen (schlug, geschlagen)   to sound the alarm
etwas im Auge behalten (behielt, behalten)   to keep an eye on sth.
etwas für Blödsinn erklären   to call sth. rubbish or nonsense
Fällt es dir schwer?   Is it hard for you?
etwas/jdm. Kraft leihen (lieh, geliehen)   to give sth./s.o. strength
eine Position/einen Posten nachbesetzen   to refill a position/post
eine Rede halten (hielt, gehalten)   to address an audience, deliver a speech
sich einer Sache (*gen.*) bedienen   to avail oneself of sth., use sth.
sich Sorgen machen über   to be concerned or worried about
einen Vortrag halten   to give a lecture, present a paper, give a talk

***

Kapitel 13: Wohngemeinschaften

Substantive

das Abitur (Abi)   diploma from secondary school; qualification for admission to university
die Absage, -n   rejection, refusal
der Abschied, -e   departure
(das) Aschenputtel   Cinderella, a character in the fairy tale by the same name
die Erfahrung, -en   experience
der Flur, -e   hallway, corridor
das Gespräch, -e   conversation
das Kompliment, -e   compliment
das Kröpfchen   bird's craw
die Kunst, Künste   art
die Lektion, -en   lesson

die Linse, -n   lentil
der Mitbewohner/die Mitbewohnerin   roommate, flatmate
der Nachteil, -e   disadvantage, drawback
die Neufassung, -en   new version
der Partylöwe, -n   party animal (*lit.* party tiger)
das Pferd, -e   horse
die Pupille, -n   pupil
der Schmerz, -en   pain
das Spätseminar, -e   an evening seminar
die Taube, -n   pigeon
der Topf, Töpfe (das Töpfchen, –)   pot (small pot)
der Umzugskarton, -s   cardboard (*packing*) boxes
die Verbindung, -en   connection
der Vorteil, -e   advantage, benefit
das Vorurteil, -e   bias, prejudice
die Wohngemeinschaft (WG), -en   flat-sharing community
der Wohnsitz, -e   residence, home
die Zukunft   future

Verben

aussortieren   to sort out, separate, winnow
(sich) entscheiden (entschied, entschieden)   to decide
erfahren (erfuhr, erfahren)   to experience; to find out
erscheinen (erschien, erschienen)   to appear, be released (*of song, album, etc.*)
funken   to click, hit it off
heimsuchen; jdn./etwas ~   to plague, afflict s.o./sth.
riechen (roch, gerochen)   to smell
schweben   to float, levitate
stammen; ~ aus (+ *dat.*)   to come from
verlassen (verließ, verlassen)   to leave
verlesen (verlas, verlesen)   to sort
(sich) verlieben; sich in jdn. ~   to fall in love with s.o.
vorbeischauen   to stop by
wählen   to choose

Adjektive und Adverbien

alleinstehend   single, unpaired
begeistert   excited, stoked
einsam   lonely
erregend   exciting, thrilling
euphorisch   euphoric, upbeat
gesellig   social, chummy, gregarious
grausam   cruel, barbarous, brutal
hässlich   unattractive, ugly

heimgesucht   afflicted, plagued
herrlich   magnificent
je   ever
kontaktfreudig   sociable, outgoing
niedlich   cute
prächtig   splendid, grand, magnificent
scheinbar   apparent
scherzhaft   jokingly
schnuckelig   cute
spannend   exciting, suspenseful
süßlich   sweet
uncool   uncool
ungefähr   approximately, about
vielversprechend   promising
zahlreich   numerous
zudringlich   intrusive, meddlesome
zumindest   at least

Sonstiges

etwas als X bezeichnen   to describe sth. as X
in Bezug auf (+ *acc.*)   with regard to, in relation to
eine Erfahrung machen   to have an experience
Ich muss los   I have to go
recht haben   to be right
die guten ins Töpfchen, die schlechten ins Kröpfchen   the good ones go into the pot, the bad
   ones go into the (bird's) craw (*i.e. the pigeons can eat the bad ones*)
von wegen   no way, fat chance; speaking of, on the subject of
Was X angeht   as far as X is concerned

*** *

Kapitel 14: Dunkelrestaurants

Substantive

die Ahnung, -en   idea, notion
die Aufforderung, -en   command
die Ausstellung, -en   exhibit, display
das Baguette, -s   baguette
die Bar, -s   bar
die Beilage, -n   side dish
der Bereich, -e   area
der Besteck, -e   cutlery
der Betreiber, –   operator
das Betriebsmodell, -e   business model

der Blick, -e   view
die Blindheit   blindness
die Drohung, -en   threat
die Dunkelheit   darkness
der Einfluss, Einflüsse   influence
der Empfang, Empfänge   reception
das Erlebnis, -se   experience
die Essgewohnheit, -en   eating habit
der Fluch, Flüche   curse
der Forscher/die Forscherin   researcher
der Fugenlaut, -e   infix
der Gang, Gänge   course (*of a meal*)
das Geflügel   poultry
das Geräusch, -e   noise, sound
der Geschmack   taste
die Geschmacksnerven (*pl.*)   taste buds
die Geste, -n   gesture (*an individual gesture*)
die Gestik   gesture (*the phenomenon as a whole*)
der Getränkewunsch, Getränkewünsche   beverage request
die Handbreit   a hand's width; six inches
der Hasser, –   hater, loather
das Holz   wood
die Imbissbude, -n   takeaway food stall/shack
das Imbissrestaurant, -s   fast-food restaurant
der Insekt, -en   insect
der Kellner/die Kellnerin   server, waiter
der Klang, Klänge   sound, tone
die Konsistenz   consistency
die Lehne, -n   backrest (*e.g. of chair*)
das Licht   light
der Liebhaber, –   lover
die Limonade, -n   lemonade, soda
die Manieren (*pl.*)   manners
die Mimik   facial expression
der Mitstreiter, –   comrade-in-arms
das Muster   sample, model
der Mut   courage
der Nacken   neck
die Polonaise   a Polish dance (*here it describes a group of people moving together in a line, where each places their hands on the shoulders of the person in front of them*)
der Quark   curd cheese
die Ratlosigkeit   perplexity, cluelessness
der Ritter, –   knight
die Rosine, -n   raisin
der Rüffel, –   reprimand
die Schadenfreude   malicious joy, gloating over another's misfortune
die Scheibe, -n   slice
das Schlachtfeld, -er   battlefield

die **Schleuse, -n**   sluice
der **Schluck, -e**   sip
die **Schuld**   fault
der **Servierwagen, –**   serving cart
die **Serviette, -n**   napkin
die **Sicht**   view, sight, vision
der **Sinn**   sense
das **Spielzeug**   toy
die **Taste, -n**   push-button
der **Tastsinn**   sense of touch
das **Tor, -e**   gate, door
die **Überraschung, -en**   surprise
das **Überraschungsei (Ü-Ei), -er**   surprise egg
die **Umgebung, -en**   environment, surroundings
die **Unbeweglichkeit**   lack of mobility
das **Vergnügen**   pleasure
das **Vermögen**   ability, capacity
der **Vorname, -n**   first name
die **Wahl**   choice
die **Wahrnehmung, -en**   sense, perception
die **Warnung, -en**   warning
die **Zeichensprache, -n**   sign language

Verben

abdecken   to clear the table
abwischen   to wipe off
auftischen   to serve up
aussetzen; sich (*acc.*) **etwas** (*dat.*) **~**   to submit or expose oneself to sth.
beeindrücken   to impress
(sich) befinden (befand, befunden)   to be located, situated
(sich) begeben (begab, begeben)   to adjourn (*to a place*)
beherrschen   to dominate, control
beißen (biss, gebissen)   to bite
beleuchten   to illuminate
darstellen   to represent
deuten; ~ auf (+ *acc.*)   to point to sth. (*note: used with 'zu' + dat. here*)
einfallen (fiel ein, eingefallen); jdm. ~   to cross one's mind
empfinden (empfand, empfunden)   to feel, sense
entstehen (entstand, enstanden)   to come into existence
erleben   to experience
eröffnen   to open
erwarten   to await, expect
fehlen   to be missing
feststellen   to determine
gestalten   to shape, design, fashion

(sich) gewöhnen; sich an etwas (*acc.*) ~   to become accustomed to sth., get used to sth.
hinfallen (fiel hin, hingefallen)   to fall down
holen   to fetch
kleckern   to make a mess
klingeln   to ring
leiden (litt, gelitten)   to suffer; **unter etwas** (*dat.*) ~   to suffer from sth.
loslegen   to cut loose, get started
nähern   to approach
rumpeln   to lumber, trundle
runterspülen   to wash down
schaudern   to shudder, shiver
scheppern   to clash, rattle, clang
schmecken   to taste
schnuppern   to sniff, snuffle
schütteln   to shake
stören   to bother
tasten   to touch, feel
tippen   to type
übernehmen (übernahm, übernommen)   to take over
überwinden (überwand, überwunden)   to overcome
umkippen   to knock over
untersuchen   to examine
verschmähen   to reject
wählen   to choose
wahrnehmen (nahm wahr, wahrgenommen)   to perceive
zerschneiden (zerschnitt, zerschnitten)   to cut up
zurechtfinden (fand zurecht, zurechtgefunden)   to find one's way, get one's bearings
zurückblicken; ~ auf (+ *acc.*)   to look back on
zusammenbasteln   to put together
zutreffen (traf zu, zugetroffen)   to pertain to, apply, be the case

Adjektive und Adverbien

anders   different
angesichts   given, in view of
bestückt   *here:* generously topped
dauerhaft   permanent, long-lasting
dennoch   however, nevertheless
entlang   along
erfolgreich   successful
essbar   edible
fühlbar   palpable, tangible, sensible
greifbar   palpable, tangible
hilflos   helplessly
jemals   ever
karg   meager

künstlich artificial
kurzzeit short-time
lecker yummy, delicious
mittlerweile by now, in the meantime
obendrauf on top
ohnehin anyway, in any case
peinlich embarrassing
pingelig fussy, finicky, picky
quasi quasi, virtual, as it were
rabenschwarz jet black, pitch black
schlicht simple, plain, frugal
schließlich eventually, in the end
seltsam strange
stocksteif extremely stiff
übermütig carefree, wanton
unanständig indelicately, rudely
ungeschickt clumsy
ungewöhnlich unusual
unsichtbar invisible
unterschiedlich different
veraltet obsolete, outdated
vergebens in vain, for nothing
viereckig square
vollkommen utter, complete
weich soft
weiter further
zwar indeed, in fact

Sonstiges

Auch ein blindes Huhn findet mal ein Korn Even the most inept sometimes succeed (*lit.* Even a blind hen finds a grain of corn once in a while)
Augen zu und durch grit your teeth and get on with it (*lit.* close your eyes and go); used in situations when you want to get sth. unpleasant behind you as soon as possible
etwas Essbares sth. edible
flach fallen to fall flat
im Dunkeln in the dark
ins Leere blicken to look into space
wie die Made im Speck leben to live high on the hog, live the life of Riley (*lit.* to live like a maggot in bacon)
patsch (*interjection*) smack, slap
schadenfroh sein to find joy in another's misfortune
sinnlich erfahrbar perceptible to the senses
im Stich lassen to leave in the lurch
Vorsicht! Careful!
zum Abschluss to bring to a close, complete

***

Kapitel 15: Ernährung und Klima

Substantive

die Ausbildung training
die Auswirkung, -en effect, consequence
der Betreiber, – operator
die Bevölkerung, -en population
das Bewusstsein consciousness, awareness
das Bio-Essen organic food
das Bio-Lebensmittel organic food
das Bio-Produkt, -e organic product
die Bodenerosion, -en soil erosion
der Bund, Bünde federation, alliance
die Diät, -en diet
die Durchschnittstemperatur, -en average temperature
die Emissionen (*pl.*) emissions
die Ernährung diet, nutrition, feeding
die Ernährungsgewohnheit, -en dietary habit
der Ernährungswissenschaftler, – nutrition scientist
der Fleischverzehr meat consumption
die Forelle, -n trout
die Fortbildung continuing education
das Geflügel poultry
die Gemeinschaftsverpflegung communal catering
das Gericht, -e dish (*food*)
der Geschmack taste, flavor
das Getreide grain
der Gewinn, -e profit, yield
die Gewohnheit, -en habit, practice
die globale Erwärmung global warming
der Hering, -e herring
die Herstellung production, manufacturing
Hirsch (*ohne Artikel*) venison
die Kantine, -n bar, mess hall, cafeteria
die Kantinenrichtlinien cafeteria regulations
der Käse cheese
die Katastrophe, -n catastrophe
das Klima climate
der Klimawandel climate change
der Koch, Köche cook
die Kochkunst culinary art, cuisine, cooking
die Kohle coal
die Kost food, fare
der Kürbis, -se squash, pumpkin

der Lachs   salmon

Lamm (*ohne Artikel, kurz für* **das Lammfleisch**)   lamb

das Lebensmittel   food, groceries

die Luftverschmutzung   air pollution

der Maßstab, Maßstäbe   measure, norm, standard

das Meer   ocean

das Milchprodukt, -e   dairy product

das Modell, -e   model

die Nachfrage, -n   demand

die Nahrung, -en   nourishment, food

das Nahrungsmittel   food, foodstuff

das Nutztier, -e   farm animal; livestock

die Regierung, -en   government

Rind (*ohne Artikel, kurz für* **das Rindfleisch**)   beef

die Rohstoffe (*pl.*)   raw or basic materials

der Schmalz   lard

der Schritt, -e   step

die Schulverpflegung   school catering, school lunches

Schwein (*ohne Artikel, kurz für* **das Schweinefleisch**)   pork

der Sonntagsbraten   'Sunday roast'; a traditional English Sunday lunch with roast meat (*usually beef, pork or lamb*), with roast potatoes, gravy and vegetables

die Sorge, -n   concern, worry; **sich** (*dat.*) **Sorgen über etwas** (*acc.*) **machen**   to worry about sth.

der Speck   bacon

der Speiseplan, Speisepläne   meal plan

der Spitzenplatz   top place, first place

der Stellenwert, -e   significance

der Stoff, -e   material, matter, substance

der Strom   electricity

die Subvention, -en   subsidy, grant

die Tierethik   animal ethics

das Tierprodukt, -e   animal product

die Tierrechte (*pl.*)   animal rights

der Tierschutz   animal protection, animal welfare

die Tierzucht   animal breeding

der Treibhauseffekt   greenhouse effect

die Treibhausgase (*pl.*)   greenhouse gasses

die Tüte, -n   bag

das Überleben   survival, viability

die Umwelt   environment

der Umweltschutz   environmental protection

die Ursache, -n   cause

der Urwald, Urwälder   jungle, virgin forest

der Veganer/die Veganerin   vegan

der Veganismus   veganism

der Vegetarier/die Vegetarierin   vegetarian
der Vegetarismus   vegetarianism
die Veränderung, -en   change, shift
der Verband, Verbände   association, union
die Vernunft   reason
die Viehzucht   cattle-breeding, cattle-farming
die Welternährungsproblematik   world food problem
der Zander   pike-perch
die Zutat, -en   ingredient
die Zwetschge, -n   damson plum, prune plum

Verben

anordnen   to order, mandate
ansetzen   to offer, add
aufhalten (hielt auf, aufgehalten)   to delay, arrest, hold back
beitragen (trug bei, beigetragen); zu etwas ~   to make a contribution to sth., be conducive
  to sth.
bestehen (bestand, bestanden); aus etwas (*dat.*) ~   to consist of sth.
durchsetzen   to implement
einräumen   to concede, admit
erlernen   to learn (*a trade*)
ernähren   to feed, nourish; **sich gesund ~**   to eat/have a healthy diet
festsitzen (saß fest, festgesessen)   to be firm, stuck
(sich) gewöhnen; sich an etwas (*acc.*) ~   to get used to sth., become accustomed to sth.
klagen   to lament, complain
knabbern   to nibble, munch, nosh
lauten   to say, read, be
lindern   to alleviate, mitigate, ease
prägen   to mold, shape
recyceln (*auch:* recyclen)   to recycle
regeln   to regulate
retten   to save, rescue
rülpsen   to burp
spüren   to perceive, notice, sense
steigern   to increase, raise, boost
vergraulen   to scare off
verspeisen   to eat sth. up
verzichten; auf etwas (*acc.*) ~   to do without sth.
zubereiten; etwas ~   to prepare sth.
züchten   to raise, farm
zugeben (gab zu, zugegeben)   to admit, concede, confess
zwingen (zwang, gezwungen)   to force, compel

Adjektive und Adverbien

aktuell   current, up-to-date
arm   poor
beliebt   favored, popular
bisher   until now
bislang   to date, so far
bundesweit   nationwide
fleischarm   meat-poor (*i.e. with little meat*)
gering   slight, low
gleichwertig   equivalent, equal value
hochgradig   profoundly, to a high degree
insgesamt   altogether, overall
jegliche   any, of any kind
karottenknabbernd   carrot-munching
längst   long ago
lokal angebaut   locally grown
moralisch   moral
nahezu   virtually, nearly
öffentlich   public
pflanzlich   vegetable
satt   satisfied, satiated, full
sättigend   satisfying, satiating, filling
schmackhaft   tasty, palatable, flavorful
simpel   simple
staatlich   public, national
umweltfreundlich   environmentally friendly
unbegrenzt   unlimited
unerschöpflich   inexhaustible
vegan   vegan
vegetarisch   vegetarian
vermehrt   increased
verordnet   decreed, enacted
völlig   totally, completely
weitgehend   to a large extent, largely
wünschenswert   desirable
zumindest   at least
zuständig   responsible

Sonstiges

(eine) Diät machen   to be on a diet
erneubare/alternative Energiesourcen   renewable/alternative energy sources
Das kann ich mir nicht leisten   I can't afford that
es liegt daran, dass   it is due to the fact that
in Maßen   in moderation

oder etwa nicht   or perhaps not
zur Verfügung stehen   to be available

***

Kapitel 16: Multikulti

Substantive

die Abkürzung, -en   abbreviation
die Abschlussparty, -s   final party
der Akteur, -e   player, actor
die Anerkennung, -en   recognition
der/die Angehörige, -n   member
die Angleichung, -en   assimilation
der Anreiz, -e   incentive, appeal
der Anteil, -e   percentage, portion
die Anzahl, -en   number, quantity
der Ausdruck, Ausdrücke   expression
der Auswanderer, –   emigrant, expatriate
der Benutzer, –   user
die Besucherzahl   number of visitors
die Bevölkerung, -en   population
der Druck   pressure
der/die Einheimische, -n   native, local
der Einwanderer/die Einwanderin   immigrant
das Einwanderungsland, Einwanderungsländer   country of immigration
der Einwohner, –   resident
der Elternteil, -e   parent
die Forderung, -en   demand, request
die Geburtenrate   birth rate
die Gefahr, -en   danger
die Gesellschaft, -en   society, community
das Heimatland, Heimatländer   country of origin, home country
die Herkunft   origin, family background
der Hintergrund, Hintergründe   background
der Kampfbegriff, -e   combat term, battle cry
der Oberbegriff, -e   superordinate concept, generic term
der Pass, Pässe   passport
das Pfingstwochenende   Pentecost weekend, Whit weekend
der Pillenknick   drop in the birth rate due to the birth control pill
der Schmelztiegel   melting pot
der Schutz   protection
die Staatsangehörigkeit   nationality, citizenship
der Stand, Stände   status, level
der Sterbeüberschuss   death rate exceeding birth rate
die Stichprobe   random sample

das Straßenfest   street festival
die Strömung, -en   steady flow
die Tatsache, -n   fact
der Terminus, Termini   term, expression
der Umzug, Umzüge   procession
die Veranstaltung, -en   presentation, activity, event
das Verständnis   understanding
die Vielfalt   diversity
der Wagen (Festwagen, Umzugswagen), –   float
der Wanderungssaldo   net migration
die Zuwanderung   immigration
der Zuwanderungsgewinn   gain in immigration

Verben

anprangern   to denounce
(sich) aufhalten (hielt auf, aufgehalten)   to stay, reside
auftauchen   to turn up
(sich) befinden (befand, befunden)   to reside, be located
befürchten   to fear
berichten   to report
beruhen; auf etwas (*dat.*) **~**   to be based on, depend on
bestehen (bestand, bestanden); aus etwas (*dat.*) **~**   to consist of sth.
betragen (betrug, betragen)   to amount to sth.
bezeichnen   to call, name
bieten (bot, geboten)   to feature
eintreten (trat ein, eingetreten); für etwas ~   to advocate sth.
entgegenbringen (brachte entgegen, entgegengebracht); jdm. etwas (*acc.*) **~**   to show sth. to s.o.
entgegenstehen (stand entgegen, entgegengestanden); etwas (*dat.*) **~**   to be opposed to sth.
entwickeln   to develop
erfassen   to include, record, determine
(sich) ergeben (ergab, ergeben)   to yield, result from
prägen   to give distinction to, form
stammen; ~ aus   to come from, hail from
steigen (stieg, gestiegen)   to increase, rise, climb
vertreten (vertrat, vertreten)   to represent
verursachen   to cause
verwenden (verwendete/verwandte, verwandt)   to use, utilize
zählen; zu etwas ~   to be among
(sich) zeigen   to appear, to turn out
zunehmen (nahm zu, zugenommen)   to increase, grow, gain
zusammenhängen (hing zusammen, zusammengehangen); mit etwas ~   to be associated with
zuwandern   to immigrate

Adjektive und Adverbien

abwertend   pejoratively
alljährlich   each year
amtlich   officially, legally attested
anerkannt   recognized
angesagt   hip, hot, happening
aufgrund   because of, due to
ausschließlich   exclusively, solely
befürchtet   feared
bereichernd   enriching, life-enhancing
demnach   thus, hence, according to this/that
ebenso   equally, likewise, by the same token
etwa   about, approximately
folglich   consequently, therefore, thus
friedlich   peaceful
gleichberechtigt   equal, having equal rights
gleichzeitig   simultaneously, at once
insgesamt   altogether, overall, a total of
jeweilig   particular, relative, respective
jeweils   at a time, in each case, respectively
lästig   troublesome, inconvenient, burdensome
mittlerweile   in the meantime
nahezu   nearly, virtually, almost
somit   therefore, thus, hence, consequently
toleranzbetont   tolerance-focused
überdurchschnittlich   above-average
unterschiedlich   different, variable, diverging
verfehlt   failed, mistaken
verschieden   dissimilar, various, diverse
vielfältig   diverse, multifaceted, manifold
zahlenmäßig   numerically
zudem   furthermore, moreover, in addition
zunächst   at first

Sonstiges

im gebärfähigen Alter   of child-bearing age
darunter   among them
diejenigen   those, those who
im (Durch)schnitt   on average
sowie   plus, as well as
etwas steht etwas gegenüber   sth. is accompanied by sth.
vor allem   above all, primarily
im Zuge   during, while, in the course of
zunächst einmal   for a start, first

***

Kapitel 17: Glücklichsein

Substantive

der Bauch, Bäuche   stomach
die Belastung, -en   strain, pressure
der Besitz   possession
die Beziehung, -en   relationship
das Cocooning   cocooning, retreating into one's home
die Eigenschaft, -en   quality, characteristic, trait
die Einstellung, -en   mental attitude
die Entspannung, -en   relaxation
die Erfahrung, -en   experience
die Erfüllung   fulfillment, gratification
die Fähigkeit, -en   ability
der Flugzeugabsturz, Flugzeugabstürze   plane crash
der Forscher/die Forscherin   researcher
die Friedfertigkeit   peaceful nature
die Frohnatur   happy nature
die Gegend, -en   area
der Gegensatz, Gegensätze   difference, polarity
der Gewinn   prize, profit, yield
die Grundstruktur, -en   basic structure, framework
die Hausarbeit, -en   housework, chores
die Kraft, Kräfte   strength, power
die Krise, -n   crisis
der Lachanfall, Lachanfälle   laughing fit, hysterical laughter
die Lebensumstände (*pl.*)   environment, living conditions
das Loch, Löcher   hole
das Lotto   lottery
die Masse   mass, bulk
die Nachrichten (*pl.*)   news
der Pickel, –   pimple, zit
der Puls, -e   pulse
die Qual, -en   agony, torture
die Quelle, -n   source
die Ratio   rationale, reason
das Resümee, -s   summary, résumé
das Risiko, Risiken   risk
die Risikobereitschaft   willingness to take risks
der Rückschlag, Rückschläge   setback
der Schluss, Schlüsse   conclusion
der Schmied, -e   blacksmith
der Schmuck   jewelry
der Schönheitsmakel, –   flaw, blemish

die Schönheits-OP, -s (*OP = Operation*)   cosmetic or plastic surgery
die Sicherheit   certainty
der Speck   bacon; *here:* flab
die Stadtmitte, -n   town center, city center
der Stadtrand, Stadtränder   outskirts of the city
die Stärke   strength, fortitude
das Staubsaugen   vacuuming, hoovering
der Stimmungskiller, –   mood killer
das Szeneviertel, –   central/hip neighborhood
die Talkflut   flow of talk
die Unglücksmeldungen (*pl.*)   news or announcements of accidents, catastrophes, etc.
die Veranlagung, -en   predisposition, biological make-up, nature
das Verlangen   demand, desire
der Verlierer, –   loser
das Vertrauen   trust
die Vorstellung, -en   notion, idea
die Wahl   choice
die Wertvorstellung, -en   moral concept
der Wohnblock, Wohnblöcke   apartment building, block of flats
die Zufriedenheit   satisfaction

Verben

abnehmen (nahm ab, abgenommen)   to drop, decrease
abwaschen (wusch ab, abgewaschen)   to do the dishes
auftreten (trat auf, aufgetreten)   to appear, occur
ausweichen   to give way; **jdm./etwas** (*dat.*) ~   to avoid s.o./sth.
beeinflussen   to influence
befriedigen   to satisfy
beitragen (trug bei, beigetragen); zu etwas ~   to add to, be conducive to
beseitigen   to eliminate, remove
beweisen (bewies, bewiesen)   to prove, demonstrate
bügeln   to iron
einplanen   to include, allow for, budget for
erbitten (erbat, erbeten)   to request, solicit
fernsehen (sah fern, fergesehen)   to watch TV
festhalten (hielt fest, festgehalten)   to hold, retain
gewinnen (gewann, gewonnen)   to gain, attain, win
halten (hielt, gehalten); etwas von etwas/jdm. ~   to think sth. of sth./s.o.
hausen   to dwell or reside
heben (hob, gehoben)   to lift
herausfinden (fand heraus, herausgefunden)   to find out
kribbeln   to tickle, tingle
nachweisen (wies nach, nachgewiesen); etwas (*acc.*) ~   to prove, verify
stillen   to appease, quench, calm
überbrücken   to bridge a divide

übereinstimmen; mit etwas ~   to agree with sth.
vorbeiflimmern   to flicker by
(sich) vorstellen *here:* **sich** (*dat.*) **etwas** (*acc.*) **~**   to imagine, picture sth.
wechseln   to change
ziehen (zog, gezogen)   to move from one place to another (*e.g. Hamburg to Berlin*); to draw, pull

Adjektive und Adverbien

allerdings   indeed, certainly, though
begrenzt   limited
beliebt   popular, liked
beschleunigt   accelerated
beunruhigt   disturbed, troubled, ill at ease
böse   bad, evil, nasty
endlich   finally
entspannt   relaxed, laid-back, unstressed
gefasst   calm
grundsätzlich   basic, fundamental
häufig   frequently; numerous
heftig   heavy, severe
lästig   cumbersome, inconvenient
leicht   lightweight, slight
monogam   monogamous
nämlich   namely, that is to say
risikobereit   prepared to take risks
rückblickend   in retrospect
schick   chic, fancy
seelisch   emotional, psychological
sorglos   carefree
stinkreich   filthy rich
streitsüchtig   argumentative, quarrelsome
überhaupt   at all
unabhängig (von)   irrespective (of)
unsicher   insecure
unterschwellig   subliminal
vergleichbar   comparable
wesentlich   substantial, significant
wirksam   effective, potent
wörtlich   literal
zweiwöchentlich   bi-weekly, every two weeks

Sonstiges

eine feste Beziehung   a committed relationship
ein allumfassender Daseinssinn   an all-encompassing sense of being

eine Entscheidung treffen   to make a decision
auf etwas gefasst sein   to look out for sth.
je (mehr) desto (besser)   the (more) the (better)
Jeder ist seines Glückes Schmied   Every man is the architect of his own fortune
schief gehen   to go wrong
einen Schluss ziehen   to draw a conclusion
sich alles vom Mund absparen   to scrimp and save
sich Sorgen machen   to worry
von Dauer   in the long run, permanent
eine Wende zum Guten   a turn for the good
wesentliche Eigenschaft   basic characteristic
Woran liegt es?   What is the reason?
den Wunsch verspüren   to have an itch to do sth.

*** *** ***

Kapitel 18: Die Eisbach-Welle

Substantive

die Abmachung, -en   agreement, arrangement, deal
der Abschnitt, -e   section
die Aktion, -en   campaign, promotion
der Amateurkicker, –   amateur footballer/soccer player
der Bach, Bäche   stream, brook, creek
der Baureferat   local building department
der/die Begeisterte, -n   freak, enthusiast
der Bereich, -e   area
die Brücke, -n   bridge
das Buschgetrommel   jungle- or bush-drumming
das Didgeridoo, -s   a musical instrument of the Australian aboriginal people
der/die Eingeweihte, -n   insider, person in the know
der/die Einheimische, -n   native, local
die Eisenbahnschwelle, -n   cross-sill, crosstie
der Erfinder, –   inventor, originator, innovator
die Ewigkeit   eternity
der Fluss, Flüsse   river
das Flussbett, -en   river bed
die Flut, -en   high tide, flood
das Geschrei   clamor, shouting
der Graubereich   gray area
die Grünanlage, -n   park, green space, recreation area
der Grünstreifen, –   medial strip; green lane for pedestrians and cyclists
die Haftung, -en   liability
das Heimweh   homesickness
der Herzblutsurfer, –   passionate surfer

das Hindernis, -se obstacle
der Hinweis, -e tip, lead, clue
das Hochwasser, – high tide, high water, floodwater
die Isar a river in Munich
die Kaserne, -n barracks, casern
der Kies gravel
die Landeshauptstadt, Landeshauptstädte state capital
die Lebenseinstellung, -en attitude towards life
die Legende, -n legend
die Machbarkeitsstudie, -n feasibility study
der Macker, – bloke, guy, fellow
der Massenauflauf huge crowds of people
der Möchtegern-Wellenreiter, – wannabe-surfer
der Motorradrocker, – biker, motorcycle gang member
der Neoprenanzug, Neoprenanzüge wetsuit
der Ort, -e place, location, spot
der Presslufthammer, Presslufthämmer jack-hammer
der Radlfahrer, – cyclist
die Rampe, -n ramp
die Rechtsgrundlage, -n legal basis
die Rettung, -en rescue, salvage, saving
der Ritt, -e ride
das Ruderboot, -e rowboat, rowing boat
das Seil, -e rope
der Seiltänzer, – tightrope artist, acrobat
der Selbstdarsteller, – self-promoter
der Soldat, -en soldier
die Sportart, -en kind of sport
die Sportmesse, -n sports exhibition, trade show
der Sprung, Sprünge hop, jump
der Strand, Strände beach
der Streich, -e prank, trick, joke
die Stromschnelle, -n rapids
die Strömung, -en current
das Surfbrett, -er surfboard
der Tankschutzmonteur, -e tank protection mechanic or assembler
das Tretboot, -e paddle boat
der Umbau, -ten renovation, modification
das Unikum rarity
der Urbayer typical Bavarian
die Ursprungsprache original language
der/die Wahnsinnige, -n crazy person
die Welle, -n wave
das Wellenreiten surfing
der Zufall, Zufälle coincidence, fortuity
der Zwischenstopp, -s stopover

Verben

abdrehen   to switch off, turn off
abschrecken   to scare off, discourage
abziehen (zog ab, abgezogen)   to pull off, detach
anrücken   to march up, advance
auslegen; etwas ~   to lay sth. (*cable, traps*)
auswandern   to emigrate, expatriate
befahren (befuhr, befahren)   to travel on
betören; jdn. ~   to infatuate, beguile, bewitch s.o.
bezweifeln   to doubt, question, disbelieve
dulden   to tolerate
einlegen   to sandwich in, insert
entstehen (entstand, entstanden)   to come into being, arise
ergreifen (ergriff, ergriffen)   to seize, grip
erlauben   to allow
erwischen   to seize, catch
erzeugen   to produce, create, generate
locken   to attract
montieren   to mount, fit, install
prüfen   to check
reißen (riss, gerissen)   to rip, tear
rühmen; sich ~ als   to boast of or pride oneself as
schaffen   to accomplish
sperren   to close, block (*a road*)
stoßen (stieß, gestoßen)   to push, thrust
trommeln   to drum
üben   to practice
übernehmen (übernahm, übernommen)   to take over
verbieten (verbot, verboten)   to forbid
verfügen; ~ über   to have available, be equipped with
verrichten   to perform, execute, carry out
verzichten; auf etwas (*acc.*) ~   to do without sth.
vorbeugen   to prevent; **etwas (*dat.*) ~**   to forestall sth.
vorkommen (kam vor, vorgekommen)   to happen, occur

Adjektive und Adverbien

dauerhaft   permanent, long-lasting
eh   anyway, in any case (*mainly southern Germany and Austria*)
entfernt   away
findig   resourceful
flach   flat, shallow

geheim   secret
insgesamt   altogether, in all, overall
lasch   lackadaisical, slack
liebenswert   likeable, endearing, loveable
raffiniert   refined
seither   since then
seitlich   lateral, on the side
tatsächlich   really, in fact
vorsichtig   careful, cautious
waghalsig   audacious, daring, daredevil
wahr   true
weltbekannt   world famous
zukunftweisend   forward-looking
zumal   especially, particularly, above all

Sonstiges

beziehungsweise (bzw.)   as the case may be, respectively
unverrichteter Dinge   without having achieved anything; empty-handed
ein sicheres Gespür für etwas   a keen sense/sure feeling of sth.
es war einmal   once upon a time; there once was
vor lauter Heimweh   out of sheer homesickness
sich den Kopf zerbrechen (zerbrach, zerbrochen)   to agonize
laut der Legende   according to the legend
das Nachsehen haben   to be left standing; to be left with nothing
des Öfteren   many a time
per Seil   by/with a rope
Sport treiben (trieb, getrieben)   to do sport
stationiert sein in   to be stationed or based in (*military*)
im Tausch gegen   in exchange for
in sich zusammenfallen (fiel zusammen, zusammengefallen)   to collapse back upon itself

***

Kapitel 19: Das Oktoberfest

Substantive

die Achterbahn, -en   roller coaster
der Anfang, Anfänge   start, beginning, origin
der Anschlag, Anschläge   attack, strike, attempt
der Anstich, -e   tapping (*e.g. of a beer keg or barrel*)
die Ausnahme, -n   exception

der Ballermann   a well-known pub on the island of Mallorca where Germans are known to congregate and drink alcohol; the expression 'Ballermann' is now commonly used to refer to a kind of party mentality

die Besucherzahlen   attendance figures

der Bierausschank, Bierausschänke   beer counter, bar

die Bierbank, Bierbänke   long bench found in beer halls

die Blasmusik   music for brass instruments

der Blutsauger, –   blood sucker

der Bock/das Bockbier   a strong beer (*over 7.5% alcohol*) with a malty taste

die Bude, -n   booth

der Draht, Drähte   wire

die Dressur   (*animal*) training, dressage

der Einsatz, Einsätze   mission, deployment

die Fahne, -n   flag

das Fahrgeschäft, -e   carnival ride

die Festzeltstimmung   festival tent atmosphere

der Festzeltwirt, -e   festival tent host

der Floh, Flöhe   flea

der Flohzirkus   flea circus

die Geburtsstunde   hour of birth

die Gelegenheit, -en   opportunity

das Gewicht, -e   weight

der Grundstein, -e   cornerstone, foundation stone

die Heimatstadt, Heimatstädte   hometown

die Hendlbraterei   chicken roasting

die Hexenschaukel   witch's swing (*a carnival ride*)

die Hochzeit, -en   wedding

das Kalb, Kälber   calf

die Kapelle, -n   band

das Karussell, -e   carousel, merry-go-round

die Kavallerie, -n   cavalry

die Kutsche, -n   carriage, coach, horse buggy

der Leberkäs(e)   a kind of meatloaf popular in southern Germany and Austria

die Leistung, -en   performance, achievement, effort

die Leitung, -en   management, direction

das Märzen   a 'soft', malty, full-bodied lager (*4.8–5.6% alcohol*)

das Mitglied, -er   member

die Mitteilung, -en   notice, notification

die Mühe, -n   effort, trouble

der Nachwuchsmangel   shortage of offspring

der Oberbürgermeister, –   mayor

der Ochse, -n   ox

der Opfer, –   victim, casualty

das Pferderennen, –   horse race, horse racing

das Pilsener ('Pils')   pilsner, a type of pale lager (*4.5–5% alcohol*)

der Reiz, -e   stimulus

das Riesenrad, Riesenräder   Ferris wheel

das Rote Kreuz   the Red Cross
der Rummel   hype
der Schall   sound
der Schlager, –   hit
das Schmankerl, -n   delicacy (*Bavaria and Austria*)
der Schnellkurs, -e   crash course
der Schottenhamel   name of a famous beer tent
die Sonderschicht   extra shift
der Spieß, Spieße   skewer
der Stadtrand, Stadtränder   suburb, outskirts
die Trachtenmode   traditional style costumes
der Unteroffizier, -e   corporal, sergeant
der Veranstalter, –   organizer
das Volksfest, -e   fair, folk festival
der Vorschlag, Vorschläge   recommendation, suggestion
die Wiese, -n   meadow, field
das Wiesnhendl, –   roasted chicken at Oktoberfest
das Zeichen, –   sign, mark, symbol
der Zweck, -e   purpose

Verben

anlocken   to allure, entice
anziehen (zog an, angezogen)   to attract, allure
auftreten (trat auf, aufgetreten)   to appear
ausrücken   to march out
ausschenken   to serve drinks
bestimmen   to determine
einweihen   to dedicate
enthüllen   to disclose, uncloak, uncover
erleuchten   to lighten, illuminate
eröffnen   to open, disclose
feiern   to celebrate
gelten (galt, gegolten)   to apply
hinkriegen; etwas ~   to carry sth. off, accomplish sth.
kriegen   to get
leiden (litt, gelitten)   to suffer; **unter etwas** (*dat.*) ~   to suffer from sth.
(sich) melden   to come forward, get in touch
nutzen   to use
saugen   to suck
stattfinden (fand statt, hat stattgefunden)   to take place
strömen   to stream, run, pour
töten   to kill
überbelasten   to overburden
übermitteln   to impart, transfer, communicate

versorgen; jdn. ~   to take care of, tend to s.o.
verspeisen   to consume
vorschlagen (schlug vor, vorgeschlagen)   to suggest
zapfen   to tap, draw (*beer*)
ziehen (zog, gezogen)   to pull

Adjektive und Adverbien

abermals   again, once again
angenehm   pleasant
auflagenstark   high-circulation, with wide circulation (*newspapers, etc.*)
aufregend   exciting, thrilling
bisweilen   sometimes, occasionally
bürgerlich   middle-class, civil
damals   back then, at that time
daraufhin   thereupon, hereupon
darüber hinaus   beyond, over and above
demnach   hence, therefore, thus, according to this/that
dennoch   nevertheless, however
deutlich   considerably
dringend   urgently
einig   agreed, united
einmalig   unique, one-time
erstmals   for the first time
geeignet   suitable, adapted
gemütlich   cozy, comfortable
hingegen   on the other hand, however
je   ever
künftig   in the future, henceforth
mehrjährig   multi-year, perennial
schlau   clever
sowie   plus, as well as
übrigens   by the way
weiterhin   still, into the future
zahlreich   numerous
zuvor   before, prior to this

Sonstiges

zum Abschluss   finally, at the end
jdn./etwas in Bewegung bringen   to stimulate s.o./sth.
es war soweit   the time had come
etwas zu betrinken haben   to have sth. to celebrate, drink to
Feuer und Flamme sein   to be all for it (*lit.* to be fire and flame)

keine Mühe scheuen   to spare no effort
O'zapft is! (*Bavarian dialect*)   It (*the keg or barrel*) is tapped!
auf die Pauke hauen   to paint the town red (*lit.* to beat the kettledrum)
Sie werden gebeten   You are requested
Sinn und Zweck   the spirit and purpose, raison d'être
SPD (Sozialdemokratische Partei Deutschlands)   Social Democratic Party
im Umkreis von 100 Kilometern   within a radius of 100 km
der landwirtschaftliche Verein in Bayern   agricultural association in Bavaria
seines Zeichens   by profession, by calling, by trade

***

Kapitel 20: Freikörperkultur

Substantive

der Abhol- und Zubringerdienst, -e   pick-up and shuttle service
die Aktionskunst, Aktionskünste   performance art
die Allgemeinheit   general public, community
die Alltäglichkeit   ordinariness, everyday occurrence
der Anhänger/die Anhängerin   fan, supporter, follower
das Anliegen, –   concern
der Ansturm, Anstürme   rush, run, stampede
der Ausdruck, Ausdrücke   expression
das Ausdrucksmittel, –   means of expression
die Ausprägung, -en   characteristic, specification
die Ausrichtung, -en   orientation, justification
das Bedürfnis, se   necessity, need
der Begriff, -e   term, concept
die Belästigung, -en   disturbance, nuisance, disruption
die Berichterstattung, -en   news coverage, reporting
die Bevölkerung, -en   population
der Bezug, Bezüge   reference
das Bundesland, Bundesländer   federal state
das Bußgeld   monetary fine
der Einfall, Einfälle   idea, gag
die Entblößung   disrobement
das Ereignis, -se   event, happening
das Ergebnis   result, outcome
das Erlebnis, -se   experience
der FKKler, –   naturist, nudist
die Folge, -n   result, effect, consequence

der Fortschritt, -e progress, advancement
die Freizeitgestaltung recreational activities
die Gegenbewegung, -en countermovement
die Gewässer (*pl.*) waters, bodies of water
die Gleichheit equality, sameness
die Heimat home country, native country
die Hinwendung, -en shift, move
die Hülle, -n wrapper, covering
die Hygiene hygiene, sanitation
der Jungfernflug maiden flight
die Lebensgestaltung way of life, lifestyle
die Leistung, -en performance, achievement, effort
die Marktlücke, -n market niche or gap
der Medienrummel media hype
der Missbrauch, Missbräuche misuse, abuse
das Mitglied, -er member
die Nackedei, -s naked child
das Nacktbadegebiet, -e area where nude bathing is allowed
die Nacktheit nudity, nakedness
der Nudismus nudism
die Öffentlichkeit public
die Ordnungswidrigkeit, -en offense, misdemeanor, infraction
die Ostsee Baltic Sea
die Rahmenbedingung, -en general framework
der Reiz, -e attraction, allure, appeal
das Schamgefühl, -e sense of shame
der Schriftsteller, – writer
der Schwerpunkt, -e main focus, center
der Schwulst bombast, grandiloquence
der Sittenverfall demoralization
die Studiengebühren (*pl.*) student tuition fees
der Umsatz, Umsätze volume of sales
das Verbot, -e ban, prohibition
die Verbreitung spread
der Verein, -e club, association
die Verordnung, -en ordinance, decree, edict
der Vertreter, – representative
der Vordergrund foreground
die Vorschrift, -en provision, rule
die Wechselauflage, -n changeable (*disposable*) covering
das Weltall outer space
der Widerstand, Widerstände opposition, resistance
die Wirkung, -en effect, impact
der Zustand, Zustände condition, state
der Zweck, -e purpose

Verben

abheben (hob ab, abgehoben)   to lift off
abreißen (riss ab, abgerissen)   to come to a dead stop
abspringen (sprang ab, abgesprungen)   to bail out
abzeichnen   to emerge, become apparent
ahnden; etwas ~   to inflict a penalty for
anbieten (bot an, angeboten)   to offer, provide
anheuern   to sign on, hire
ansteuern   to head for, access
ausdehnen   to extend, prolong, expand
(sich) auskleiden   to disrobe
ausstatten   to equip, provide with
(sich) ausziehen (zog aus, ausgezogen)   to undress, take one's clothes off
bekennen   to admit, confess
bereiten; jdm. etwas ~   to cause s.o. sth.
berichten   to report
bummeln   to stroll, dawdle
dulden   to tolerate
einhergehen (ging einher, einhergegangen)   to accompany
einmieten; sich bei jdm. ~   to lodge with s.o.
einräumen   to concede
einsetzen   to apply, use
(sich) entblättern   to undress, disrobe
(sich) entblößen   to strip, disrobe
entstehen (entstand, entstanden)   to arise, develop, form
erlangen   obtain, procure, acquire
erlauben   to allow, permit
erleben   to experience
eröffnen   to establish, open
ersetzen   to replace, substitute
(sich) freimachen   to disengage
(sich) freuen   to be pleased, be glad, rejoice
mutmaßen   to conjecture, speculate
unterbinden (unterband, unterbunden)   to prevent, prohibit
verhängen   to impose
verherrlichen   to exalt, glorify
verreisen   to make a journey, travel
vertreten (vertrat, vertreten)   to represent
vollziehen (vollzog, vollzogen)   to put into effect, implement
werben (warb, geworben)   to woo, recruit

Adjektive und Adverbien

abgehärtet   hardy, hardened
altersunabhängig   independent of age

angeblich   reportedly, supposedly, allegedly
angesichts   in view of, in the face of
anrüchig   objectionable, off-color
ansässig   located, based in
asketisch   ascetic
ausgebucht   booked up, fully booked
ausgiebig   ample, copious
beiläufig   incidentally, casually
beispielsweise   for example, for instance
bekleidet   clothed
besiedelt   populated
beurkundet   certified, registered
derzeit   currently, at present
durchsichtig   see-through, transparent
ergänzend   additional, supplemental
erkennbar   recognizable, discernible
erlaubt   allowed
gänzlich   entirely, completely, stark
geduldet   tolerated
gelegentlich   every so often, on occasion
gemeinschaftlich   collective, collaborative
gewieft   crafty, smart, experienced
hüllenlos   without covering (*here:* naked)
jeweilig   relative, particular
kaum   hardly, barely, rarely
lediglich   only, merely
minütlich   by the minute, every minute
muffig   musty, fusty, stuffy
offenbar   apparently, evidently, obviously
quasi   virtually
seitens   on the part of
strafrechtlich   penal, criminally liable
untersagt   prohibited
vergleichbar   comparable
vielerorts   in many places
vielmehr   rather
völlig   totally, completely
wirksam   effective, operative
zahlreich   numerous, scores of
zugänglich   accessible, open to the public
zuvor   before, beforehand, prior to this
zuweilen   sometimes

Sonstiges

zu etwas einen Bezug haben   to bear upon sth.
jdm. die Bude einrennen   to beat a path to s.o.'s door

auf etwas geschätzt werden   to be projected at (*a sum*)
geschweige denn   not to mention; much less; let alone
alle Hüllen fallen lassen   to strip to the buff
an Kraft verlieren   to lose strength or power
oben ohne   topless
aus Sicherheitsgründen   for security reasons
eine Trennung ziehen   to make a distinction
sich unschuldig geben   to act innocent

***

Index